普通高等教育财政与税收专业重点规划教材

纳税实务操作教程

第四版

主　编 ◎ 黄爱玲　李　敏
参　编 ◎ 王丽亮　孙　聪　张瀛霞　陈晓生

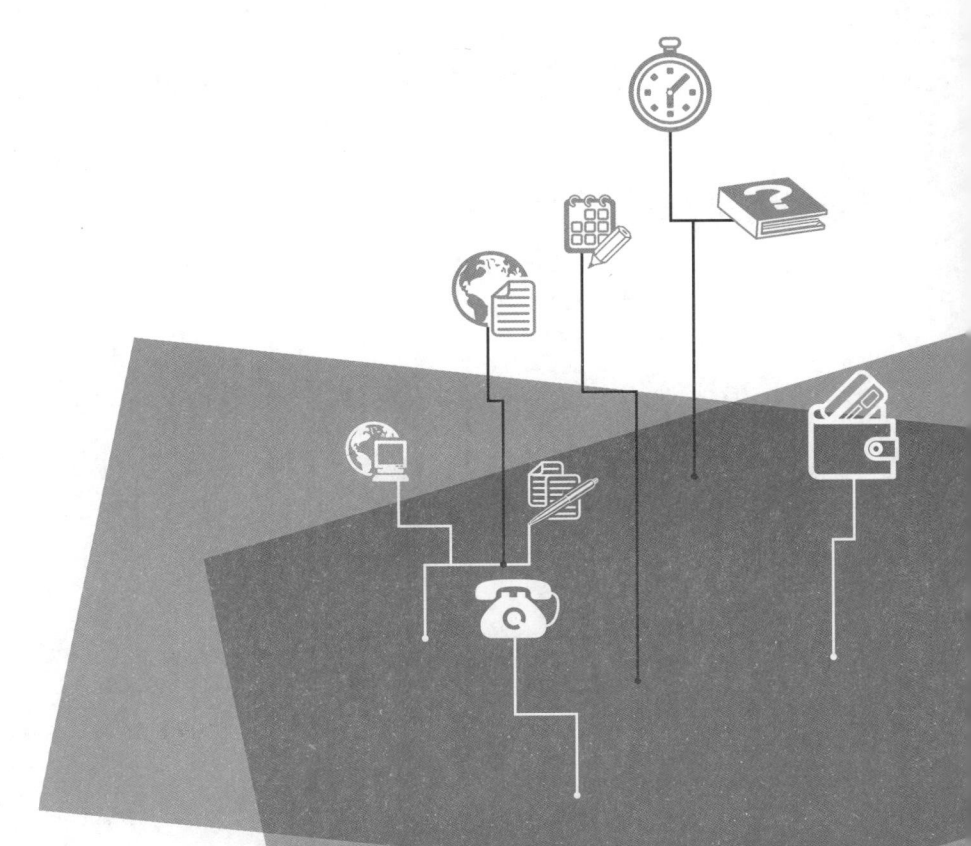

上海财经大学出版社
SHANGHAI UNIVERSITY OF FINANCE & ECONOMICS PRESS
上海学术·经济学出版中心

图书在版编目(CIP)数据

纳税实务操作教程 / 黄爱玲,李敏主编. —4 版. —上海：上海财经大学出版社,2024.8
普通高等教育财政与税收专业重点规划教材
ISBN 978-7-5642-4336-4/F.4336

Ⅰ.①纳… Ⅱ.①黄…②李… Ⅲ.①纳税-税收管理-中国-高等学校-教材 Ⅳ.①F812.423

中国国家版本馆 CIP 数据核字(2024)第 056472 号

□ 责任编辑　吴晓群
□ 封面设计　杨雪婷　贺加贝

纳税实务操作教程
(第四版)

黄爱玲　李　敏　主编

上海财经大学出版社出版发行
(上海市中山北一路 369 号　邮编 200083)
网　　址：http://www.sufep.com
电子邮箱：webmaster @ sufep.com
全国新华书店经销
上海叶大印务发展有限公司印刷装订
2024 年 8 月第 4 版　2024 年 8 月第 1 次印刷

787mm×1092mm　1/16　21 印张(插页:1)　538 千字
印数：16 501—19 500　定价：59.00 元

前　言

"纳税实务操作教程"是会计学、财务管理、审计学、税收学、财政学以及其他相关专业的一门重要的专业实践课，它以科学、完善的税法理论体系为基础，依据最新的税收法律、法规，系统地介绍了税务登记、涉税发票填制、各主要税种的纳税申报知识和技巧，将税法教材所介绍的各税种理论和会计实务融合在一起，结合实训教学与学生自我操作，以此培养学生纳税实务操作能力，提高学生的就业竞争力。

党的二十大报告指出，要"加大税收、社会保障、转移支付等的调节力度。完善个人所得税制度，规范收入分配秩序，规范财富积累机制，保护合法收入，调节过高收入，取缔非法收入"。为贯彻党中央、国务院的决策部署，深化税制改革、完善税制，近期国家先后多次修订税法，发布实施深化税收征管改革意见，简并纳税人税费申报内容。为适应这种变化的新情况，满足高等院校在新时代、新征程培养"应用统计与智慧财务管理、智慧税务管理、智能评估等相关知识背景的复合型人才"的需求，编者特在《纳税实务操作教程》（第三版）的基础上，按照理论性、科学性、实践性、可读性相统一的质量要求，对教材再次进行了全面修订。

本书编写团队深入推进党的二十大精神融入教材，充分认识党的二十大报告提出的"实施科教兴国战略，强化现代人才建设支撑"精神，落实"加强教材建设和管理"新要求，在教材中润物细无声地融入思政元素，紧扣二十大精神，围绕专业育人目标，结合课程特点，注重知识传授、能力培养与价值塑造的统一。

本次修订依据并汇编了国家颁布的税收新政策、新法规，税收研究新成果，税收实践新经验。本书努力体现中国特色社会主义税收具有的时代性、创新性、系统性、权威性、实践性和指导性特征。其特点主要体现在以下几个方面：

1. 创新性。 一是内容创新。紧跟国家经济形势变化和税制改革动态，把中办、国办印发的《关于进一步深化税收征管改革的意见》提到的国家税务总局关于简并税费申报有关事项的内容纳入本书；并以"二十大"召开后国家出台的最新税制改革及税收征管规定（截至2023年12月），以及2023年7月20日发布的《国务院关于修改和废止部分行政法规的决定》为依据进行了第三次修订，重新修改了税务登记、涉税发票管理等内容，以及有关税种案例和填表说明。二是体例创新。本书上篇"总论"，简要介绍了纳税实务的实施主体、税法在纳税会计实务中的应用以及纳税人纳税实务操作的工作程序；中篇"纳税实务实训指导"，用案例的形式具体介绍纳税人纳税实务工作程序，包括税务登记模拟、涉税发票填制实务模拟以及纳税申报实务模拟；下篇"纳税实务实训操作"，训练学生熟悉纳税实务操作全过程，体现了点与面的结合。

2. 实用性。 本书融税收基础理论、纳税会计实务、税收政策法规于一体，详细介绍了纳税实务的工作内容和工作程序、各税种纳税申报的种类和填报，还介绍了网上纳税的方法；给出了企业涉税实训的原始资料，通过课堂训练操作，对学生的基本技能进行全面提升，帮助学生掌握完整的纳税实务处理技能。

3. 仿真性。 本书所有案例均来源于实际工作，旨在提供一个企业纳税实务方面的范本，既满足纳税实训教学的需要，也使学生置身于一个全真的企业涉税业务环境中，真正培养学生的纳税实务业务处理能力。

4. 目的性。 目前大多数本科教育的人才定位是培养应用型高素质专门人才，强调对学生实践能力和动手能力的培养，本书编写团队紧紧围绕实现这一目标编写了本书，并配合税法教材，结合使用，以达到理论与实践的深度融合。

本书响应二十大精神，推进教育数字化，建设全民终身学习的学习型社会、学习型大国，及时丰富和更新了数字化微课资源，以二维码形式融合纸质教材，使得教材更具思想的前瞻性、内容的丰富性和环境的可交互性等特征，使读者学习时更轻松、更有趣味，促进了碎片化学习，提高了学习效果和效率。

本书科学系统、典型实用，既可以作为各类学校财经类专业及相关专业本科生的纳税实训课程教材，也可作为企业财会人员、涉税服务咨询机构人员的自学用书。

本书在编写过程中借鉴吸收了国内外税收实务操作和教学以及政府相关网站（如中华人民共和国财政部官网、国家税务总局官网）的优秀成果，以及闽南理工学院校企合作单位石狮市税务局的业务指导和吉林财经大学的帮助，在此谨向相关作者和实务专家深表感谢。

需要特别说明的是，依据国家教材委员会办公室《关于做好党的二十大精神进教材工作的通知》（国教材办〔2022〕3号）的要求，推动党的二十大精神进教材、进课堂、进头脑，除了本教材中已经体现的二十大精神内容外，为了与时俱进地增补与本教材相关的思政案例和二十大精神内容，及时修改在教学过程中发现的本书错误之处，我们与出版社共同建设新媒体动态服务窗口，使用本教材的教师可以通过手机微信扫以下二维码，获取相关最新内容。

持续更新窗口

本书由黄爱玲、李敏、王丽亮、孙聪、张瀛霞、陈晓生编写，由于目前我国税收法规正处在频繁的变动中，加上编者水平有限，因此书中难免有不足之处，诚望广大读者批评指正。

编　者
2024年3月

目 录

前 言/1

上篇 总 论

第一章 纳税实务基础知识/3
  知识目标/3
  能力目标/3
  育人目标/3
  引入案例/3
  第一节 纳税主体/3
  第二节 企业与税收/4
  第三节 纳税人涉税实务操作的工作程序/8

中篇 纳税实务实训指导

第二章 税务登记实务模拟演练/13
  知识目标/13
  能力目标/13
  育人目标/13
  引入案例/13
  第一节 设立税务登记/14
  第二节 变更税务登记/21
  第三节 注销税务登记/24

第三章 涉税发票填制实务模拟演练/32
  知识目标/32
  能力目标/32
  育人目标/32
  引入案例/32
  第一节 普通发票的填制规范/32
  第二节 增值税专用发票的填制规范/37

第三节　数电票的填制规范/42

第四章　纳税申报实务模拟演练/46

知识目标/46
能力目标/46
育人目标/46
引入案例/46
第一节　增值税纳税申报实务模拟演练/46
第二节　消费税纳税申报实务模拟演练/82
第三节　资源税纳税申报实务模拟演练/89
第四节　土地增值税纳税申报实务模拟演练/93
第五节　城镇土地使用税纳税申报实务模拟演练/101
第六节　环境保护税申报实务模拟演练/103
第七节　房产税纳税申报实务模拟演练/109
第八节　车船税纳税申报实务模拟演练/115
第九节　印花税纳税申报实务模拟演练/119
第十节　契税纳税申报实务模拟演练/125
第十一节　企业所得税纳税申报实务模拟演练/130
第十二节　个人所得税纳税申报实务模拟演练/220

下篇　纳税实务实训操作

第五章　纳税申报实训操作/247

训练目的/247
训练要求/247
能力训练/247
实训一　增值税纳税申报/247
实训二　消费税纳税申报/260
实训三　资源税纳税申报/262
实训四　土地增值税纳税申报/264
实训五　城镇土地使用税纳税申报/267
实训六　环境保护税纳税申报/269
实训七　房产税纳税申报/273
实训八　车船税纳税申报/278
实训九　印花税纳税申报/281
实训十　契税纳税申报/284
实训十一　企业所得税纳税申报/288
实训十二　个人所得税纳税申报/321

参考文献/329

上 篇　总　论

　　教学基本要求和作用：本部分由第一章"纳税实务基础知识"构成。通过教学，把以前学过的税收基本理论知识串联起来，使学生熟悉纳税义务人、扣缴义务人和纳税担保人的概念，掌握企业纳税的种类，了解纳税人在不同行业、不同环节应纳的主要税费，明确纳税人纳税实务操作的工作程序，为以后各部分内容的学习打下基础。

　　本部分内容既是对税收基础知识的高度概括，又是学习税收实务的理论基础，起到了承上启下的作用。

第一章 纳税实务基础知识

知识目标

- 了解纳税人、扣缴义务人以及纳税担保人的含义；
- 了解不同行业的企业应纳的主要税费；
- 了解纳税人在不同经营环节应纳的主要税费；
- 掌握纳税人纳税实务操作的工作程序。

能力目标

熟知纳税主体的含义；知晓企业与税收的关系，科学准确地判断不同行业的企业应纳的主要税费和企业在不同环节应纳的主要税费；掌握纳税人涉税实务操作的工作程序。

育人目标

通过对纳税主体、企业与税收关系的学习，树立依法纳税的正确观念，达到敬畏权力、养成公共精神的培养目标。实现法治教育的内化于心，培养税法遵循的自觉性。

引入案例

李晓文是某高校 2023 届毕业生。2023 年 5 月，她在市人才交流会上看到一家企业在招聘税务会计，就去应聘，该单位的财会负责人当场向她提出了 3 个问题：(1) 你认为纳税义务人、扣缴义务人以及纳税担保人有何区别？(2) 不同行业的纳税人缴纳的税费有什么不同？(3) 纳税人在不同环节应纳的主要税费有哪些？李晓文对此做了较好的回答，并被当场录用。

第一节 纳税主体

纳税主体，是指税收法律关系中依法履行纳税义务，实施税款缴纳行为的一方当事人。

关于纳税主体的具体范围，主要有两种观点：一种是狭义的纳税主体概念，即纳税主体仅指纳税人，是指依照税法规定直接负有纳税义务的自然人、法人和其他组织。另一种是广义的纳税主体概念，即在税收征纳活动中所履行的主要义务，在性质上属于纳税义务的有关主体均称为纳税主体，包括纳税人、扣缴义务人、纳税担保人等。这种观点并不将纳税主体拘泥于"直接负有纳税义务"的纳税人，而是将履行扣缴义务、纳税担保义务等在实质上相当于纳税义务的扣缴义务人、纳税担保人等也包括在纳税主体中。本书赞同后一种广义的观点，因为赋予这些主体以纳税主体的地位和资格，有助于明确他们在税收征纳活动中的权利和义务，对依法保护其合法权益是非常必要的。

一、纳税人

纳税人是最主要、最广泛的纳税主体，是法律规定的直接负有纳税义务的单位和个人。纳税人是税收程序法和税收实体法共通的主体，是税收征管法和各个税种实体法都必须明确规定的普通要素。认定某一主体是否为纳税人，在形式上必须有法律的明确规定，这是税收法定原则的要求。法律在规定某一主体在税收征纳活动中的地位时，还要考虑其在司法活动中的民事主体身份，比如，是属于自然人、法人，还是属于非法人的其他组织，因为不同的身份决定了他们能否成为某些税种征纳活动的主体。

二、扣缴义务人

扣缴义务人是指依照法律规定，负有代扣代缴、代收代缴税款义务的单位和个人。税法规定扣缴义务人的目的是加强税收的源泉控制，减少税款流失，简化征纳手续，方便纳税人。因此，并不是每一种税收的征纳活动都有扣缴义务人，它一般规定在实行源泉征收的部分税种法中，是税法的特别主体。

三、纳税担保人

纳税担保人是为纳税人税收债务的履行提供担保的单位和个人，纳税担保包括人的担保和物的担保。纳税担保是税收征纳活动方面的一项重要制度，它不仅有助于确保国家税收的征收，而且为纳税人因有特殊困难而申请延期纳税、欠税离境、欠税申请复议和提起诉讼提供条件，是一项重要的保护纳税人权益的法律制度。纳税担保是经税务机关认可的第三人（保证人）同意以自己的信誉和财产（人的担保）、纳税人（或第三人）自愿以自己的财产（权利）为纳税人的税收债务提供担保（物的担保）并签订纳税担保书或纳税担保财产的清单而成立的，当纳税人不履行纳税义务时，纳税担保人应代其履行纳税义务，从而使自己由可能的纳税主体成为现实的纳税主体。但与"纳税人缴纳的税款最终只能由自己承担"这点不同的是，纳税担保人缴纳税款后，可以依法向被担保的纳税人追偿损失。赋予纳税担保人在税收征纳程序中独立的纳税主体资格，有助于其依法行使权利，保护自己的合法利益。

纳税信用评级知识请扫二维码（视频来源：https://fgk.chinatax.gov.cn/zcfgk/c100019/c5213311/content.html）。

国家税务总局：纳税信用级别是怎么评的

第二节 企业与税收

企业是重要的纳税主体，缴纳税收是每家企业应尽的义务。每家企业必须根据税法的规定和税务机关的要求，正确地进行各种税收的计算、申报和缴纳。

一、企业在税收中的地位

我国税收的纳税人有企业、行政事业单位、军事单位、社会团体及其他单位,还有个人和家庭。在这些纳税人中,企业是最重要的,企业要缴纳或代缴我国现行税制中几乎所有的税种。在国家的全部税收收入中,由企业缴纳或代缴的税额占90%以上。

国家通过税收参与社会产品和国民收入的分配。社会产品和国民收入主要来自企业。企业是社会产品的主要提供者,是国民收入的主要来源。本书主要以企业及企业性单位为研究对象。

二、企业涉及的税种

我国现行税制共有18个税种,分别是增值税、消费税、企业所得税、个人所得税、资源税、土地增值税、环境保护税、关税、印花税、城镇土地使用税、房产税、车船税、城市维护建设税、契税、车辆购置税、耕地占用税、烟叶税和船舶吨税。

另外,国家和地方政府还征收一些具有税收性质的费用,主要有教育费附加、水利建设基金(堤防维护费)和地方教育发展费(地方教育附加)等。

（一）不同行业的企业应纳的主要税费

按照国民经济行业分类标准,我国行业可分类如下：

A—农、林、牧、渔业；

B—采矿业；

C—制造业；

D—电力、燃气及水的生产和供应业；

E—建筑业；

F—交通运输、仓储和邮政业；

G—信息运输、计算机服务和软件业；

H—批发和零售业；

I—住宿和餐饮业；

J—金融业；

K—房地产业；

L—租赁和商务服务业；

M—科学研究、技术服务和地质勘察业；

N—水利、环境和公共设施管理业；

O—居民服务和其他服务业；

P—教育；

Q—卫生、社会保障和社会福利业；

R—文化、体育和娱乐业；

S—公共管理与社会组织；

T—国际组织。

纳税人分属不同的行业,从事不同的生产经营活动,即使同一纳税人,在不同情况下也要缴纳不同的税费,但很多纳税人并不清楚自己在什么情况下应当缴纳什么税费。

1. 生产卷烟等应税消费品的企业应缴纳的税费

主要有：增值税、消费税、城市维护建设税、教育费附加、地方教育附加、关税、城镇土地使用税、房产税、车船税、印花税、契税、企业所得税、代扣代缴个人所得税等。

2. 生产纺织品等非应税消费品的企业应缴纳的税费

主要有：增值税、城市维护建设税、教育费附加、地方教育附加、关税、城镇土地使用税、房产税、车船税、印花税、契税、企业所得税、代扣代缴个人所得税等。

3. 从事商品批发零售的企业应缴纳的税费

主要有：增值税、城市维护建设税、教育费附加、地方教育附加、城镇土地使用税、房产税、车船税、印花税、企业所得税、代扣代缴个人所得税等。

4. 从事采矿业的企业应缴纳的税费

主要有：资源税、增值税、城市维护建设税、教育费附加、地方教育附加、城镇土地使用税、房产税、车船税、印花税、契税、企业所得税、代扣代缴个人所得税等。

5. 从事房地产开发的企业应缴纳的税费

主要有：增值税、城市维护建设税、教育费附加、地方教育附加、土地增值税、城镇土地使用税、耕地占用税、房产税、车船税、印花税、企业所得税、代扣代缴个人所得税等。

6. 从事建筑劳务的企业应缴纳的税费

主要有：增值税、城市维护建设税、教育费附加、地方教育附加、城镇土地使用税、房产税、车船税、印花税、企业所得税、代扣代缴个人所得税等。

7. 从事运输、餐饮、金融等服务的内资企业应缴纳的税费

主要有：增值税、城市维护建设税、教育费附加、地方教育附加、城镇土地使用税、车辆购置税、房产税、车船税、印花税、企业所得税、代扣代缴个人所得税等。

8. 国家机关、军事单位、社会团体等单位应缴纳的税费

主要有：增值税、城市维护建设税、教育费附加、地方教育附加、城镇土地使用税、房产税、车船税、印花税、企业所得税、代扣代缴个人所得税等。

(二) 不同环节的企业应纳的主要税费

1. 投资创建环节

纳税人在投资创建环节应缴纳的税款主要是印花税。企业在创建期间要购置会计账簿，订立合同，办理产权转移书据、房屋产权证、土地使用证，领受许可证(如营业执照)等，所有这些行为，都要缴纳印花税。

2. 购销生产环节

在购销生产环节应缴纳的税款主要有增值税、消费税、关税、资源税、印花税、城市维护建设税、教育费附加以及地方教育附加等。

纳税人在中华人民共和国境内(以下简称"境内")销售(进口)货物、销售劳务、销售服务、销售无形资产或销售不动产，要依法缴纳增值税。

纳税人在境内生产、委托加工和进口(特殊情况除外)的应税消费品，要按规定缴纳消费税。

纳税人在缴纳增值税、消费税的同时，还要缴纳城市维护建设税、教育费附加和地方教育附加。

纳税人在境内开采原油、天然气、煤炭、金属矿及其他非金属矿等，或生产盐，要依法缴纳资源税。

纳税人从国外进口商品，应持有关证明向海关申报缴纳进口关税；出口应纳关税的商品，应持有关证明向海关申报缴纳出口关税。

3. 费用结算环节

纳税人在从事购进、生产、销售活动时，必须提供经营场所、车辆和船舶等设备，或租用办

公用房、仓库,或贷款、签订合同等。这些业务涉及的税款一般称为费用性税金,因为这些税款是在费用结算环节征收的,且税金大部分计入管理费用。

纳税人应缴纳的费用性税金主要有房产税、土地使用税、车船税和印花税等。

纳税人的自有房产,应按原值计算缴纳房产税,出租的房产按租金收入计算缴纳房产税。

纳税人使用的土地,应按使用面积计算缴纳土地使用税。

纳税人的自有车船,应按车船的数量、整备质量和净吨位等计算缴纳车船税。

4. 利润结算环节

纳税人在按规定程序结算利润和其他所得后,必须申报和缴纳所得税。

纳税人应缴纳的所得税主要有企业所得税和个人所得税。

各种经济类型的企业,包括依照中国法律、行政法规在中国境内成立的企业、事业单位、社会团体以及其他取得收入的组织,还包括依照外国(地区)法律成立的企业和其他取得收入的组织。他们在生产经营中取得的经营所得和其他所得,均应按税法规定计算缴纳企业所得税。

境内个人所得要依法缴纳个人所得税。

我国现行主要税费在生产经营环节的分布如表1-1所示。

表1-1　　　　　　　　我国现行主要税费在生产经营环节的分布

税 费	投资创建	生产经营 购进	生产经营 生产	生产经营 销售	生产经营 费用结算	生产经营 利润结算	终止清算
增值税		●		●			●
消费税			●	●			●
关税		●		●			
城市维护建设税				●			●
教育费附加				●			●
地方教育附加				●			●
资源税				●			
企业所得税						●	●
个人所得税						●	
土地增值税				●			
土地使用税	●				●		
房产税	●				●		
车船税	●				●		
印花税	●	●	●	●	●		
环境保护税			●				

我国税收立法情况请扫二维码(视频来源：https://fgk.chinatax.gov.cn/zcfgk/c102436/c5212352/content.html)。

国家税务总局：我国已有12个税种立法了

第三节　纳税人涉税实务操作的工作程序

根据国家税法的规定，纳税人在履行纳税义务时，要根据国家税务机关征收管理工作的需要，遵循一定的纳税程序。这个纳税程序决定了企业涉税实务操作的工作程序，主要包括税务登记，按发票的管理要求进行发票的申请、领购和管理，以及纳税申报和缴纳税款等。

一、税务登记

税务登记是指经营应税业务的单位和个人在开业、歇业以及经营期间发生改组、合并等大的变动时，必须向所在地税务机关办理相应登记的一项制度。税务登记可以分为设立税务登记、变更税务登记、注销税务登记和停(复)业登记。

二、发票的申请、领购和管理

纳税人自领取工商营业执照后，应携带有关资料向税务机关提出领购发票的申请，然后凭税务机关发给的发票领购簿中核准的发票种类、数量以及购票方式，向税务机关领购发票。

发票是指在购销商品、提供劳务或接受服务以及从事其他经营活动中，开具或收取的收付款的合法商事凭证。发票与企业实际经济活动密不可分，是企业进行会计核算的法定原始凭证，是税务机关进行纳税检查的重要依据。发票一般分为普通发票和增值税专用发票。

三、纳税申报

纳税申报是纳税人在发生纳税义务后，按税务机关规定的内容和期限，向主管税务机关以书面报表的形式申报有关纳税事项及应纳税款所履行的法定手续，它是纳税程序的中心环节。纳税申报不仅是征纳双方核定应纳税额、开具纳税凭证的主要依据，而且是税务机关研究经济信息、加强税源管理的重要手段。实行纳税申报制度，不仅可以促使纳税人增强依法纳税的自觉性，提高税款计算的正确性，而且有利于税务机关依法征收税款，查处财务违章行为，保证国家税收及时、足额入库。

纳税义务人因有特殊原因，不能按期办理纳税申报和不能按期申报代征、代扣、代缴税款的，必须报告主管税务机关，由税务机关酌情批准延期。如果纳税人发生纳税义务而纳税人及其扣缴义务人未在规定的期限内申报纳税的，主管税务机关除按《中华人民共和国税收征收管理法》确定纳税人的应纳税额，并限期缴纳外，对情节严重的，还可依法处罚。

纳税申报的方式主要有以下几种：

(一)直接申报(上门申报)

这是指纳税人、扣缴义务人及代征人自行到税务机关指定地点办理纳税申报，报送纳税申报表。这是一种传统申报方式。

（二）邮寄申报

这是指经税务机关批准的纳税人使用统一规定的纳税申报特快专递专用信封，通过邮政部门办理交寄手续，并向邮政部门索取收据作为申报凭据的方式。

纳税人采用邮寄方式办理纳税申报的，应当使用统一的纳税申报专用信封，并以邮政部门收据作为申报凭据。邮寄申报以寄出的邮戳日期为实际申报日期。

（三）数据电文

经税务机关批准的纳税人通过电话语音、电子数据交换和网络传输等电子方式申报。例如，目前纳税人的网上申报就是数据电文申报方式的一种形式。

纳税人采用电子方式办理纳税申报的，应当按照税务机关规定的期限和要求保存有关资料，并定期书面报送主管税务机关。

（四）委托申报（也称代理申报）

这是指纳税人委托中介机构代为办理纳税申报。

（五）简易申报、简并征期

简易申报是指实行定期定额缴纳税款的纳税人在法律、行政法规规定的期限内或税务机关依据法律、行政法规的规定确定的期限内缴纳税款的，税务机关可以视同申报；简并征期是指实行定期定额缴纳税款的纳税人，经税务机关批准，可以采取将纳税期限合并为按季、半年、年的方式缴纳税款。

纳税人可根据本企业情况选择申报方式。数据电文申报是目前普及的一种申报方式，此外，纳税人还可以经过税务机关的批准采取邮寄申报的方式。小型企业可委托中介机构为其代理会计记账，并代为办理纳税申报。实行定期定额缴纳税款的纳税人，可以实行简易申报、简并征期等申报方式。

四、税款缴纳

税款缴纳是指纳税人、扣缴义务人依照国家法律、行政法规的规定实现的税款依法通过不同方式缴纳入库的过程。纳税人、扣缴义务人应按税法规定的期限及时、足额缴纳应纳税款，以履行应尽的纳税义务。

一般情况下，纳税人应当按照主管国家税务机关确定的以下几种征收方式缴纳税款：

（一）自核自缴（"三自"纳税）

这是指在法定的纳税申报期内，由纳税人自行计算应纳税款、自行填写缴款书并自行到银行缴纳税款，然后持纳税申报表、缴款书报查联和有关资料，向税务机关办理申报。

（二）转账缴税

这是指纳税人在法定的纳税申报期内，由纳税人持纳税申报表和有关资料，向税务机关办理纳税申报，并根据税务机关填制的缴款书通过开户银行转账缴纳税款的方式。

（三）预储账户缴税（银行税务一体化管理）

这是指纳税人在银行开设税款预储账户后按期提前储入当期应纳税款，并在法定的申报期内向税务机关报送纳税申报表和有关资料，由税务机关开具税收缴款书通知银行划款入库。

（四）支票缴税

这是指在法定的申报期内，纳税人持纳税申报表和有关资料以及应付税款等额支票，报送税务机关；税务机关审查支票的有效性后，开具"税收转账专用完税证"交纳税人作为完税凭证，然后集中报缴数字、支票清单，统一交由国库办理清算。

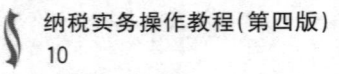

(五) 现金缴税

这是指对未在银行开立银行账户的纳税人,在法定的纳税申报期内,由纳税人自行计算应纳税款后持纳税申报表和有关资料、现金向税务机关办理纳税申报手续。无固定经营场所的零散税收缴纳也适用此方式。

(六) 信用卡缴税

这是指在法定的纳税申报期内,由纳税人自行计算应纳税款后持纳税申报表和有关资料、信用卡向税务机关办理纳税申报手续。税务机关在查询信用卡的余额足够缴纳应缴税款后,开具完税凭证,征收税款。

(七) 委托代征

这是指委托代征单位按照税务机关规定的代征范围和要求,以税务机关的名义向纳税人征收零散税款的方式。

纳税人涉税实务操作的工作流程大体如图1-1所示。

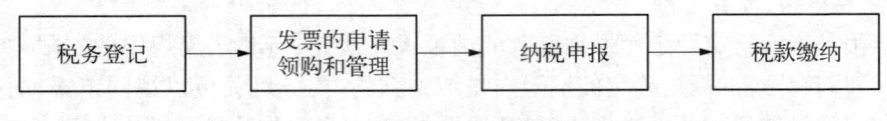

税务登记 → 发票的申请、领购和管理 → 纳税申报 → 税款缴纳

图1-1 纳税人涉税实务操作流程

中篇 纳税实务实训指导

教学基本要求和作用：本部分由第二章"纳税登记实务模拟演练"、第三章"涉税发票填制实务模拟演练"以及第四章"纳税申报实务模拟演练"构成。通过教学，使学生了解纳税人进行税务登记的基本流程；熟悉申请领购发票的业务流程及各种涉税发票的填制方法；掌握各税种的税额计算和纳税申报操作规范；并且能熟练操作税收征管和电子报税软件等。本部分重点介绍各种登记信息的确认和报告、相关表单填制案例、各种发票填制，以及纳税申报实务操作案例。在实验过程中，应向学生讲明如何根据国家的有关规定进行税务登记信息的确认和报告、发票填制和纳税申报，弄清楚各税种的相关规定，把握远程电子申报的运作流程，加强学生的税收政策法制观念。学生在上实验课前，应提前阅读各章的有关内容，清楚每章的实验目的和要求，并结合税法、税务管理、税务会计、财务会计等教材认真预习各税种的计算和核算内容。

本部分内容是学生进行纳税实务操作训练的前提和基础，是税收政策与税收征管的有机结合，通过学习和训练，可实现理论与实践的有效对接。

第二章　税务登记实务模拟演练

知识目标

- 了解税务登记的基本知识；
- 掌握设立、变更和注销税务登记的适用范围、办理时限和基本业务操作流程；
- 熟悉各种新办企业登记信息的确认，掌握并准确填制新办纳税人涉税事项综合申请表、增值税一般纳税人登记表、变更税务登记表、清税申报表和注销税务登记申请审批表。

能力目标

通过税务登记实务模拟演练，让学生实际动手操作，模拟税务登记全过程，加强对学生实际操作技能的培养和训练，鼓励创新，掌握税务登记业务的处理技巧，不断提高学生对所学知识的应用能力、综合分析能力和实际操作能力，并进一步培养其独立工作的能力。

育人目标

践行社会主义核心价值观，围绕实践育人的教学目标和理念，通过税务登记实务模拟演练，培养和教育学生诚实守信、严谨认真、爱岗敬业、知法守法，树立良好的社会责任意识和职业道德精神。引导学生精准把握税务登记业务的处理技巧和操作技能，增强职业责任感和道德观。

引入案例

李晓文在收到单位的录用通知书后，于 2023 年 7 月 1 日报到。会计主管刚好要去税务部门办理一家新企业的设立登记，便叫上李晓文一起去，并且将以后与此相关的一些事项都交由她来负责办理。李晓文该如何办理这家公司的税务登记呢？

新办企业税务登记流程请扫二维码（视频来源：https://12366.chinatax.gov.cn/video/play?bh=84a644f4ff0344f589a486b982e79504）。

国家税务总局：新办企业税务登记流程

第一节　设立税务登记

税务登记又称纳税登记,是税务机关对纳税人的开业、变更、歇业以及生产、经营等活动情况进行登记管理的一项基本制度,也是纳税人、扣缴义务人纳入税务机关监督管理的一项证明。它是税收征管工作的首要环节和基础工作。

根据法律、法规规定,具有应税收入、应税财产或应税行为的各类纳税人都应办理税务登记。2003年12月17日,国家税务总局令第7号公布《税务登记管理办法》,后经2014年12月27日发布的《国家税务总局关于修改〈税务登记管理办法〉的决定》、2018年6月15日发布的《国家税务总局关于修改部分税务部门规章的决定》、2019年7月24日发布的《国家税务总局关于公布取消一批税务证明事项以及废止和修改部分规章规范性文件的决定》修正。

县以上(含本级,下同)税务局(分局)是税务登记的主管税务机关,负责税务登记的设立登记、变更登记、注销登记和税务登记证验证、换证以及非正常户处理、报验登记等有关事项。县以上税务局(分局)按照国务院规定的税收征收管理范围,实施属地管理。有条件的城市,可以按照"各区分散受理、全市集中处理"的原则办理税务登记。

一、设立税务登记

根据《国家税务总局关于进一步简化企业开办涉税事项办理程序压缩办理时间的通知》(税总发〔2019〕126号)的规定,分类规范办理企业开办涉税事项。企业在办理涉税事项时确认登记信息即可。

对市场监管部门已经采集办税人员实名信息的纳税人,税务机关可通过信息共享获取实名信息的,无须重复采集。

金税系统新增"企业开办(优化版)"功能,将企业开办首次办税涉及的系统功能、流程进行整合,实现税务人员在一个模块完成各相关事项的操作。

(一)"一照一码"户信息确认

1. 适用范围

已实行"多证合一、一照一码"登记模式的纳税人,首次办理涉税事宜时,对市场监督管理等部门共享信息进行确认。

2. 办理程序

纳税人适用《国家税务总局关于进一步简化企业开办涉税事项办理程序压缩办理时间的通知》(税总发〔2019〕126号)的,实行一套资料、一次提交、一次采集、一次办结。

(1)纳税人新办企业时,根据自身不同情况依申请办理的涉税事项包括:信息确认、发票票种核定、增值税一般纳税人登记、增值税专用发票最高开票限额审批、增值税税控系统专用设备初始发行(含税务UKey发放)、发票领用6个事项。

(2)对开办首次申领发票涉及相关事项,纳税人可通过一次填报和确认"新办纳税人涉税事项综合申请表"(见表2-1)办理。

(3)企业现场办理开办涉税事项,若暂时无法提供企业印章,符合以下条件的,则税务机关予以容缺办理:由其法定代表人办理时,已实名采集认证并承诺后续补齐的;由办税人员办理时,办税人员已实名采集认证,经法定代表人线上实名采集认证、授予办税人员办税权限的,或者提供法定代表人授权委托书的。企业30日内未补充提供印章的,税务机关将其行为纳入信用记录,对其实施风险管理并严格办理发票领用。

(4)纳税人采用新办纳税人"套餐式"服务的,可在"套餐式"服务内一并办理财务会计制度及核算软件备案报告、存款账户账号报告、银税三方(委托)划缴协议等后续事项。

3. 操作流程

"一照一码"户开办信息确认的操作流程如图2-1所示。

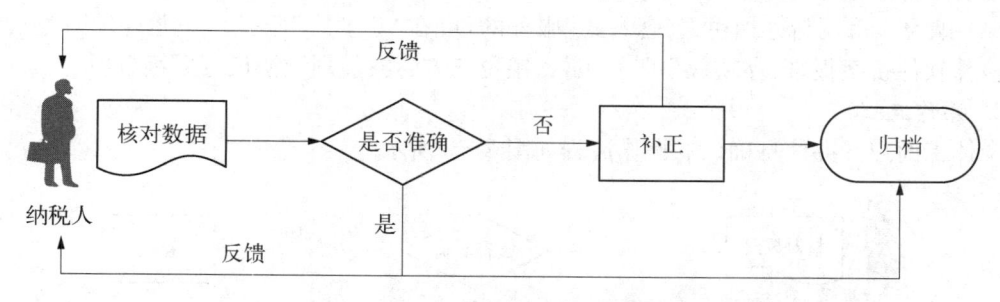

图2-1 "一照一码"户开办信息确认的操作流程

4. 纳税人注意事项

(1)纳税人使用符合电子签名法规定条件的电子签名,与手写签名或者盖章具有同等法律效力。

(2)纳税人应按照税收法律、行政法规规定和税务机关确定的申报期限、申报内容按期进行相关税种的纳税申报。

(3)纳税人可通过与税务机关、开户银行签订银税三方(委托)划缴协议,开通委托划缴税款业务,实现税款的快速划缴、高效对账和跟踪查询。

(4)新设立的企业、农民专业合作社完成"一照一码"户信息确认后,其加载统一社会信用代码的营业执照可代替税务登记证使用,不再另行发放税务登记证件。

税务部门与民政部门之间能够建立省级统一的信用信息共享交换平台、政务信息平台、部门间数据接口并实现登记信息实时传递的,已取得统一社会信用代码的社会组织纳税人(社会团体、基金会、民办非企业单位)完成"一照一码"户信息确认后,税务机关对标注统一社会信用代码的社会组织法人登记证赋予税务登记证的全部功能,不再另行发放税务登记证件。

(二)个体工商户信息确认

1. 适用范围

个体工商户首次办理涉税事宜时,对税务机关依据外部信息交换系统获取的登记表单信息及其他税务管理信息进行确认。

2. 办理程序

纳税人参照《国家税务总局关于进一步简化企业开办涉税事项办理程序压缩办理时间的通知》(税总发〔2019〕126号)适用企业开办涉税事项办理程序的,实行一套资料、一次提交、一次采集、一次办结。

(1)纳税人根据自身不同情况依申请办理的涉税事项包括:信息确认、发票票种核定、增值税一般纳税人登记、增值税专用发票最高开票限额审批、增值税税控系统专用设备初始发行(含税务UKey发放)、发票领用6个事项。

(2)对开办首次申领发票涉及相关事项,纳税人可通过一次填报和确认"新办纳税人涉税事项综合申请表"办理。

(3) 纳税人现场办理开办涉税事项,若暂时无法提供印章,符合以下条件的,则税务机关予以容缺办理:由其业主办理时,已实名采集认证并承诺后续补齐的;由办税人员办理时,办税人员已实名采集认证,经业主线上实名采集认证、授予办税人员办税权限的,或者提供业主授权委托书的。纳税人30日内未补充提供印章的,税务机关将其行为纳入信用记录,对其实施风险管理并严格办理发票领用。

(4) 纳税人采用新办纳税人"套餐式"服务的,可在"套餐式"服务内一并办理财务会计制度及核算软件备案报告、存款账户账号报告、银税三方(委托)划缴协议等后续事项。

3. 操作流程

个体工商户开办信息确认的操作流程如图2-2所示。

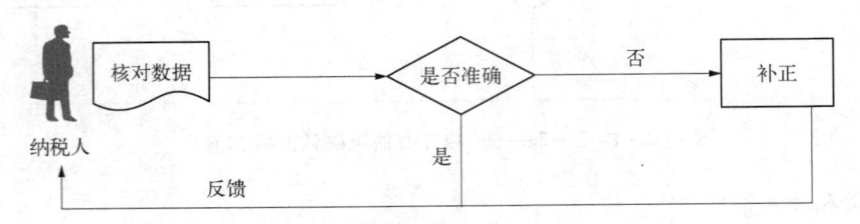

图2-2 个体工商户开办信息确认的操作流程

(三) 纳税人(扣缴义务人)身份信息报告

1. 适用范围

不适用"一照一码""两证整合"的纳税人,若满足以下情形,则应办理纳税人(扣缴义务人)身份信息报告:

(1) 取得统一社会信用代码,但批准部门为除市场监督管理部门之外的其他有关部门批准设立的(如社会团体、律师事务所等)。

(2) 因经营地址变更等因素,注销后恢复开业的。

(3) 有独立的生产经营权、在财务上独立核算并定期向发包人或者出租人上交承包费或租金的承包承租人。

(4) 在中华人民共和国境内承包建筑、安装、装配、勘探工程和提供劳务的境外企业。

(5) 从事生产、经营的纳税人,应经有关部门批准设立但未经有关部门批准的。

(6) 非境内注册居民企业收到居民身份认定书的。

(7) 根据税收法律、行政法规的规定负有扣缴税款义务的扣缴义务人,应当办理扣缴税款登记的。

2. 扣缴义务人的界定

履行个人所得税代扣代缴义务的,以支付所得的单位或者个人为扣缴义务人。

(1) 中华人民共和国境外的单位或者个人在境内销售劳务,在境内未设有经营机构的,以其境内代理人为扣缴义务人;在境内没有代理人的,以购买方为扣缴义务人。

(2) 中华人民共和国境外单位或个人在境内销售服务、无形资产或者不动产,在境内未设有经营机构的,以购买方为增值税扣缴义务人。

(3) 非居民企业在中国境内未设立机构、场所的,或者虽设立机构、场所但取得的所得与其所设机构、场所没有实际联系的,应当就其来源于中国境内的所得缴纳企业所得税,应缴纳的所得税实行源泉扣缴,以支付人为扣缴义务人。

(4) 对非居民企业在中国境内取得工程作业和劳务所得应缴纳的所得税,税务机关可以指定工程价款或者劳务费的支付人为扣缴义务人。

（5）中华人民共和国境外的广告媒介单位和户外广告经营单位在境内提供广告服务，在境内未设有经营机构的，以广告服务接受方为文化事业建设费的扣缴义务人。

3. 办理纳税人（扣缴义务人）身份信息报告的内容

（1）扣缴义务人与非居民企业首次签订与其取得来源于中华人民共和国境内的股息、红利等权益性投资收益和利息、租金、特许权使用费所得、转让财产所得以及其他所得有关的业务合同或协议的，扣缴义务人应当自合同签订之日起30日内，向税务机关办理"纳税人（扣缴义务人）身份信息报告"。

（2）境外注册中资控股居民企业应当在其中国境内主要投资者登记注册地税务机关办理"纳税人（扣缴义务人）身份信息报告"。

（3）境外注册中资控股居民企业应自收到居民身份认定书之日30日内向其主管税务机关办理"纳税人（扣缴义务人）身份信息报告"。

（4）有独立的生产经营权、在财务上独立核算并定期向发包人或者出租人上交承包费或租金的承包承租人，应当自承包承租合同签订之日起30日内，向承包承租业务发生地税务机关办理"纳税人（扣缴义务人）身份信息报告"。

（5）境外企业在中国境内承包建筑、安装、装配、勘探工程和提供劳务的，应当自项目合同或协议签订之日起30日内向项目所在地税务机关办理"纳税人（扣缴义务人）身份信息报告"。

（6）从事生产、经营的纳税人，应经有关部门批准设立但未经有关部门批准的，应当自纳税义务发生之日起30日内向生产、经营所在地税务机关办理"纳税人（扣缴义务人）身份信息报告"。

4. 提供资料

（1）"纳税人（扣缴义务人）基础信息报告表"两份。

（2）法定代表人（负责人、业主）身份证件原件一份，查验后退回。

5. 纳税人、扣缴义务人注意事项

（1）纳税人、扣缴义务人对报送材料的真实性和合法性承担责任。

（2）纳税人、扣缴义务人提供的各项资料为复印件的，均需注明"与原件一致"并签章。

（3）纳税人、扣缴义务人应按照税收法律、行政法规规定和税务机关确定的申报期限、申报内容按期进行相关税种的纳税申报。

（四）新办纳税人涉税事项综合申请表模拟演练示范（如表2-1所示）

表2-1　　　　　　　　　　新办纳税人涉税事项综合申请表

基本信息	纳税人名称	长春××电子科技有限公司	统一社会信用代码	22010476717×××××
	经办人	王帅	身份证件类型	居民身份证
	证件号码	22010519820412××××	联系电话	1315439××××
增值税一般纳税人资格登记	是否登记为增值税一般纳税人：是☑；否□（无须填写以下一般纳税人资格登记信息）			
	纳税人类别：	企业☑　个体工商户□　农民合作社□　其他□		
		（请选择一个项目并在□内打"√"）		
	主营业务类别：	工业□　商业☑　服务业□　其他□		
		（请选择一个项目并在□内打"√"）		

续表

增值税一般纳税人资格登记	会计核算健全：	是☑（请选择一个项目并在□内打"√"）		
	一般纳税人资格生效之日：	当月1日□　次月1日☑		
		（请选择一个项目并在□内打"√"）		
首次办税申领发票	发票种类名称	单份发票最高开票限额	每月最高领票数量	领票方式
	增值税专用发票	99 999.99	50	大厅领取
	领票人	联系电话	身份证件类型	身份证件号码
	王帅	1315439××××	居民身份证	22010519820412××××
	税务行政许可申请事项：	增值税专用发票（增值税税控系统）最高开票限额审批		
	增值税专用发票（增值税税控系统）最高开票限额申请	一千元□　一万元□　十万元☑		
		（请选择一个项目并在□内打"√"）		
纳税人声明：能够提供准确税务资料，上述各项内容真实、可靠、完整。如有虚假，原意承担相关法律责任。				
	经办人：王帅　　　代理人：　　　纳税人（印章）：			
	2023年8月18日			

二、增值税一般纳税人登记操作流程

增值税一般纳税人（以下简称一般纳税人）实行登记管理，应当向其机构所在地主管税务机关办理登记手续。为减轻纳税人负担，全国已实现一般纳税人登记网上办理。

（一）增值税一般纳税人认定标准

1. 自2018年5月1日起，年应税销售额（包括货物、应税劳务、应税行为销售额）达到500万元及以上的企业性单位（以下简称企业）

年应税销售额，是指纳税人在连续不超过12个月或4个季度的经营期内累计应征增值税销售额，包括纳税申报销售额、稽查查补销售额、纳税评估调整销售额。销售服务、无形资产或者不动产（以下简称应税行为）有扣除项目的纳税人，其应税行为年应税销售额按未扣除之前的销售额计算。纳税人偶然发生的销售无形资产、转让不动产的销售额，不计入应税行为年应税销售额。经营期是指在纳税人存续期内的连续经营期间，含未取得销售收入的月份或季度。纳税申报销售额是指纳税人自行申报的全部应征增值税销售额，其中包括免税销售额和税务机关代开发票销售额。稽查查补销售额和纳税评估调整销售额计入查补税款申报当月（或当季）的销售额，不计入税款所属期销售额。

2. 会计核算健全，能够提供准确税务资料的

会计核算健全，是指能够按照国家统一的会计制度规定设置账簿，根据合法、有效凭证核算。

(二)办理增值税一般纳税人登记的程序

(1) 纳税人向主管税务机关填报"增值税一般纳税人登记表"(如表2-2所示),如实填写固定生产经营场所等信息,并提供税务登记证件。

(2) 纳税人填报内容与税务登记信息不一致,或者不符合填列要求的,税务机关应当场告知纳税人需要补正的内容。

(3) 经税务机关核对纳税人填报内容与税务登记信息一致的,主管税务机关当场登记,并退还纳税人留存的"增值税一般纳税人登记表",可以作为证明纳税人成为增值税一般纳税人的凭据。纳税人自一般纳税人生效的当月1日或者次月1日起,按照增值税一般计税方法计算应纳税额,并可以按照规定领用增值税专用发票,财政部、国家税务总局另有规定的除外。

(三)纳税人注意事项

(1) 纳税人对报送材料的真实性和合法性承担责任。

(2) 税务机关提供"最多跑一次"服务。纳税人在资料完整且符合法定受理条件的前提下,最多只需要到税务机关跑一次。

(3) 纳税人使用符合电子签名法规定条件的电子签名,与手写签名或者盖章具有同等法律效力。

(4) 纳税人应在年应税销售额超过规定标准的月份(季度)所属申报期结束后15日内办理增值税一般纳税人登记手续;未按规定时限办理的,应在收到"税务事项通知书"后5日内向主管税务机关办理相关手续;逾期未办理的,自通知时限期满的次月起按销售额依照增值税税率计算应纳税额,不得抵扣进项税额,直至办理相关手续。

(5) 纳税人登记为一般纳税人后,不得转为小规模纳税人,国家税务总局另有规定的除外。

(6) 对税收遵从度低的一般纳税人,主管税务机关可以实行纳税辅导期管理。

(7) 从事成品油销售的加油站、航空运输企业、电信企业总机构及其分支机构,一律由主管税务机关登记为增值税一般纳税人。

(8) 新办理增值税一般纳税人登记的纳税人,自首次开票之日起3个月内不得离线开具发票,按照有关规定不使用网络办税或不具备风险条件的特定纳税人除外。

(四)增值税一般纳税人登记表模拟演练示范(如表2-2所示)

表2-2　　　　　　　　　增值税一般纳税人登记表

纳税人名称	长春××电子科技有限公司	社会信用代码 (纳税人识别号)	22010476717××××	
法定代表人 (负责人、业主)	张天意	证件名称及号码	22040319540816××××	联系电话	1394413××××
财务负责人	李民	证件名称及号码	22010419680213××××	联系电话	1384310××××
办税人员	王帅	证件名称及号码	22010519820412××××	联系电话	1315439××××
税务登记日期	2023年8月15日			
生产经营地址	朝阳区西安大路××号			

续表

注册地址	朝阳区西安大路××号
纳税人类别：企业☑ 非企业性单位☐ 个体工商户☐ 其他☐	
主营业务类别：工业☑ 商业☐ 服务业☐ 其他☐	
会计核算健全：是☑	
一般纳税人资格生效之日：当月1日☐ 次月1日☑	
纳税人（代理人）承诺： 上述各项内容真实、可靠、完整。如有虚假，愿意承担相关法律责任。	
经办人：王帅　　法定代表人：张天意　　代理人：（签章）　　　　2023年8月18日	

三、选择按小规模纳税人纳税的具体流程

增值税纳税人年应税销售额超过财政部、国家税务总局规定标准（以下简称规定标准），且符合有关政策规定，可以选择按小规模纳税人纳税。自2018年5月1日起，增值税小规模纳税人标准为年应征增值税销售额500万元及以下。

（一）选择按小规模纳税人纳税的具体范围

（1）销售货物或者提供加工、修理修配劳务的纳税人。年应税销售额超过小规模纳税人标准的其他个人按小规模纳税人纳税；非企业性单位、不经常发生应税行为的企业可选择按小规模纳税人纳税。

（2）提供应税行为的"营改增"的纳税人，应税行为年销售额超过规定标准的其他个人；不经常发生应税行为的单位和个体工商户可选择按照小规模纳税人纳税。

（3）兼有销售货物、提供加工修理修配劳务以及应税行为的纳税人，不经常发生应税行为的非企业性单位、企业和个体工商户可选择按照小规模纳税人纳税。

（二）需要提供的资料

（1）选择按小规模纳税人纳税的，应当向主管税务机关提交书面说明"选择按小规模纳税人纳税的情况说明"（如表2-3所示）。

（2）个体工商户以外的其他个人年应税销售额超过规定标准的，不需要向主管税务机关提交书面说明。

（三）操作流程的具体内容

（1）办税服务厅接收资料，核对资料是否齐全、是否符合法定形式、填写内容是否完整。符合的，签收纳税人的"选择按小规模纳税人纳税的情况说明"；不符合的，当场一次性提示应补正资料或不予受理原因。

（2）办税服务厅1个工作日内将相关资料按规定程序转下一环节（如图2-3所示）。

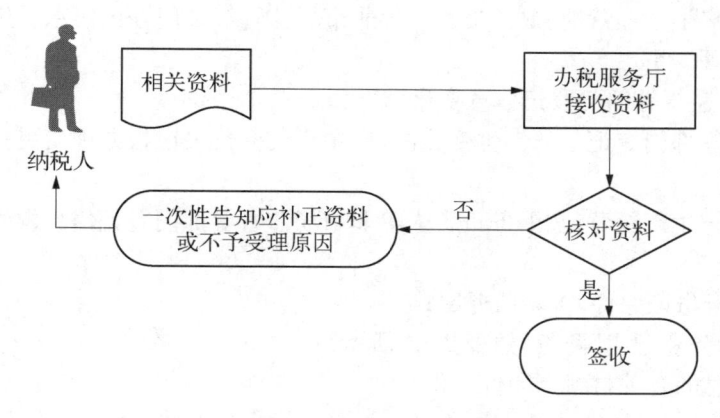

图 2-3　选择按小规模纳税人纳税的基本流程

（四）选择按小规模纳税人纳税的情况说明模拟演练示范（如表2-3所示）

表2-3　　　　　　　　　选择按小规模纳税人纳税的情况说明

纳税人名称	××羽毛球协会	社会信用代码（纳税人识别号）	22010345678900××××
连续不超过12个月的经营期内累计应税销售额		货物劳务：　年　月　至　年　月　共　元 应税行为：2023年4月至2023年12月共　28万元	
情况说明		本协会属于社会团体，不经常发生应税行为，故申请选择按照小规模纳税人纳税		
纳税人（代理人）承诺： 上述各项内容真实、可靠、完整。如有虚假，愿意承担相关法律责任。 经办人：张亚　　法定代表人：途胜　　代理人：（签章） 　　　　　　　　　　　　　　　　　　　　　　　　2024年1月2日			
以下由税务机关填写			
主管税务机关受理情况		受理人：主管税务机关（章） 　　　　　　　　　　　　　　　　　　　　　　年　月　日		

第二节　变更税务登记

一、"一照一码"户信息变更

（一）"一照一码"户市场监管等部门登记信息变更

"一照一码"户市场监管等部门登记信息发生变更的，向市场监管等部门申报办理变更登记。税务机关接收市场监管等部门变更信息，经纳税人确认后更新系统内的对应信息。自2023年4月1日起，纳税人在市场监管部门依法办理变更登记后，无须向税务机关报告登记变更信息；税务机关根据市场监管部门共享的变更登记信息自动同步变更登记信息。处于非正常、非正常户注销等状态的纳税人变更登记信息的，在其恢复正常状态时自动变更。

"一照一码"户生产经营地、财务负责人等非市场监管等部门登记信息发生变化时,向主管税务机关申报办理变更。

(二)非市场监管等部门登记信息变化

非市场监管等部门登记信息发生变化的,向主管税务机关申报办理变更登记信息。

1. 适用范围

"一照一码"户生产经营地、财务负责人等非市场监管等部门登记信息发生变化的纳税人。

2. 提供材料

(1)经办人身份证原件,查验后退回;
(2)"变更税务登记表"两份(如表2-4所示);
(3)变更信息的有关材料复印件一份。

3. 操作流程

"一照一码"户变更登记信息的操作流程如图2-4所示。

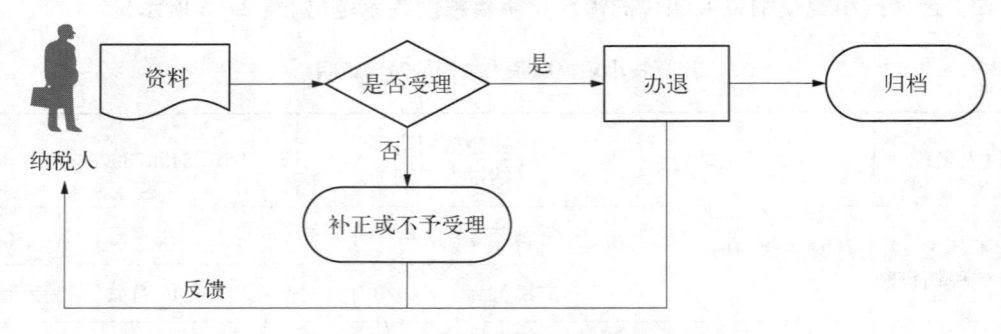

图2-4 "一照一码"户变更登记信息的操作流程

4. 纳税人注意事项

(1)纳税人对报送材料的真实性和合法性承担责任。
(2)纳税人使用符合电子签名法规定条件的电子签名,与手写签名或者盖章具有同等法律效力。
(3)纳税人提供的各项资料为复印件的,均需注明"与原件一致"并签章。
(4)被调查企业在税务机关实施特别纳税调查调整期间,申请变更经营地址的,税务机关在调查结案前原则上不予办理变更手续。
(5)企业由法人转变为个人独资企业、合伙企业等非法人组织,或将登记注册地转移至中华人民共和国境外(包括港澳台地区),应视同企业进行清算、分配,股东重新投资成立新企业。

二、两证整合个体工商户信息变更

(一)适用范围

两证整合个体工商户信息发生变化的,应向市场监督管理部门申报信息变更,税务机关接收市场监督管理部门变更信息,经纳税人确认后更新系统内的对应信息;自2023年4月1日起,纳税人在市场监管部门依法办理变更登记后,无须向税务机关报告登记变更信息;税务机关根据市场监管部门共享的变更登记信息自动同步变更登记信息。处于非正常、非正常户注销等状态的纳税人变更登记信息的,在其恢复正常状态时自动变更。

经纳税人申请,也可由税务机关发起变更。其中,纳税人的名称、纳税人识别号、业主的姓名、经营范围的变更不能由税务机关发起。

两证整合个体工商户信息变更无须提供材料。

（二）操作流程

两证整合个体工商户信息变更的操作流程如图2-5所示。

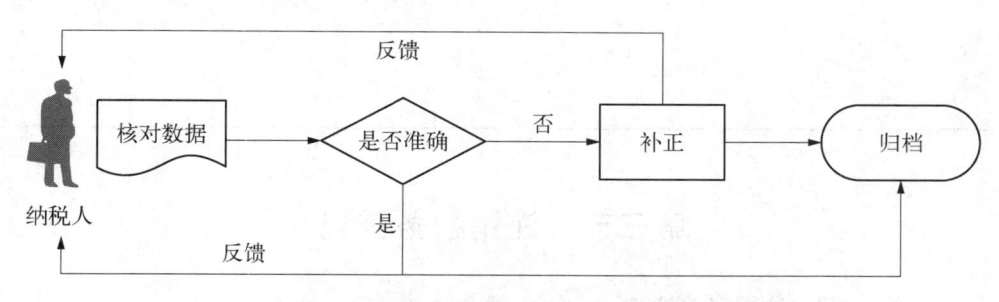

图2-5　两证整合个体工商户信息变更的操作流程

（三）纳税人注意事项

个体工商户申请变更经营者的，申请人可以向登记机关申请办理经营者变更登记，也可以通过"先注销、再设立"的方式实现经营者变更。个体工商户变更经营者，应当结清依法应缴纳的税款等。

三、变更税务登记表模拟演练示范（如表2-4所示）

表2-4　　　　　　　　　　　　　变更税务登记表

纳税人名称	天苑服饰城	纳税人识别号	222301A98111185×××
变更登记事项			
序号	变更项目	变更前内容	变更后内容
1	生产经营地址	海明东路××号	文化东路××号
2	银行账号	43674208887502×××	6387420888750×××
3	财务负责人	李梅	王玉
送缴证件情况	纳税人变更登记内容的决议及有关证明文件		
纳税人意见： 同意 法定代表人（负责人）：杨光 办税人员：李洋			纳税人（公章） 天苑服饰城 2023年10月20日

续表

税务登记机关意见：	
	税务机关（章）
经办人：	
	年　月　日

第三节　注销税务登记

一、"一照一码"户注销税务登记

（一）适用范围

已实行"一照一码"登记模式的纳税人向市场监督管理等部门申请办理注销登记前，须先向税务机关申报清税。清税完毕后，税务机关向纳税人出具"清税证明"，纳税人持"清税证明"到原登记机关办理注销。

（二）提供材料

（1）"清税申报表"两份（如表2-5所示）。

（2）经办人身份证件原件一份，查验后退回。

（3）有以下情形的，还应提供相应材料：

① 上级主管、董事会决议注销的，需要提供上级主管部门批复文件或董事会决议复印件一份；

② 境外企业在中国境内承包建筑、安装、装配、勘探工程和提供劳务的，需要提供项目完工证明、验收证明等相关文件复印件一份；

③ 已领取发票领用簿的纳税人，需提供"发票领用簿"一份。

以上各项已实行实名办税的纳税人，可取消报送。

（三）操作流程

"一照一码"户清税申报的操作流程如图2-6所示。

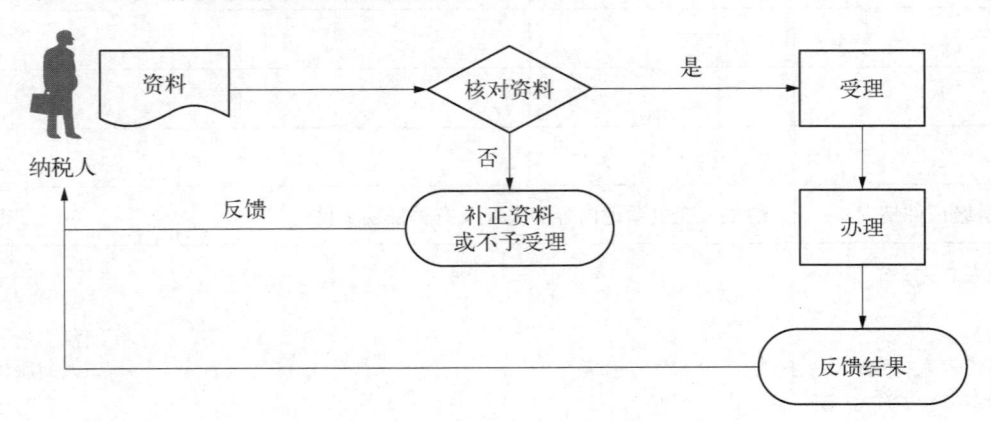

图2-6　"一照一码"户清税申报的操作流程

(四) 纳税人注意事项

(1) 纳税人对报送材料的真实性和合法性承担责任。

(2) 纳税人使用符合电子签名法规定条件的电子签名,与手写签名或者盖章具有同等法律效力。

(3) 纳税人提供的各项资料为复印件的,均需注明"与原件一致"并签章。

(4) 经过实名信息验证的办税人员,不再提供登记证件、身份证件复印件。

(5) 增值税一般纳税人税务注销在10个工作日内办结,增值税小规模纳税人和其他纳税人税务注销在5个工作日内办结。税务机关在核查、检查过程中发现涉嫌偷、逃、骗、抗税或虚开发票的,或者需要进行纳税调整等情形的,办理时限中止。

(6) 纳税人可通过登录电子税务局,选择进入"清税注销税(费)申报及缴纳套餐",根据纳税人类型,分别完成"企业所得税清算报备""增值税及附加税费申报""消费税及附加税费申报""企业所得税申报""其他申报""综合申报""财务报表报送"及"税费缴纳"等业务的办理。

(7) 纳税人办理"一照一码"户清税申报,应结清应纳税款、多退(免)税款、滞纳金和罚款,缴销发票和其他税务证件,其中:

① 企业所得税纳税人办理"一照一码"户清税申报,就其清算所得向税务机关申报并依法缴纳企业所得税。

② 纳税人未办理土地增值税清算手续的,应在办理"一照一码"户清税申报前进行土地增值税清算。

③ 出口企业应在结清出口退(免)税款后,办理"一照一码"户清税申报。

(8) 处于非正常状态纳税人在办理"一照一码"户清税申报前,需先解除非正常状态,再补办申报纳税手续。

(9) 被调查企业在税务机关实施特别纳税调查调整期间申请注销税务登记的,税务机关在调查结案前原则上不予办理注销手续。

(10) 纳税人办理"一照一码"户清税申报,无须向税务机关提出终止银税三方(委托)划缴协议。税务机关办结"一照一码"户清税申报后,银税三方(委托)划缴协议自动终止。

二、两证整合个体工商户注销税务登记

(一) 适用范围

已实行"两证整合"登记模式的个体工商户向市场监督管理部门申请办理注销登记前,先向税务机关申报清税。清税完毕后,税务机关向纳税人出具"清税证明",纳税人持"清税证明"到原登记机关办理注销。

(二) 提供材料

(1) 清税申报表两份。

(2) 经办人身份证件原件一份,查验后退回。

(3) 已领取发票领用簿的纳税人需提供"发票领用簿"一份。

以上各项已实行实名办税的纳税人,可取消报送。

(三) 操作流程

两证整合个体工商户清税申报的操作流程如图2-7所示。

(四) 纳税人注意事项

(1) 纳税人对报送材料的真实性和合法性承担责任。

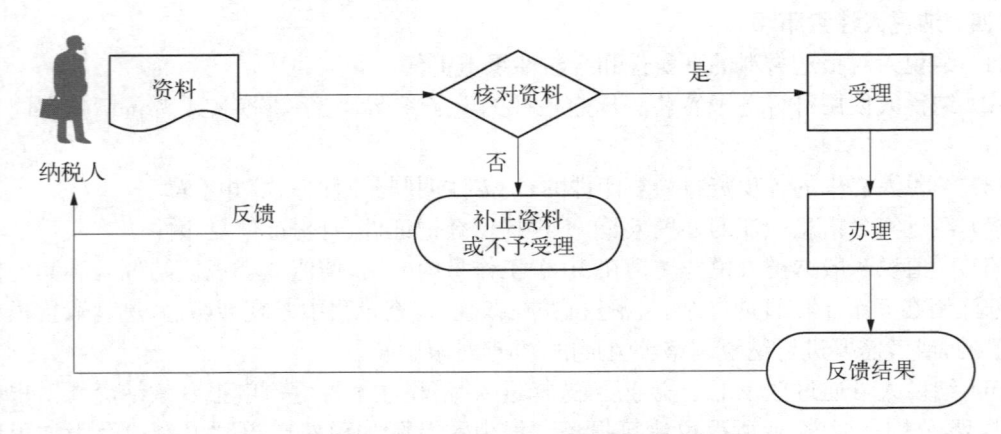

图 2-7　两证整合个体工商户清税申报的操作流程

(2) 纳税人使用符合电子签名法规定条件的电子签名,与手写签名或者盖章具有同等法律效力。

(3) 经过实名信息验证的办税人员,不再提供登记证件、身份证件复印件、"发票领用簿"等资料。

(4) 增值税一般纳税人税务注销在10个工作日内办结,增值税小规模纳税人和其他纳税人税务注销在5个工作日内办结。税务机关在核查、检查过程中发现涉嫌偷、逃、骗、抗税或虚开发票的,或者需要进行纳税调整等情形的,办理时限中止。

(5) 处于非正常状态纳税人在办理两证整合个体工商户清税申报前,需先解除非正常状态,再补办申报纳税手续。

(6) 纳税人通过电子税务局"清税注销税(费)申报及缴纳套餐"办理两证整合个体工商户清税申报的,可一并办理以下涉税事项:增值税及附加税费申报、消费税及附加税费申报、其他申报、综合申报、税费缴纳等业务。

(7) 纳税人办理两证整合个体工商户清税申报,无须向税务机关提出终止银税三方(委托)划缴协议。税务机关办结两证整合个体工商户清税申报后,银税三方(委托)划缴协议自动终止。

三、其他纳税人注销税务登记

(一) 适用范围

"一照一码""两证整合"以外的纳税人发生以下情形的,向主管税务机关办理注销税务登记:

(1) 因解散、破产、撤销等情形,依法终止纳税义务的;

(2) 按规定不需要在市场监督管理机关或者其他机关办理注销登记的,但经有关机关批准或者宣告终止的;

(3) 被市场监督管理机关吊销营业执照或者被其他机关予以撤销登记的;

(4) 境外企业在中华人民共和国境内承包建筑、安装、装配、勘探工程和提供劳务,项目完工、离开中国的;

(5) 外国企业常驻代表机构驻在期届满、提前终止业务活动的;

(6) 非境内注册居民企业经国家税务总局确认终止居民身份的。

(二) 提供材料

(1) 注销税务登记申请审批表两份(如表 2-6 所示)。
(2) 经办人身份证件原件一份,查验后退回。
(3) 有以下情形的,还应提供相应材料:
① 上级主管、董事会决议注销的,需要提供上级主管部门批复文件或董事会决议复印件一份;
② 境外企业在中国境内承包建筑、安装、装配、勘探工程和提供劳务的,需要提供项目完工证明、验收证明等相关文件复印件一份;
③ 被市场监督管理机关吊销营业执照的,需要提供市场监督管理机关发出的吊销工商营业执照决定复印件一份;
④ 办理税务登记、临时税务登记的纳税人的,需要提供税务登记证件和其他税务证件一份;
⑤ 已领取发票领用簿的,纳税人需要提供"发票领用簿"一份。
以上各项已实行实名办税的纳税人,可取消报送。

(三) 纳税人注意事项

(1) 纳税人对报送材料的真实性和合法性承担责任。
(2) 文书表单可在省(自治区、直辖市和计划单列市)税务局网站"下载中心"栏目查询下载或到办税服务厅领取。
(3) 纳税人使用符合电子签名法规定条件的电子签名,与手写签名或者盖章具有同等法律效力。
(4) 纳税人提供的各项资料为复印件的,均需注明"与原件一致"并签章。
(5) 经过实名信息验证的办税人员,不再提供登记证件、身份证件复印件等资料。
(6) 纳税人可通过登录电子税务局,选择进入"清税注销税(费)申报及缴纳套餐",根据纳税人类型,分别完成"企业所得税清算报备""增值税及附加税费申报""消费税及附加税费申报""企业所得税申报""其他申报""综合申报""财务报表报送"及"税费缴纳"等业务的办理。
(7) 纳税人申报办理注销税务登记,应结清应纳税款、多退(免)税款、滞纳金和罚款,缴销发票和其他税务证件,其中:
① 企业所得税纳税人办理注销税务登记,就其清算所得向税务机关申报并依法缴纳企业所得税。
② 纳税人未办理土地增值税清算手续的,应在办理注销税务登记前进行土地增值税清算。
③ 出口企业应在结清出口退(免)税款后,办理注销税务登记。
(8) 处于非正常状态纳税人在办理注销税务登记前,需先解除非正常状态,再补办申报纳税手续。
(9) 被调查企业在税务机关实施特别纳税调查调整期间申请注销税务登记的,税务机关在调查结案前原则上不予办理注销手续。
(10) 纳税人办理注销税务登记,无须向税务机关提出终止银税三方(委托)划缴协议。税务机关办结"一照一码"户清税申报后,银税三方(委托)划缴协议自动终止。

四、注销扣缴税款登记

(一) 适用范围

未办理信息报告的扣缴义务人发生解散、破产、撤销以及其他情形,依法终止扣缴义务的,或者已办理信息报告的扣缴义务人未发生解散、破产、撤销以及其他情形,未依法终止纳税义务,仅依法终止扣缴义务的,持有关证件和资料向税务机关申报办理注销扣缴税款登记。

(二) 提供材料

(1) "注销扣缴税款登记申请表"两份。

(2) 经办人身份证件原件一份,查验后退回。

(3) 有以下情形的,还应提供相应材料:

① 税务机关单独发放扣缴税款登记证的扣缴义务人,需要提供扣缴税款登记证原件一份;

② 适用"一照一码""两证整合"登记模式的纳税人,仅依法终止扣缴义务并提供加载统一社会信用代码的营业执照原件,查验后退回。

(三) 扣缴义务人注意事项

(1) 扣缴义务人对报送材料的真实性和合法性承担责任。

(2) 扣缴义务人使用符合电子签名法规定条件的电子签名,与手写签名或者盖章具有同等法律效力。

(3) 经过实名信息验证的办税人员,不再提供登记证件、身份证件复印件等资料。

(4) 已办理信息报告的扣缴义务人发生解散、破产、撤销以及其他情形,依法终止纳税义务的,申报办理税务注销时,不需单独提出申请,税务机关在办理税务注销的同时,注销扣缴税款登记。

五、税务注销即时办理

(一) 适用范围

(1) 企业符合市场监管部门简易注销条件,未办理过涉税事宜,或者办理过涉税事宜但没领用过发票(含代开发票)、没有欠税(滞纳金)及罚款且没有其他未办结事项,可免予到税务机关办理清税证明,可直接向市场监管部门申请简易注销。

(2) 未办理过涉税事宜的纳税人,办理过涉税事宜但没领用过发票(含代开发票)、没有欠税和没有其他未办结事项的纳税人,查询时已办结缴销发票、结清应纳税款等清税手续的纳税人,可免予到税务机关办理清税证明,直接向市场监管部门申请办理注销登记。

(3) 未办理过涉税事宜的纳税人,主动到税务机关办理清税的,税务机关可根据纳税人提供的营业执照即时出具清税文书。

(4) 经人民法院裁定强制清算或者宣告破产的纳税人,持人民法院终结强制清算程序的裁定或者终结破产程序裁定书向税务机关申请税务注销的,税务机关即时出具清税文书。

(5) 未处于税务检查状态、无欠税(滞纳金)及罚款、已缴销发票和税控专用设备的企业分支机构,若由总机构汇总缴纳增值税、企业所得税,并且不就地预缴或分配缴纳增值税、企业所得税的,税务机关即时出具清税文书。

(6) 符合下列条件的纳税人在办理税务注销时,税务机关提供即时办结服务,采取"承诺制"容缺办理,即时出具清税文书:

① 办理过涉税事宜但未领用发票(含代开发票)、无欠税(滞纳金)及罚款的纳税人,主动到税务机关办理清税。

② 对未处于税务检查状态、无欠税(滞纳金)及罚款、已缴销增值税专用发票及税控专用设备,且符合下列情形之一的纳税人:

- 纳税信用级别为A级和B级的纳税人；
- 控股母公司纳税信用级别为A级的M级纳税人；
- 省级人民政府引进人才或经省级以上行业协会等机构认定的行业领军人才等创办的企业；
- 未纳入纳税信用级别评价的定期定额个体工商户；
- 未达到增值税纳税起征点的纳税人。

（二）提供材料

（1）已实行"一照一码""两证整合"登记模式的纳税人提交"清税申报表"两份，未实行"一照一码""两证整合"登记模式的纳税人提交"注销税务登记申请审批表"两份。

（2）经办人身份证件原件一份，查验后退回。

（3）有以下情形的，还应提供相应材料：

① 上级主管、董事会决议注销的，需要提供上级主管部门批复文件或董事会决议复印件一份；

② 境外企业在中国境内承包建筑、安装、装配、勘探工程和提供劳务的，需要提供项目完工证明、验收证明等相关文件复印件一份；

③ 被市场监督管理机关吊销营业执照的，需要提供市场监督管理机关发出的吊销工商营业执照决定复印件一份；

④ 适用"一照一码""两证整合"以外的纳税人，需要提供税务登记证件一份；

⑤ 已领取发票领用簿的纳税人，需要提供"发票领用簿"一份；

⑥ 未办理过涉税事宜的纳税人，需要提供加载统一社会信用代码的营业执照原件一份，查验后退回；

以上各项已实行实名办税的纳税人，可取消报送。

⑦ 经人民法院裁定强制清算或者宣告破产的，还应报送人民法院终结强制清算程序或者终结破产程序裁定书或判决书复印件一份。

（三）纳税人注意事项

（1）纳税人对报送材料的真实性和合法性承担责任。

（2）纳税人使用符合电子签名法规定条件的电子签名，与手写签名或者盖章具有同等法律效力。

（3）纳税人提供的各项资料为复印件的，均需注明"与原件一致"并签章。

（4）经过实名信息验证的办税人员，不再提供登记证件、身份证件复印件、上级主管部门批复文件或董事会决议复印件、"项目完工证明""验收证明"等相关文件复印件、"发票领用簿"等资料。

（5）对适用税务注销即办流程的纳税人，资料不齐的，税务机关可在纳税人作出承诺后，采取"承诺制"容缺办理，即时出具清税文书。纳税人应按承诺的时限补齐资料，并办结相关事项。

（6）纳税人申报办理税务注销前，应结清应纳税款、多退（免）税款、滞纳金和罚款，缴销发票和其他税务证件，其中：

① 企业所得税纳税人在办理税务注销前，就其清算所得向税务机关申报并依法缴纳企业所得税。

② 纳税人未办理土地增值税清算手续的，应在申报办理税务注销前进行土地增值税

清算。

③ 出口企业应在结清出口退(免)税款后,申报办理税务注销。

(7) 处于非正常状态纳税人在申报办理税务注销前,须先解除非正常状态,再补办申报纳税手续。

(8) 纳税人申报办理税务注销,无须向税务机关提出终止银税三方(委托)划缴协议。税务机关办结税务注销后,银税三方(委托)划缴协议自动终止。

六、注销税务登记涉税表单模拟演练示范

(一)清税申报表模拟演练示范(如表2-5所示)

表2-5　　　　　　　　　　　　　清税申报表

纳税人名称	吉林××建筑工程公司	统一社会信用代码	92201047××××××××
注销原因	工程竣工清算		
附送资料	营业执照正副本		
纳税人:吉林××建筑工程公司 经办人:张梅 2023年7月5日	法定代表人(负责人):吴×× 2023年7月5日		纳税人(公章) 2023年7月5日
以下由税务机关填写			
受理时间	经办人:吴× 2023年7月6日		负责人:张×× 2023年7月6日
清缴税款、滞纳金、罚款情况	应纳增值税166.50万元、所得税88.21万元、个人所得税54.30万元,税款均已缴清,补缴印花税0.40万元,个人所得税22.85万元,缴纳滞纳金8.89万元 经办人:李× 2023年7月10日		负责人:张× 2023年7月10日
缴销发票情况	缴销发票1本(25组) 经办人:刘×× 2023年7月15日		负责人:李× 2023年7月15日
税务检查意见	纳税人全部纳税完成,可以办理注销手续 检查人员:赵× 2023年7月18日		负责人:赵×× 2023年7月18日
批准意见	部门负责人:李× 2023年7月20日		税务机关(签章) 2023年7月20日

(二)注销税务登记申请审批表模拟演练示范(如表 2-6 所示)

表 2-6　　　　　　　　　　　注销税务登记申请审批表

纳税人名称	××科技有限公司	纳税人识别号	91220101××××××××
注销原因	企业解散			
附送资料	营业执照正副本		
	税务登记证正副本		
	发票领用簿		
纳税人：××科技有限公司 经办人：李× 2023 年 8 月 10 日	法定代表人(负责人)：王×× 2023 年 8 月 10 日		纳税人(签章) 2023 年 8 月 10 日
以下由税务机关填写			
受理时间	经办人： 　　年　月　日		负责人： 　　年　月　日
清缴税款、滞纳金、罚款情况	经办人： 　　年　月　日		负责人： 　　年　月　日

第三章 涉税发票填制实务模拟演练

知识目标

- 掌握发票的相关知识；
- 了解各种发票的样式和使用范围；
- 掌握各种发票的填制方法；
- 熟练掌握和准确填开各种发票。

能力目标

通过涉税发票填制实务模拟演练，让学生实际动手操作，模拟发票填开全过程，加强对学生实际操作技能的培养和训练，掌握各种发票的填开技巧，不断提高实践的应用能力。

育人目标

通过涉税发票填制实务模拟演练，践行社会主义核心价值观，培养和教育学生知法守法、爱岗敬业，不弄虚作假，不虚开发票，培养良好的社会责任意识和职业道德精神。

引入案例

李晓文根据所在企业的具体情况办理完税务登记后，取得了发票领购簿，并到税务机关领购了已经核定的各种发票。某日，一单位会计到商店购买500元办公用品，为了能多报销，要求李晓文将发票金额开成800元。请问：这种做法是否符合国家在发票管理上的规定？购销双方在发票上存在什么问题？李晓文应该如何填开这些发票呢？

涉税发票填制课程思政案例请扫二维码。

思政案例(一)

第一节 普通发票的填制规范

一、普通发票概述

(一) 普通发票的含义及种类

普通发票是指除增值税专用发票以外的各类发票。它是指在购销商品、提供或者接受服务以及从事其他经营活动中,开具、收取的收付款凭证。

普通发票分增值税发票管理新系统开具的增值税普通发票和非增值税发票管理新系统开具的增值税普通发票。

增值税发票管理新系统开具的增值税普通发票从版式上看分折叠票、卷票和电子普通发票;非增值税发票管理新系统开具的增值税普通发票按照发票的填开方式分通用机打发票、通用手工发票和通用定额发票三大类,其中,通用机打发票还分为平推式发票和卷式发票。此外,非增值税发票管理新系统开具的增值税普通发票还包括过路(过桥)费发票、门票、客运发票、出租车发票、火车票和飞机行程单等。

(二)普通发票的联次及基本内容

普通发票的基本联次为三联:第一联为存根联,由收款方或开票方留存备查;第二联为发票联,由付款方或收票方作为付款原始凭证;第三联为记账联,由收款方或开票方作为记账原始凭证。通用机打卷式发票为一联。

发票的基本内容包括:发票的名称、发票代码和号码、联次及用途、客户名称、开户银行及账号、商品名称或经营项目、计量单位、数量、单价、大小写金额、开票人、开票日期、开票单位(个人)名称(章)等。平推式通用机打发票的票面为镂空设计。除发票名称、发票联、发票代码、发票号码、开票日期、行业类别这些印制内容外,其他内容全部通过打印软件进行控制和打印。"行业类别"打印发票开具单位和个人的所属行业,按照现行增值税征收品目和特定开票类型设定。

二、普通发票填开的基本规范

(1) 销售商品、提供服务以及从事其他经营活动的单位和个人,对外发生经营业务收取款项,收款方应当向付款方开具发票;在特殊情况下,由付款方向收款方开具发票。

(2) 所有单位和从事生产、经营活动的个人在购买商品、接受服务以及从事其他经营活动并支付款项时,应当向收款方取得发票。取得发票时,不得要求变更品名和金额。

(3) 不符合规定的发票,不得作为财务报销凭证,任何单位和个人都有权拒收。

(4) 开具发票应当按照规定的时限、顺序、栏目,全部联次一次性如实开具,并加盖发票专用章。

(5) 安装税控装置的单位和个人,应当按照规定使用税控装置开具发票,并按期向主管税务机关报送开具发票的数据。

(6) 使用非税控电子器具开具发票的,应当将非税控电子器具使用的软件程序说明资料报主管税务机关备案,并按照规定保存、报送开具发票的数据。

(7) 发票限于纳税人在规定区域内开具,不得跨区域携带、邮寄或者运输发票,不得携带、邮寄或者运输发票出入国境。

(8) 开具发票应当使用中文。民族自治地方可以同时使用当地通用的一种民族文字。

三、普通发票填开的违章处理

(1) 有下列情形之一的,由税务机关责令改正,可以处 1 万元以下的罚款;有违法所得的予以没收:

① 应当开具而未开具发票,或者未按照规定的时限、顺序、栏目,全部联次一次性开具发票,或者未加盖发票专用章的;

② 使用税控装置开具发票,未按期向主管税务机关报送开具发票的数据的;

③ 使用非税控电子器具开具发票,未将非税控电子器具使用的软件程序说明资料报主管税务机关备案,或者未按照规定保存、报送开具发票的数据的;

④ 拆本使用发票的;

⑤ 扩大发票使用范围的;
⑥ 以其他凭证代替发票使用的;
⑦ 跨规定区域开具发票的;
⑧ 未按照规定缴销发票的;
⑨ 未按照规定存放和保管发票的。

(2) 丢失发票或者擅自损毁发票的;跨规定的使用区域携带、邮寄、运输空白发票,以及携带、邮寄或者运输空白发票出入境的:由税务机关责令改正,可以处1万元以下的罚款;情节严重的,处1万元以上3万元以下的罚款;有违法所得的予以没收。

(3) 非法代开发票的、虚开发票的:由税务机关没收违法所得;虚开金额在1万元以下的,可以并处5万元以下的罚款;虚开金额超过1万元的,并处5万元以上50万元以下的罚款;构成犯罪的,依法追究刑事责任。

(4) 私自印制、伪造、变造发票,非法制造发票防伪专用品,伪造发票监制章的:由税务机关没收违法所得,没收、销毁作案工具和非法物品,并处1万元以上5万元以下的罚款;情节严重的,并处5万元以上50万元以下的罚款;对印制发票的企业,可以并处吊销发票准印证;构成犯罪的,依法追究刑事责任。

(5) 有下列情形之一的:由税务机关处1万元以上5万元以下的罚款;情节严重的,处5万元以上50万元以下的罚款;有违法所得的,予以没收;构成犯罪的,依法追究刑事责任。
① 转借、转让、介绍他人转让发票、发票监制章和发票防伪专用品的;
② 知道或者应当知道是私自印制、伪造、变造、非法取得或者废止的发票而受让、开具、存放、携带、邮寄、运输的。

(6) 对违反发票管理规定2次以上或者情节严重的单位和个人,税务机关可以向社会公告。

(7) 违反发票管理法规,导致其他单位或者个人未缴、少缴或者骗取税款的,由税务机关没收违法所得,可以并处未缴、少缴或者骗取的税款1倍以下的罚款。

四、普通发票填开模拟演练示范

(一) 增值税普通发票的填开示范(如图3-1和图3-2所示)

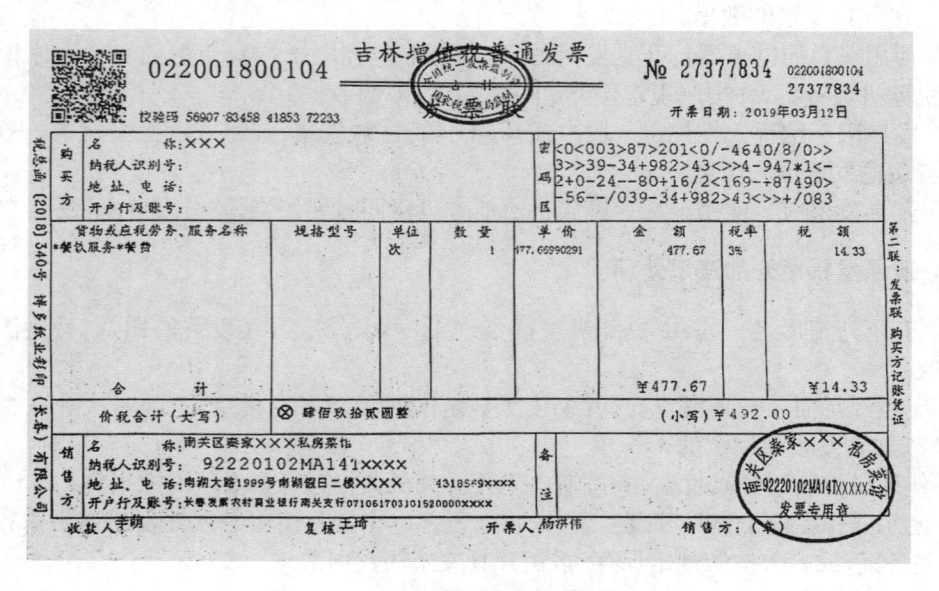

图3-1 增值税普通发票的填开示例1

图 3-2 增值税普通发票的填开示例 2

（二）增值税电子普通发票的填开示范（如图 3-3 所示）

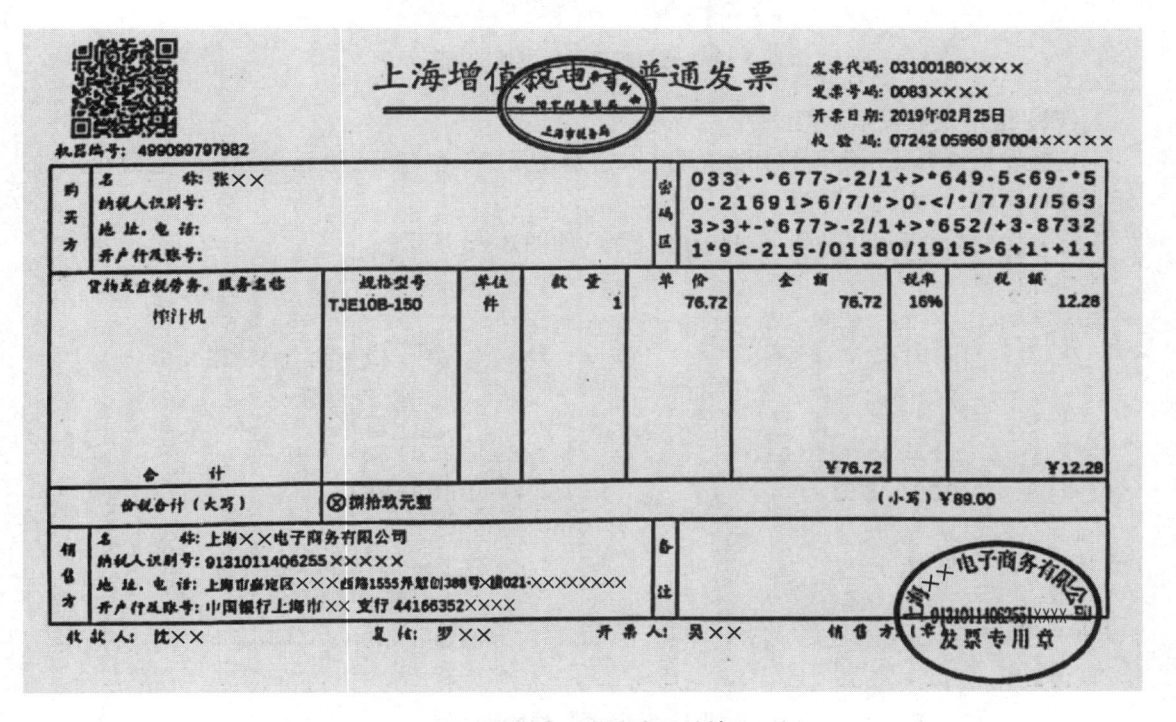

图 3-3 增值税电子普通发票的填开示例

（三）通用机打卷式发票的填开示范（如图 3-4 所示）

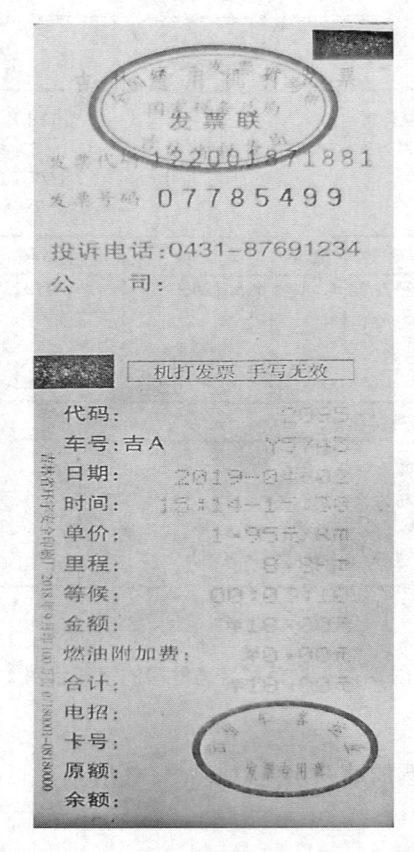

图 3-4　通用机打卷式发票的填开示例

（四）通用定额发票示范

定额发票按人民币等值以元为单位，划分为壹元、贰元、伍元、拾元、贰拾元、伍拾元、壹佰元共 7 种面额，与人民币等值。

定额发票为并列两联，即存根联和发票联（如图 3-5 所示）。

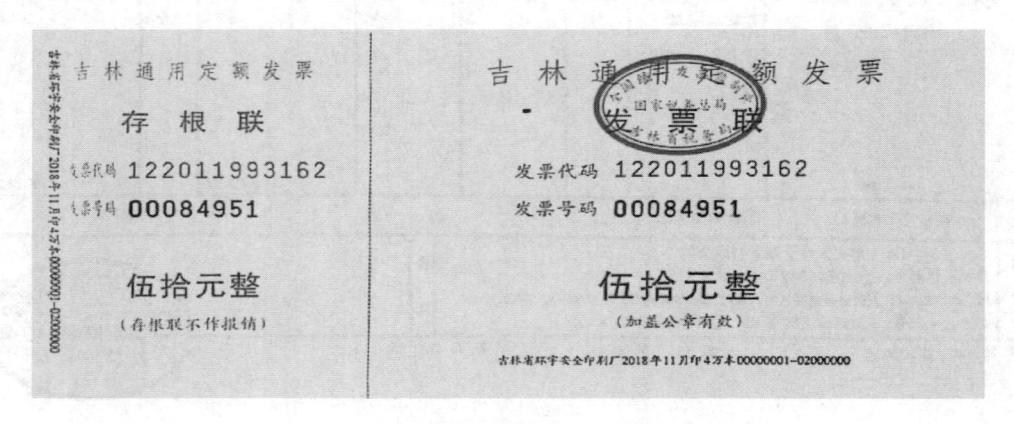

图 3-5　通用定额发票示例

第二节 增值税专用发票的填制规范

一、增值税专用发票概述

(一) 增值税专用发票的含义

增值税专用发票(以下简称专用发票)是由国务院税务主管部门确定的企业印制,是增值税一般纳税人(以下简称一般纳税人)和部分小规模纳税人销售货物或者提供应税劳务和发生应税行为开具的发票,是购买方支付增值税税额并可按照增值税有关规定据以抵扣增值税进项税额的凭证。在实行扣税法计算增值税时,它不仅是一般的商事凭证,而且是计算抵扣税款的法定凭证。

(二) 增值税专用发票的基本联次

一般纳税人应通过增值税防伪税控系统开具专用发票。

专用发票由基本联次或者基本联次附加其他联次构成。基本联次为三联:第一联为发票联,作为购买方核算采购成本和增值税进项税额的记账凭证;第二联为抵扣联,作为购买方报送主管税务机关认证和留存备查的凭证;第三联为记账联,作为销售方核算销售收入和增值税销项税额的记账凭证。其他联次的用途由一般纳税人自行确定。

(三) 增值税专用发票的开具范围

一般纳税人销售货物或者提供应税劳务和发生应税行为,应向购买方开具专用发票;小规模纳税人需要开具增值税专用发票的,可以通过新系统自行开具;小规模纳税人销售其取得的不动产,需要开具增值税专用发票的,仍须向税务机关申请代开。

一般纳税人销售货物、提供加工修理修配劳务和发生应税行为,可汇总开具专用发票。汇总开具专用发票的,同时使用防伪税控系统开具"销售货物或者提供应税劳务清单",并加盖财务专用章或者发票专用章。

但下列情况不得开具专用发票:

(1) 向消费者个人销售货物或者提供应税劳务的;
(2) 向小规模纳税人销售货物或者提供应税劳务的;
(3) 销售货物或者提供应税劳务和发生应税行为适用免税规定的;
(4) 商业企业一般纳税人零售烟、酒、食品、服装、鞋帽(不包括劳保专用部分)、化妆品等消费品的;
(5) 法律、法规及国家税务总局另有规定的。

二、增值税专用发票的基本操作规范

(一) 实行最高开票限额管理制度

最高开票限额,是指单份专用发票开具的销售额合计数不得达到的上限额度。

最高开票限额由一般纳税人申请,税务机关依法审批。最高开票限额为10万元及以下的,由区县级税务机关审批;最高开票限额为100万元的,由地市级税务机关审批;最高开票限额为1 000万元及以上的,由省级税务机关审批。一般纳税人申请最高开票限额时,需填报"最高开票限额申请表"(如表3-1所示)。

(二) 增值税专用发票开具的基本要求

增值税专用发票应按下列要求开具,对不符合要求的专用发票,购买方有权拒收:

(1) 项目齐全，与实际交易相符；
(2) 字迹清楚，不得压线、错格；
(3) 发票联和抵扣联加盖财务专用章或者发票专用章；
(4) 按照增值税纳税义务的发生时间开具。

（三）销货退回或折让等情形专用发票的处理

增值税一般纳税人（包括自开专用发票的小规模纳税人）开具增值税专用发票（以下简称专用发票）后，发生销货退回、开票有误、应税服务中止等情形但不符合发票作废条件，或者因销货部分退回及发生销售折让，需要开具红字专用发票的，按以下方法处理：

（1）购买方取得专用发票已用于申报抵扣的，购买方可在增值税发票管理新系统（以下简称新系统）中填开并上传"红字发票信息确认单"（如表3-2所示，以下简称信息表），在填开信息表时不填写相对应的蓝字专用发票信息，应暂依信息表所列增值税税额从当期进项税额中转出，待取得销售方开具的红字专用发票后，与信息表一并作为记账凭证。专用发票未用于申报抵扣、发票联或抵扣联无法退回的，购买方填开信息表时应填写相对应的蓝字专用发票信息。

销售方开具专用发票尚未交付购买方，以及购买方未用于申报抵扣并将发票联及抵扣联退回的，销售方可在新系统中填开并上传信息表。销售方填开信息表时应填写相对应的蓝字专用发票信息。

（2）主管税务机关通过网络接收纳税人上传的信息表，系统自动校验通过后，生成带有"红字发票信息表编号"的信息表，并将信息同步至纳税人端系统中。

（3）销售方凭税务机关系统校验通过的信息表开具红字专用发票，在增值税发票系统升级版中以销项负数开具。红字专用发票应与信息表内容一一对应。

（4）纳税人也可凭信息表电子信息或纸质资料到税务机关对信息表内容进行系统校验。

三、增值税专用发票填开的法律责任

（1）虚开增值税专用发票的，处3年以下有期徒刑或者拘役，并处2万元以上20万元以下罚金；

（2）虚开的税款数额较大或者有其他严重情节的，处3年以上10年以下有期徒刑，并处5万元以上50万元以下罚金；

（3）虚开的税款数额巨大或者有其他特别严重情节的，处10年以上有期徒刑或者无期徒刑，并处没收财产；

（4）为骗取国家税款，虚开税款的数额特别巨大、情节特别严重、给国家利益造成特别重大损失的，处无期徒刑或者死刑，并处没收财产，虚开增值税专用发票的犯罪集团的首要分子分别依照前款规定从重处罚；

（5）虚开用于骗取出口退税、抵扣税款的专用发票，依照上述规定处罚。

实行增值税专用发票电子化的新办纳税人的发票使用请扫二维码（视频来源：https://fgk.chinataxgov.cn/zcfgk/c100020/c5213437/content.html）。

国家税务总局：实行增值税专用发票电子化的新办纳税人的发票使用

四、增值税专用发票填开模拟演练示范

(一) 增值税专用发票最高开票限额申请单填开示范(如表 3-1 所示)

表 3-1　　　　　　　　　增值税专用发票最高开票限额申请单

申请事项 (由纳税人填写)	纳税人名称	×××餐具有限公司	纳税人识别号	22010455×××××××××
	地　　址	长春市朝阳区西朝阳路××号	联系电话	885866××
	购票人信息			
	申请增值税专用发票(增值税税控系统)最高开票限额	☑初次　　□变更　(请选择一个项目并在□内打"√") □一亿元　　□一千万元　　☑一百万元 □十万元　　□一万元　　□一千元 (请选择一个项目并在□内打"√")		
	申请货物运输业增值税专用发票(增值税税控系统)最高开票限额	☑初次　　□变更　(请选择一个项目并在□内打"√") □一亿元　　□一千万元　　□一百万元 ☑十万元　　□一万元　　□一千元 (请选择一个项目并在□内打"√")		
	申请理由:新开办企业申领发票。 经办人(签字):党×　　　　　　　　纳税人(印章):×××餐具有限公司 2023 年 8 月 10 日　　　　　　　　　2023 年 8 月 10 日			
区县税务机关意见	发 票 种 类		批准最高开票限额	
	增值税专用发票(增值税税控系统)			
	货物运输业增值税专用发票 (增值税税控系统)			
	经办人(签字):　　　　批准人(签字):　　　　税务机关(印章): 　年　月　日　　　　　　年　月　日　　　　　　年　月　日			

(二) 红字发票信息确认单填开示范(如表3-2所示)

表3-2　　　　　　　　　　红字发票信息确认单

填开日期：2023年10月12日

销售方	纳税人名称（销方）	×××办公伙伴长春有限公司	购买方	纳税人名称（购方）	××××汽车热系统有限公司
	统一社会信用代码/纳税人识别号（销方）	91220101333873××××		统一社会信用代码/纳税人识别号（购方）	912201016050××××

开具红字发票确认信息内容	项目名称	数量	单价	金额	税率/征收率	税额
	惠普激光打印机	-1	1 202.978 461	-1 202.97	13%	-156.39
	爱普生针式打印机	-1	1 580.436 666	-1 580.43	13%	-205.46
	合　计	—	—	-2 783.40	—	-361.85
	一、录入方身份： 　1. 销售方☑　2. 购买方☐ 二、红冲原因： 　1. 开票有误☐　2. 销货退回☑　3. 服务中止☐　4. 销售折让☐ 三、对应蓝字发票抵扣增值税销项税额情况： 　1. 已抵扣☑　2. 未抵扣☐ 　对应蓝字发票的代码：220018×××　号码：0059×××× 四、是否涉及数量(仅限成品油、机动车等业务填写) 　涉及销售数量☐　仅涉及销售金额☐						
红字发票信息确认单编号						

(三) 增值税专用发票填开示范

1. 发票联[如图 3-6(a)所示]

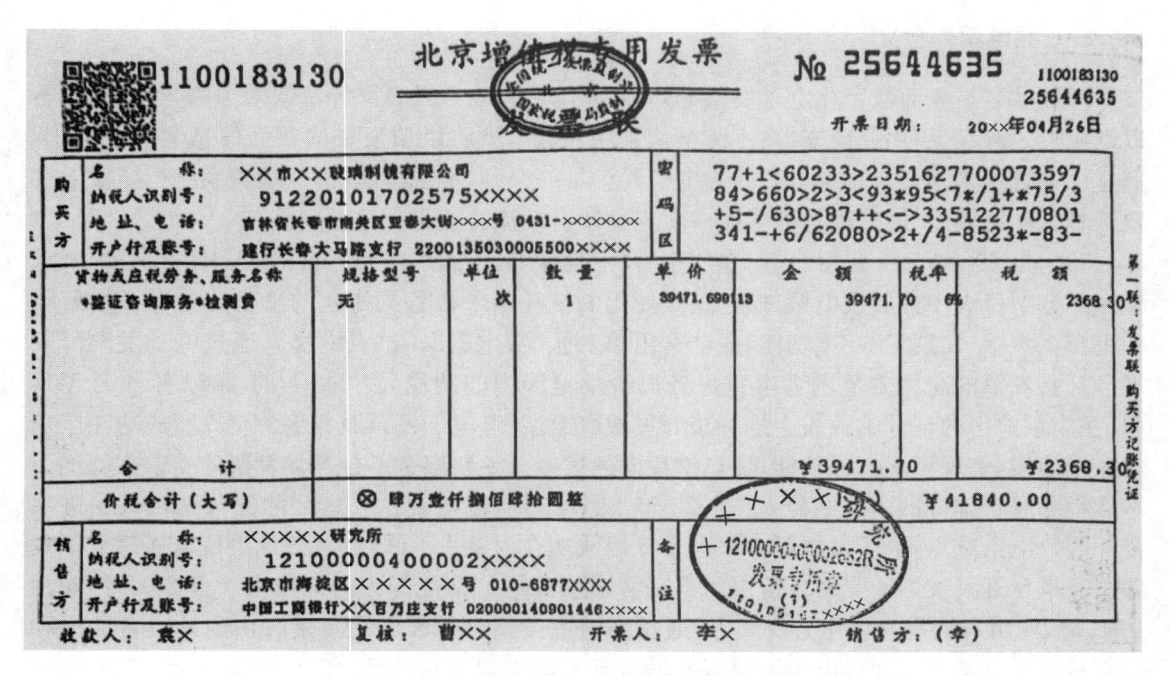

图 3-6(a) 增值税专用发票(发票联)示例

2. 抵扣联[如图 3-6(b)所示]

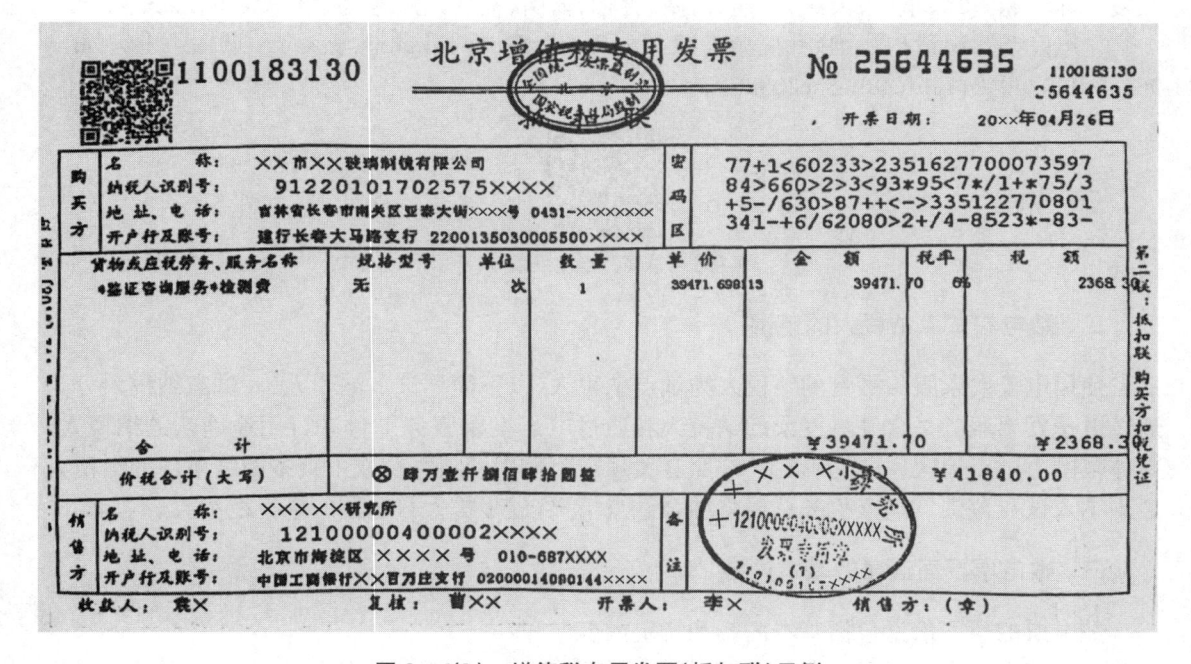

图 3-6(b) 增值税专用发票(抵扣联)示例

第三节 数电票的填制规范

一、数电票的含义

"数电票"是全面数字化电子发票的简称，是与纸质发票具有同等法律效力的全新发票，不以纸质形式存在、不用介质支撑、不需申请领用。数电票将纸质发票的票面信息全面数字化，通过标签管理将多个票种集成归并为电子发票单一票种，实现全国统一赋码、系统智能赋予发票开具金额总额度、设立税务数字账户实现发票自动流转交付和数据归集。

我国自2021年12月1日起，在广东省（不含深圳，下同）、内蒙古自治区、上海市三地试点地区部分纳税人中开展数电票试点，试点使用的依托电子税务局搭建的平台称为电子发票服务平台1.0版，实现了56项功能，成功开出第一张"数电票"。试点纳税人通过电子发票服务平台开具发票的受票方范围为本省税务局管辖范围内的纳税人。随后，自2022年4月1日起，在广东地区的部分纳税人中进一步开展数电票试点，电子发票服务平台1.5版成功在广东省上线切换，实现了142项功能，试点纳税人通过电子发票服务平台开具发票的受票方范围为本省税务局管辖范围内的纳税人。2022年4月25日，在内蒙古自治区的部分纳税人中进一步开展数电票试点，电子发票服务平台1.5版成功在内蒙古上线切换，试点纳税人通过电子发票服务平台开具发票的受票方范围为本自治区税务局管辖范围内的纳税人。自2022年5月10日起，四川省纳税人仅作为受票方，通过增值税发票综合服务平台接收由内蒙古自治区和广东省的部分纳税人通过电子发票服务平台开具的发票。自2022年5月23日起，上海市切换电子发票服务平台1.5版，并可向四川省、广东省和内蒙古自治区纳税人通过电子发票服务平台开具发票。自2022年6月1日起，国家税务总局决定，内蒙古自治区、上海市和广东省试点纳税人通过电子发票服务平台开具发票的受票方范围逐步扩至全国。截至2023年4月，已在厦门、陕西、青岛、重庆、天津、大连、河南、吉林、云南、福建试点地区中开展数电票试点。

全电发票知识请扫二维码（视频来源：https://12366.chinatax.gov.cn/video/play?bh=96488df602ad421795fc48be8ac20825）。

国家税务总局："全电发票"来了

二、数电票试点纳税人的范围

使用电子发票服务平台的纳税人为试点纳税人（以下简称试点纳税人）。试点纳税人分为通过电子发票服务平台开具发票的纳税人和通过电子发票服务平台进行用途确认的纳税人，具体范围由试点地区税务局确定。按照有关规定不使用网络办税或不具备网络条件的纳税人暂不纳入试点范围。国家税务总局将结合试点情况，逐步扩大数电票的推行范围。

三、数电票票面信息的基本内容

数电票的票面信息包括基本内容和特定内容。

为了符合纳税人开具发票的习惯，数电票的基本内容在现行增值税发票基础上进行了优化,主要包括:发票号码、开票日期、购买方信息、销售方信息、项目名称、规格型号、单位、数量、单价、金额、税率/征收率、税额、合计、价税合计(大写、小写)、备注、开票人等。

为了满足从事特定行业、发生特定应税行为及特定应用场景业务(以下简称特定业务)的试点纳税人开具发票的个性化需求,税务机关根据现行发票开具的有关规定和特定业务的开票场景,在数电票中设计了相应的特定内容。特定业务包括但不限于稀土、建筑服务、旅客运输服务、货物运输服务、不动产销售、不动产经营租赁服务、农产品收购、光伏收购、代收车船税、自产农产品销售、差额征税、民航、铁路等。试点纳税人在开具数电票时,可以按照实际业务开展情况,选择特定业务,将按规定应填写在发票备注等栏次的信息,填写在特定内容栏次,进一步规范发票票面内容,便利纳税人使用。特定业务的数电票票面按照特定内容展示相应信息,同时票面左上角展示该业务类型的字样。

四、数电票开具的基本操作规范

(一)数电票开具的基本要求

电子发票服务平台支持开具数电票、纸质专票和纸质普票。试点纳税人可直接使用电子发票服务平台(登录方式及地址由各试点省、市、自治区确定)免费开具数电票,无须使用税控专用设备,无须进行发票票种核定和发票领用。同时,在开具金额总额度内,没有发票开具份数和单张开票限额限制;试点纳税人选择通过电子发票服务平台开具纸质专票或纸质普票的,其票种核定、最高开票限额审批、发票领用、发票作废、发票缴销、发票退回、发票遗失损毁等事项仍然按照原规定和流程办理。税务机关免费向纳税人提供数电票的开具、查验及交付服务,以降低纳税人发票的使用和管理成本。

(二)数电票开具的模式

电子发票服务平台对发票的开具提供页面输入和扫描二维码两种模式。试点纳税人选择页面输入模式开票,即进入页面输入内容完成发票开具;试点纳税人选择扫描二维码模式开票,可通过扫描二维码的方式完成发票相关信息预采集。

(三)数电票开具的基本操作流程

试点纳税人登录电子发票服务平台后,通过开票业务模块,选择不同的发票类型,录入开具内容,电子发票服务平台校验通过后,自动赋予发票号码并按不同业务类型生成相应的数电票。

(四)红字数电票开具的基本操作规范

一般情况下,试点纳税人发生销货退回、开票有误、服务中止、销售折让等情形,可以按规定开具红字数电票。试点纳税人可登录电子税务局,依次选择进入【开票业务】→【红字发票开具】→【红字发票确认信息录入】,也可以通过【税务数字账户】→【红字信息确认单】→【红字发票确认信息录入】,选择对应蓝字发票发起红冲。

但以下几种情况下不允许开具红字数电票:

(1)蓝字发票已作废、已全额红冲、已被认定异常扣税凭证、已锁定(已发起红字确认单或信息表且未开具红字发票、未撤销红字确认单或信息表)时,不允许发起红冲;

(2)蓝字发票增值税用途为"待退税""已退税""已抵扣(改退)""已代办退税""不予退税且不予抵扣"时,不允许发起红冲;

(3)蓝字发票税收优惠类标签中,"冬奥会退税标签"为"已申请冬奥会退税"时,不允许发起红冲;

(4)发起红冲时,如对方纳税人为"非正常""注销"等状态、无法登录系统进行相关操作时,不允许发起红冲。

五、数电票填开模拟演练示范

(一) 电子发票(增值税专用发票)填开示范(如图3-7和图3-8所示)

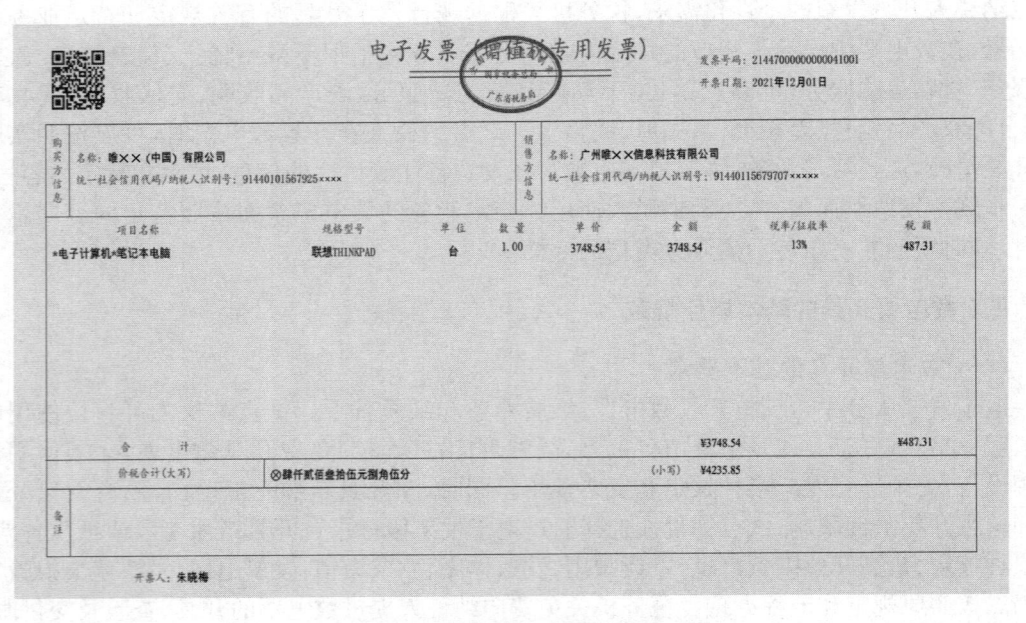

图3-7 电子发票(增值税专用发票)

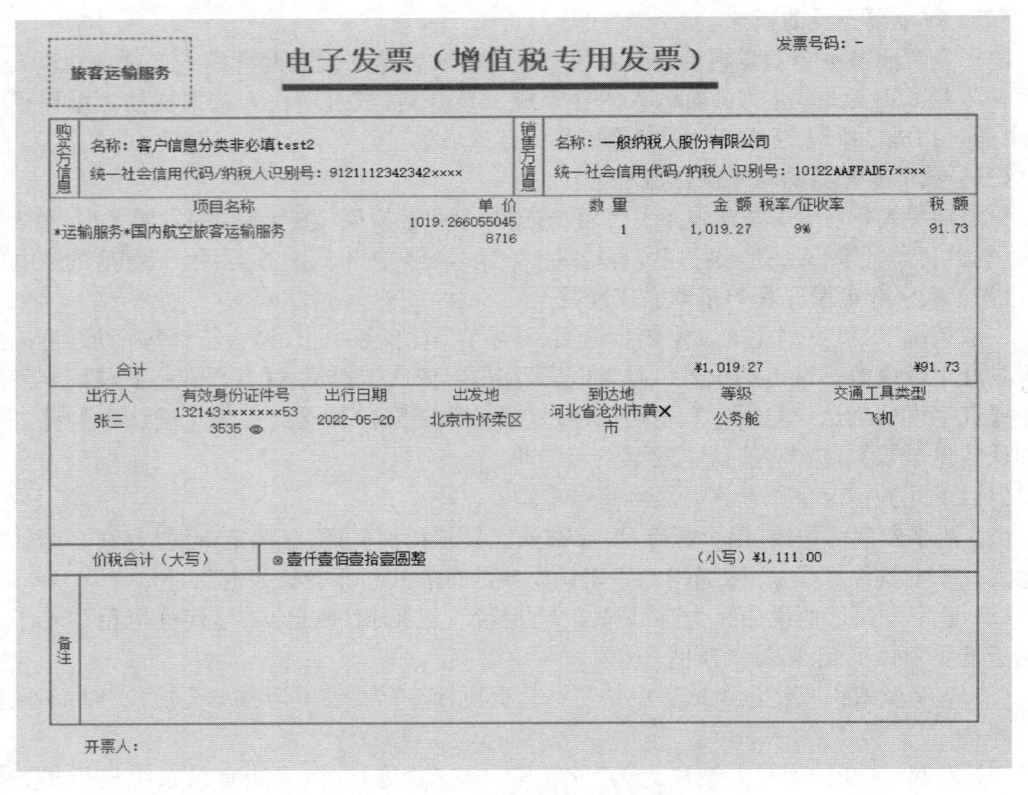

图3-8 电子发票(增值税专用发票)

(二)电子发票(增值税普通发票)填开示范(如图 3-9 所示)

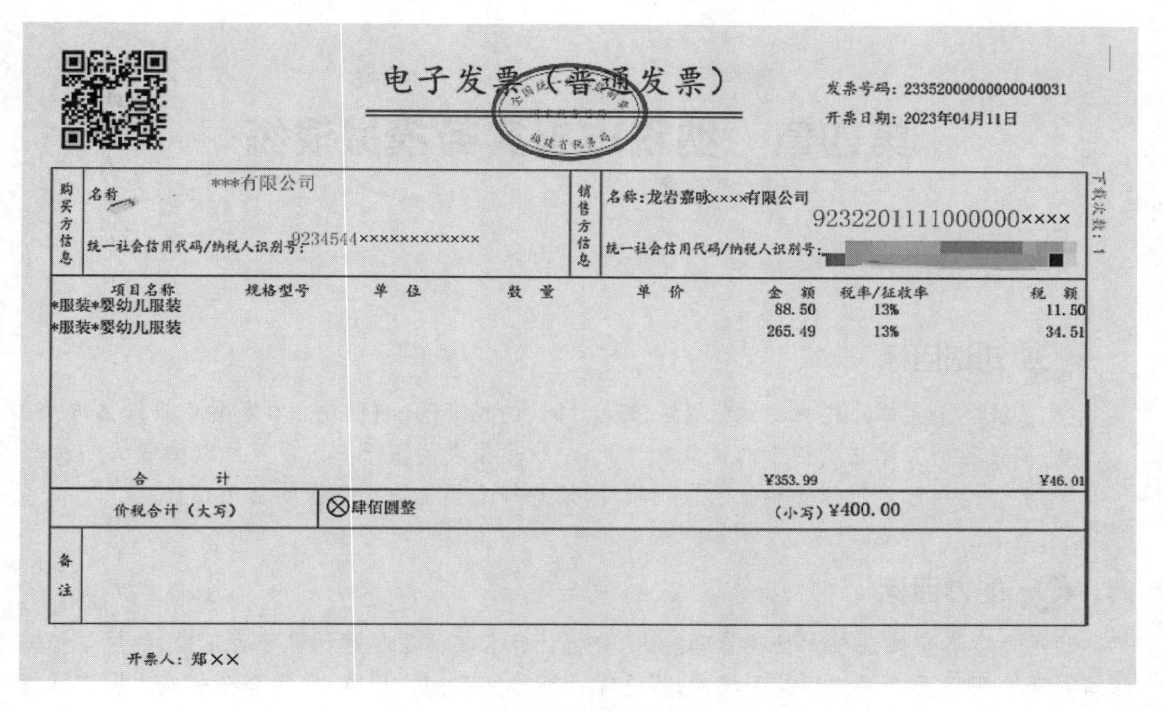

电子发票(普通发票)

发票号码:23352000000000040031
开票日期:2023年04月11日

购买方信息	名称:***有限公司 统一社会信用代码/纳税人识别号:9234544××××××××××	销售方信息	名称:龙岩嘉咏××××有限公司 统一社会信用代码/纳税人识别号:	9232201111000000××××

项目名称	规格型号	单位	数量	单价	金额	税率/征收率	税额
*服装*婴幼儿服装					88.50	13%	11.50
*服装*婴幼儿服装					265.49	13%	34.51
合计					¥353.99		¥46.01

价税合计(大写) ⊗肆佰圆整　　　　(小写)¥400.00

备注

开票人:郑××

图 3-9　电子发票(增值税普通发票)

第四章　纳税申报实务模拟演练

◎ 知识目标

- ☞ 了解各个实体法税种的纳税义务发生时间、纳税期限、纳税地点和各种申报缴纳方式；
- ☞ 掌握各个实体法税种应纳税额的计算、纳税申报表的填报方法以及税款的缴纳方法；
- ☞ 学会操作计算机征管和电子报税软件，清楚每个税种纳税申报的全部过程。

◎ 能力目标

运用所学各实体法基本征收管理规定，分析计算各实体法税额计算是否正确、纳税申报表填写是否合规以及申报流程是否准确；提升学生所学知识的应用能力、综合分析能力和实际操作能力，并进一步培养其独立工作的能力。

◎ 育人目标

通过讲解修订后的增值税、企业所得税、个人所得税纳税申报表主表与附表之间的勾稽关系，探究表中数据来源的出处，进一步了解为企业减税降费、为个人增加专项附加扣除是税法的"人民性"的具体体现，不断提升学生对税收法律制度自觉认可、敬畏、遵从的程度。掌握及时足额缴纳各项税费的方法是企业和个人履行社会责任的体现。

引入案例

刚刚参加工作的李晓文，面对日益复杂的纳税申报程序、各种不同的纳税申报表深感无从下手，尤其是在增值税和企业所得税纳税申报加以最新修订后，增值税一般纳税人和企业所得税查账征收的报表结构有所调整，主表与附表的勾稽关系错综复杂、表中的数据来源于何处等问题时常困扰着她。李晓文应该如何处理这些业务呢？

第一节　增值税纳税申报实务模拟演练

在我国，现行增值税是对在我国境内销售货物或者提供加工、修理修配劳务（以下简称应税劳务）、销售服务、无形资产、不动产以及进口货物的单位和个人，就其销售货物、劳务、服务、无形资产、不动产（以下统称应税销售行为）的增值额和货物进口金额为计税依据而课征的一种流转税。增值税在实务操作上多采用间接计税办法，即对从事应税销售行为的纳税人，先根据货物、劳务、服务、无形资产、不动产的销售额和税法规定的适用税率计算出增值税销项税额,再抵扣当期准予抵扣的进项税额,从而间接计算出当期增值额部分的应纳税额。我国增值税法对于一般纳税人采用"购进扣税法",一次性抵扣上一环节已纳的增值税税款,并且对符合抵扣条件的增值税专用发票,纳税人还必须在认证通过后方可申请抵扣。在实务操作中,我们把增值税比作一条环环相扣的税链,从货物、劳务或者应税行为的采购、生产环节进入商品流通环节直到最终消费,采用环环征税、环环抵扣的征税办法。

一、增值税纳税申报操作规范

(一) 纳税义务发生时间

1. 应税销售行为的纳税义务发生时间

《增值税暂行条例》《增值税暂行条例实施细则》和"营改增通知"明确规定了增值税纳税义务发生时间。纳税人发生应税销售行为,其纳税义务发生时间为收讫销售款项或者取得索取销售款项凭据的当天;先开具发票的,为开具发票的当天。

按照纳税人销售结算方式的不同,纳税义务发生时间的确定具体如下:

(1) 采取直接收款方式销售货物,不论货物是否发出,均为收到销售款或者取得索取销售款凭据的当天。

(2) 采取托收承付和委托银行收款方式销售货物,为发出货物并办妥托收手续的当天。

(3) 采取赊销和分期收款方式销售货物,为书面合同约定的收款日期的当天,无书面合同的或者书面合同没有约定收款日期的,为货物发出的当天。

(4) 采取预收货款方式销售货物,为货物发出的当天,但生产销售生产工期超过12个月的大型机械设备、船舶、飞机等货物,为收到预收款或者书面合同约定的收款日期的当天。

(5) 委托其他纳税人代销货物,为收到代销单位的代销清单或者收到全部或者部分货款的当天;未收到代销清单及货款的,为发出代销货物满180天的当天。

(6) 纳税人发生除将货物交付其他单位或者个人代销和销售代销货物以外的视同销售货物行为,为货物移送的当天。

(7) 销售劳务或服务,为提供劳务同时收讫销售款或者取得索取销售款的凭据的当天。

(8) 提供应税劳务或者服务,其劳务或者服务已提供或在提供中,为提供劳务或者服务过程中或完成后收到款项的当天。

(9) 纳税人提供租赁服务采取预收款方式的,为收到预收款的当天。

(10) 纳税人从事金融商品转让的,为金融商品所有权转移的当天。

(11) 纳税人转让无形资产或销售不动产(所有权不一定转移)的,为转让过程中或完成后收到款项的当天。

(12) 纳税人发生视同销售服务、无形资产或者不动产情形的,为服务、无形资产转让完成的当天或者不动产权属变更的当天。

2. 进口货物的纳税义务发生时间

纳税人进口货物,其增值税纳税义务发生时间为报关进口的当天。

3. 增值税扣缴义务发生时间

增值税扣缴义务发生时间,为纳税人增值税纳税义务发生的当天。

(二) 纳税期限

增值税纳税期限分别为1日、3日、5日、10日、15日、1个月或者1个季度。纳税人的具体纳税期限由主管税务机关根据纳税人应纳税额的大小分别核定；不能按照固定期限纳税的，可以按次纳税。以1个季度为纳税期限的规定适用于小规模纳税人、银行、财务公司、信托投资公司、信用社，以及财政部和国家税务总局规定的其他纳税人。

纳税人以1个月或者1个季度为1个纳税期限的，自期满之日起15日内申报纳税；以1日、3日、5日、10日或者15日为1个纳税期限的，自期满之日起5日内预缴税款，于次月1日起15日内申报纳税并结清上月应纳税款。

扣缴义务人解缴税款的期限依照上述两项规定执行。

纳税人进口货物，应当自海关填发进口增值税专用缴纳书之日起15日内缴纳税款。

纳税人出口货物适用退（免）税规定的，应当向海关办理出口手续，凭出口报关单等有关凭证，在规定的出口退（免）税申报期内按月向主管税务机关申报办理该项出口货物的退（免）税；境内单位和个人跨境销售服务和无形资产适用退（免）税规定的，应当按期向主管税务机关申报办理退（免）税。具体办法由国务院财政、税务主管部门制定。出口货物办理退税后发生退货或者退关的，纳税人应当依法补缴已退的税款。

（三）纳税地点

1. 固定业户纳税地点

（1）固定业户应当向其机构所在地主管税务机关申报纳税。总机构和分支机构不在同一县（市）的，应当分别向各自所在地主管税务机关申报纳税；经国务院财政、国家税务总局或者其授权的财政、税务机关批准，可以由总机构汇总向总机构所在地的主管税务机关申报纳税。

（2）固定业户到外县（市）销售货物或者劳务，应当向其机构所在地的主管税务机关报告外出经营事项，并向其机构所在地的主管税务机关申报纳税；未报告的，应当向销售地或者劳务发生地的主管税务机关申报纳税；未向销售地或者劳务发生地的主管税务机关申报纳税的，由其机构所在地的主管税务机关补征税款。

2. 非固定业户纳税地点

（1）非固定业户销售货物或者劳务，应当向销售地或者劳务发生地的主管税务机关申报纳税。

（2）未向销售地或者劳务发生地的主管税务机关申报纳税的，由其机构所在地或者居住地的主管税务机关补征税款。

3. 进口货物的纳税地点

进口货物应当由进口人或其代理人向报关地海关申报纳税。

4. 扣缴义务人的纳税地点

扣缴义务人应当向其机构所在地或者居住地的主管税务机关申报缴纳其扣缴的税款。

（四）缴纳方法

根据国务院印发的《全面推开营改增试点后调整中央与地方增值税收入划分过渡方案》（国发〔2016〕26号），所有行业企业缴纳的增值税均纳入中央和地方共享范围，共享比例为：中央政府分享50%，地方政府分享50%（其中：25%或者30%增值税收入将按税收来源地返还地方，另外25%或20%的比例按照新规则分配给各省）。[①] 进口货物的增值税由海关代征，国内增值税由国税局负责征收管理。由海关代征的增值税的纳税申报与关税纳税申报办法相同。本章主要阐述由国税局负责征管的增值税的纳税申报。

---

① 国务院印发的《全面推开营改增试点后调整中央与地方增值税收入划分过渡方案》（国发〔2016〕26号），自2016年5月1日起执行，过渡期暂定2～3年。

由国税局负责征管的增值税的纳税申报主要采用直接申报、邮寄申报、数据电文申报和代理申报等方式。申报成功后,纳税人可通过税库银联网扣缴税款。目前,增值税一般纳税人已基本实现采用网络或 IC 卡、报税盘进行电子申报,同时需要提交纸质的纳税申报表、附列资料以及财务报表等增值税纳税申报要求报送的资料。

二、增值税纳税申报案例

(一)申报纳税指南

申报纳税指南适用于纳税人、扣缴义务人、委托代征人申报、缴纳、解缴、退还税费等业务,包括 27 类 61 个事项。

享受税收优惠的纳税人无论当期是否产生应纳税额,均应按期、如实地向税务机关报告其税收优惠享受情况,税务人员应按减免税管理规定,将纳税人申报信息如实完整地录入征管信息系统。

1. 增值税一般纳税人申报

申请条件:增值税一般纳税人依照税收法律、法规、规章及其他有关规定,在规定的纳税期限内填报"增值税及附加税费申报表(一般纳税人适用)"、附列资料及其他相关资料,向税务机关进行纳税申报。

设定依据:《中华人民共和国税收征收管理法》第二十五条第一款。

办理材料:详见表 4-1。

表 4-1　　　　　　　　增值税纳税申报材料(一般纳税人适用)

序号	材料名称	数量	备注
1	"增值税及附加税费申报表(一般纳税人适用)"及其附列资料	2 份	
有以下情形的,还应提供相应材料			
适用情形	材料名称	数量	备注
自 2015 年 4 月 1 日起使用增值税发票系统升级版的,按照有关规定不使用网络办税或不具备网络条件的特定纳税人	金税盘、税控盘或 Ukey		
中国铁路总公司的铁路建设基金增值税纳税申报	铁路建设基金纳税申报表	1 份	
海关回函结果为"有一致的入库信息"的海关缴款书	海关缴款书核查结果通知书	1 份	
辅导期一般纳税人	稽核结果比对通知书	1 份	
各类汇总纳税企业	分支机构增值税汇总纳税信息传递单	1 份	
采用预缴方式缴纳增值税的发电、供电企业	电力企业增值税销项税额和进项税额传递单	1 份	

续表

适 用 情 形	材 料 名 称	数量	备 注
增值税一般纳税人发生代扣代缴事项	代扣代缴税收通用缴款书抵扣清单	1份	
增值税一般纳税人在资产重组过程中,将全部资产、负债和劳动力一并转让给其他增值税一般纳税人,原纳税人在办理注销登记前尚未抵扣的进项税额可结转至新纳税人处继续抵扣	增值税一般纳税人资产重组进项留抵税额转移单	1份	
部分行业试行农产品增值税进项税额核定扣除办法的一般纳税人	农产品核定扣除增值税进项税额计算表(汇总表)	1份	
	投入产出法核定农产品增值税进项税额计算表		
	成本法核定农产品增值税进项税额计算表		
	购进农产品直接销售核定农产品增值税进项税额计算表		
	购进农产品用于生产经营且不构成货物实体核定农产品增值税进项税额计算表		
省(自治区、直辖市和计划单列市)税务机关规定的其他资料		1份	

纳税人注意事项:

(1) 纳税人对报送材料的真实性和合法性承担责任。

(2) 文书表单可在各省税务局官方网站"下载中心"栏目查询、下载或到办税服务厅领取。

(3) 税务机关提供"最多跑一次"服务。纳税人在资料完整且符合法定受理条件的前提下,最多只需跑一次税务机关。

(4) 纳税人使用符合电子签名法规定条件的电子签名,与手写签名或者盖章具有同等法律效力。

(5) 纳税人提供的各项资料为复印件的,均需注明"与原件一致"并签章。

(6) 纳税人未按照规定的期限办理纳税申报和报送纳税资料的,将影响纳税信用评价结果,并依照《中华人民共和国税收征收管理法》有关规定承担相应的法律责任。

(7) 增值税的纳税期限(前面内容已阐述)。纳税期限遇最后一日是法定休假日的,以休假日期满的次日为期限的最后一日;在期限内有连续3日以上法定休假日的,按休假日天数顺延。

(8) 银行、财务公司、信托投资公司、信用社、财政部和国家税务总局规定的其他纳税人可选择按季申报。

(9) 纳税人自办理税务登记至登记为一般纳税人期间,未取得生产经营收入,未按照销售额和征收率简易计算应纳税额申报缴纳增值税的,其在此期间取得的增值税扣税凭证,可以在登记为一般纳税人后抵扣进项税额。

(10) 纳税人当月有增值税留抵税额,又存在增值税欠税的,可办理增值税留抵抵欠业务;纳税人有多缴税金,又存在欠税的,可办理抵缴欠税业务。

(11) 纳税人享受减税、免税待遇的,在减税、免税期间应当按照规定办理纳税申报,填写申报表及其附表上的优惠栏目。

(12) 自2021年8月1日起,附加税费申报表与增值税申报表进行整合申报。

上述中"增值税及附加税费申报表(一般纳税人适用)"及其附列资料主要如下:

① 增值税及附加税费申报表(一般纳税人适用)(以下简称主表);
② 增值税及附加税费申报表附列资料(一):本期销售情况明细(以下简称附表一);
③ 增值税及附加税费申报表附列资料(二):本期进项税额明细(以下简称附表二);
④ 增值税及附加税费申报表附列资料(三):服务、不动产和无形资产扣除项目明细(以下简称附表三);
⑤ 增值税及附加税费申报表附列资料(四):税额抵减情况表(以下简称附表四);
⑥ 增值税及附加税费申报表附列资料(五):附加税费情况表(以下简称附表五);
⑦ 增值税减免税申报明细表。

2. 增值税一般纳税人各申报表的填写要点

"增值税及附加税费申报表(一般纳税人适用)"及其附列资料填写说明:

本申报表及其附列资料填写说明(以下简称本表及填写说明)适用于增值税一般纳税人(以下简称纳税人)。

(1) 本表及填写说明所称"货物",是指增值税的应税货物。
(2) 本表及填写说明所称"劳务",是指增值税的应税加工、修理、修配劳务。
(3) 本表及填写说明所称"服务、不动产和无形资产",是指销售服务、不动产和无形资产。
(4) 本表及填写说明所称"按适用税率计税""按适用税率计算"和"一般计税方法",均指按"应纳税额=当期销项税额-当期进项税额"公式计算增值税应纳税额的计税方法。
(5) 本表及填写说明所称"按简易办法计税""按简易征收办法计算"和"简易计税方法",均指按"应纳税额=销售额×征收率"公式计算增值税应纳税额的计税方法。
(6) 本表及填写说明所称"扣除项目",是指纳税人销售服务、不动产和无形资产,在确定销售额时,按照有关规定允许其从取得的全部价款和价外费用中扣除价款的项目。

"增值税及附加税费申报表(一般纳税人适用)"填写说明:

(1) "税款所属时间":指纳税人申报的增值税应纳税额的所属时间,应填写具体的起止年、月、日。
(2) "填表日期":指纳税人填写本表的具体日期。
(3) "纳税人识别号(统一社会信用代码)":填写纳税人的统一社会信用代码或纳税人识别号。
(4) "所属行业":按照国民经济行业分类与代码中的小类行业填写。
(5) "纳税人名称":填写纳税人单位名称全称。
(6) "法定代表人姓名":填写纳税人法定代表人的姓名。
(7) "注册地址":填写纳税人税务登记证件所注明的详细地址。
(8) "生产经营地址":填写纳税人实际生产经营地的详细地址。
(9) "开户银行及账号":填写纳税人开户银行的名称和纳税人在该银行的结算账户

号码。

(10)"登记注册类型":按纳税人税务登记证件的栏目内容填写。

(11)"电话号码":填写可联系到纳税人的常用电话号码。

(12)"一般项目"列:填写除享受增值税即征即退政策以外的货物、劳务和服务、不动产、无形资产的征(免)税数据。

(13)"即征即退项目"列:填写纳税人按规定享受增值税即征即退政策的货物、劳务和服务、不动产、无形资产的征(退)税数据。

(14)"本年累计"列:一般填写本年度内各月"本月数"之和。其中,第13、20、25、32、36、38栏及第18栏"实际抵扣税额""一般项目"列的"本年累计"分别按本填写说明第(27)、(34)、(39)、(46)、(50)、(52)、(32)条要求填写。

(15)第1栏"(一)按适用税率计税销售额":填写纳税人本期按一般计税方法计算缴纳增值税的销售额,包含在财务上不作销售但按税法规定应缴纳增值税的视同销售和价外费用的销售额,外贸企业作价销售进料加工复出口货物的销售额,税务、财政、审计部门检查后按一般计税方法计算调整的销售额。

营业税改征增值税的纳税人,服务、不动产和无形资产有扣除项目的,本栏应填写扣除之前的不含税销售额。

本栏"一般项目"列"本月数"="附列资料(一)"第9列第1至5行之和-第9列第6、7行之和;

本栏"即征即退项目"列"本月数"="附列资料(一)"第9列第6、7行之和。

(16)第2栏"其中:应税货物销售额":填写纳税人本期按适用税率计算增值税的应税货物的销售额,包含在财务上不作销售但按税法规定应缴纳增值税的视同销售货物和价外费用销售额,以及外贸企业作价销售进料加工复出口货物的销售额。

(17)第3栏"应税劳务销售额":填写纳税人本期按适用税率计算增值税的应税劳务的销售额。

(18)第4栏"纳税检查调整的销售额":填写纳税人因税务、财政、审计部门检查而按一般计税方法在本期计算调整的销售额。但享受增值税即征即退政策的货物、劳务和服务、不动产、无形资产,经纳税检查属于偷税的,不填入"即征即退项目"列,而应填入"一般项目"列。

营业税改征增值税的纳税人,服务、不动产和无形资产有扣除项目的,本栏应填写扣除之前的不含税销售额。

本栏"一般项目"列"本月数"="附列资料(一)"第7列第1行至第5行之和。

(19)第5栏"(二)按简易办法计税销售额":填写纳税人本期按简易计税方法计算增值税的销售额,包含纳税检查调整按简易计税方法计算增值税的销售额。

营业税改征增值税的纳税人,服务、不动产和无形资产有扣除项目的,本栏应填写扣除之前的不含税销售额;服务、不动产和无形资产按规定汇总计算缴纳增值税的分支机构,其当期按预征率计算缴纳增值税的销售额也填入本栏。

本栏"一般项目"列"本月数"≥"附列资料(一)"第9列第8至13b行之和-第9列第14、15行之和;

本栏"即征即退项目"列"本月数"≥"附列资料(一)"第9列第14、15行之和。

(20)第6栏"其中:纳税检查调整的销售额":填写纳税人因税务、财政、审计部门检查而按简易计税方法在本期计算调整的销售额。但享受增值税即征即退政策的货物、劳务和服务、不动产、无形资产,经纳税检查属于偷税的,不填入"即征即退项目"列,而应填入"一般项目"列。

营业税改征增值税的纳税人,服务、不动产和无形资产有扣除项目的,本栏应填写扣除之前的不含税销售额。

(21)第7栏"免、抵、退办法出口销售额":填写纳税人本期适用免、抵、退税办法的出口货物、劳务和服务、无形资产的销售额。

营业税改征增值税的纳税人,服务、无形资产有扣除项目的,本栏应填写扣除之前的销售额。

本栏"一般项目"列"本月数"="附列资料(一)"第9列第16、17行之和。

(22)第8栏"(四)免税销售额":填写纳税人本期按照税法规定免征增值税的销售额和适用零税率的销售额,但零税率的销售额中不包括适用免、抵、退税办法的销售额。

营业税改征增值税的纳税人,服务、不动产和无形资产有扣除项目的,本栏应填写扣除之前的免税销售额。

本栏"一般项目"列"本月数"="附列资料(一)"第9列第18、19行之和。

(23)第9栏"其中:免税货物销售额":填写纳税人本期按照税法规定免征增值税的货物销售额及适用零税率的货物销售额,但零税率的销售额中不包括适用免、抵、退税办法出口货物的销售额。

(24)第10栏"免税劳务销售额":填写纳税人本期按照税法规定免征增值税的劳务销售额及适用零税率的劳务销售额,但零税率的销售额中不包括适用免、抵、退税办法的劳务的销售额。

(25)第11栏"销项税额":填写纳税人本期按一般计税方法计税的货物、劳务和服务、不动产、无形资产的销项税额。

营业税改征增值税的纳税人,服务、不动产和无形资产有扣除项目的,本栏应填写扣除之后的销项税额。

本栏"一般项目"列"本月数"="附列资料(一)"(第10列第1、3行之和-第10列第6行)+(第14列第2、4、5行之和-第14列第7行);

本栏"即征即退项目"列"本月数"="附列资料(一)"第10列第6行+第14列第7行。

(26)第12栏"进项税额":填写纳税人本期申报抵扣的进项税额。

本栏"一般项目"列"本月数"+"即征即退项目"列"本月数"="附列资料(二)"第12栏"税额"。

(27)第13栏"上期留抵税额":"本月数"按上一税款所属期申报表第20栏"期末留抵税额""本月数"填写。

本栏"一般项目"列"本年累计"不填写。

(28)第14栏"进项税额转出":填写纳税人已经抵扣,但按税法规定本期应转出的进项税额。

本栏"一般项目"列"本月数"+"即征即退项目"列"本月数"="附列资料(二)"第13栏"税额"。

(29)第15栏"免、抵、退应退税额":反映税务机关退税部门按照出口货物、劳务和服务、无形资产免、抵、退办法审批的增值税应退税额。

(30)第16栏"按适用税率计算的纳税检查应补缴税额":填写因税务、财政、审计部门检查而按一般计税方法计算的纳税检查应补缴的增值税税额。

本栏"一般项目"列"本月数"≤"附列资料（一）"第8列第1至5行之和+"附列资料（二）"第19栏。

（31）第17栏"应抵扣税额合计"：填写纳税人本期应抵扣进项税额的合计数。按表中所列公式计算填写。

（32）第18栏"实际抵扣税额"："本月数"按表中所列公式计算填写。本栏"一般项目"列"本年累计"不填写。

（33）第19栏"应纳税额"：反映纳税人本期按一般计税方法计算并应缴纳的增值税额。
① 适用加计抵减政策的纳税人，按以下公式填写。

本栏"一般项目"列"本月数"＝第11栏"销项税额""一般项目"列"本月数"－第18栏"实际抵扣税额""一般项目"列"本月数"－"实际抵减额"；

本栏"即征即退项目"列"本月数"＝第11栏"销项税额""即征即退项目"列"本月数"－第18栏"实际抵扣税额""即征即退项目"列"本月数"－"实际抵减额"。

适用加计抵减政策的纳税人是指，按照规定计提加计抵减额，并可从本期适用一般计税方法计算的应纳税额中抵减的纳税人（下同）。"实际抵减额"是指按照规定可从本期适用一般计税方法计算的应纳税额中抵减的加计抵减额，分别对应"附列资料（四）"第6行"一般项目加计抵减额计算"、第7行"即征即退项目加计抵减额计算"的"本期实际抵减额"列。

② 其他纳税人按表中所列公式填写。

（34）第20栏"期末留抵税额"："本月数"按表中所列公式填写。本栏"一般项目"列"本年累计"不填写。

（35）第21栏"简易计税办法计算的应纳税额"：反映纳税人本期按简易计税方法计算并应缴纳的增值税额，但不包括按简易计税方法计算的纳税检查应补缴税额。按以下公式计算填写：

本栏"一般项目"列"本月数"＝"附列资料（一）"（第10列第8、9a、10、11行之和－第10列第14行）+（第14列第9b、12、13a、13b行之和－第14列第15行）；

本栏"即征即退项目"列"本月数"＝"附列资料（一）"第10列第14行＋第14列第15行。

营业税改征增值税的纳税人，服务、不动产和无形资产按规定汇总计算缴纳增值税的分支机构，应将预征增值税额填入本栏。预征增值税额＝应预征增值税的销售额×预征率。

（36）第22栏"按简易计税办法计算的纳税检查应补缴税额"：填写纳税人本期因税务、财政、审计部门检查而按简易计税方法计算的纳税检查应补缴税额。

（37）第23栏"应纳税额减征额"：填写纳税人本期按照税法规定减征的增值税应纳税额。包含：按照规定可在增值税应纳税额中全额抵减的增值税税控系统专用设备费用以及技术维护费，支持和促进重点群体创业就业、扶持自主就业退役士兵创业就业等有关税收政策可扣减的增值税额，按照规定可填列的减按征收对应的减征增值税税额等。当本期减征额小于或等于第19栏"应纳税额"与第21栏"简易计税办法计算的应纳税额"之和时，按本期减征额实际填写；当本期减征额大于第19栏"应纳税额"与第21栏"简易计税办法计算的应纳税额"之和时，按本期第19栏与第21栏之和填写。本期减征额不足抵减部分结转下期继续抵减。

（38）第24栏"应纳税额合计"：反映纳税人本期应缴增值税的合计数。按表中所列公式计算填写。

（39）第25栏"期初未缴税额（多缴为负数）"："本月数"按上一税款所属期申报表第32栏

"期末未缴税额(多缴为负数)""本月数"填写。"本年累计"按上年度最后一个税款所属期申报表第32栏"期末未缴税额(多缴为负数)""本年累计"填写。

(40) 第26栏"实收出口开具专用缴款书退税额":本栏不填写。

(41) 第27栏"本期已缴税额":反映纳税人本期实际缴纳的增值税额,但不包括本期入库的查补税款。按表中所列公式计算填写。

(42) 第28栏"① 分次预缴税额":填写纳税人本期已缴纳的准予在本期增值税应纳税额中抵减的税额。

营业税改征增值税的纳税人,分以下几种情况填写:

① 服务、不动产和无形资产按规定汇总计算缴纳增值税的总机构,其可以从本期增值税应纳税额中抵减的分支机构已缴纳的税款,按当期实际可抵减数填入本栏,不足抵减部分结转下期继续抵减。

② 销售建筑服务并按规定预缴增值税的纳税人,其可以从本期增值税应纳税额中抵减的已缴纳的税款,按当期实际可抵减数填入本栏,不足抵减部分结转下期继续抵减。

③ 销售不动产并按规定预缴增值税的纳税人,其可以从本期增值税应纳税额中抵减的已缴纳的税款,按当期实际可抵减数填入本栏,不足抵减部分结转下期继续抵减。

④ 出租不动产并按规定预缴增值税的纳税人,其可以从本期增值税应纳税额中抵减的已缴纳的税款,按当期实际可抵减数填入本栏,不足抵减部分结转下期继续抵减。

(43) 第29栏"② 出口开具专用缴款书预缴税额":本栏不填写。

(44) 第30栏"③ 本期缴纳上期应纳税额":填写纳税人本期缴纳上一税款所属期应缴未缴的增值税额。

(45) 第31栏"④ 本期缴纳欠缴税额":反映纳税人本期实际缴纳和留抵税额抵减的增值税欠税额,但不包括缴纳入库的查补增值税额。

(46) 第32栏"期末未缴税额(多缴为负数)":"本月数"反映纳税人本期期末应缴未缴的增值税额,但不包括纳税检查应缴未缴的税额。按表中所列公式计算填写。"本年累计"与"本月数"相同。

(47) 第33栏"其中:欠缴税额(≥0)":反映纳税人按照税法规定已形成欠税的增值税额。按表中所列公式计算填写。

(48) 第34栏"本期应补(退)税额":反映纳税人本期应纳税额中应补缴或应退回的数额。按表中所列公式计算填写。

(49) 第35栏"即征即退实际退税额":反映纳税人本期因符合增值税即征即退政策规定,而实际收到的税务机关退回的增值税额。

(50) 第36栏"期初未缴查补税额":"本月数"按上一税款所属期申报表第38栏"期末未缴查补税额""本月数"填写。"本年累计"按上年度最后一个税款所属期申报表第38栏"期末未缴查补税额""本年累计"填写。

(51) 第37栏"本期入库查补税额":反映纳税人本期因税务、财政、审计部门检查而实际入库的增值税税额,包括按一般计税方法计算并实际缴纳的查补增值税税额和按简易计税方法计算并实际缴纳的查补增值税税额。

(52) 第38栏"期末未缴查补税额":"本月数"反映纳税人接受纳税检查后应在本期期末缴纳而未缴纳的查补增值税税额。按表中所列公式计算填写,"本年累计"与"本月数"相同。

(53) 第39栏"城市维护建设税本期应补(退)税额":填写纳税人按税法规定应当缴纳的

城市维护建设税。本栏"一般项目"列"本月数"="附列资料(五)"第1行第11列。

(54) 第40栏"教育费附加本期应补(退)费额":填写纳税人按规定应当缴纳的教育费附加。本栏"一般项目"列"本月数"="附列资料(五)"第2行第11列。

(55) 第41栏"地方教育附加本期应补(退)费额":填写纳税人按规定应当缴纳的地方教育附加。本栏"一般项目"列"本月数"="附列资料(五)"第3行第11列。

"增值税及附加税费申报表附列资料(一)"(本期销售情况明细)填写说明:

"税款所属时间""纳税人名称"的填写同"增值税及附加税费申报表(一般纳税人适用)"(以下简称主表)。

各列说明:

(1) 第1至2列"开具增值税专用发票":反映本期开具增值税专用发票(含税控机动车销售统一发票,下同)的情况。

(2) 第3至4列"开具其他发票":反映除增值税专用发票以外本期开具的其他发票的情况。

(3) 第5至6列"未开具发票":反映本期未开具发票的销售情况。

(4) 第7至8列"纳税检查调整":反映因税务、财政、审计部门检查而在本期调整的销售情况。

(5) 第9至11列"合计":按照表中所列公式填写。

营业税改征增值税的纳税人,服务、不动产和无形资产有扣除项目的,第1至11列应填写扣除之前的征(免)税销售额、销项(应纳)税额和价税合计额。

(6) 第12列"服务、不动产和无形资产扣除项目本期实际扣除金额":营业税改征增值税的纳税人,服务、不动产和无形资产有扣除项目的,按"附列资料(三)"第5列对应各行次数据填写,其中本列第5栏等于"附列资料(三)"第5列第3行与第4行之和;服务、不动产和无形资产无扣除项目的,本列填写"0"。其他纳税人不填写。

营业税改征增值税的纳税人,服务、不动产和无形资产按规定汇总计算缴纳增值税的分支机构,当期服务、不动产和无形资产有扣除项目的,填入本列第13行。

(7) 第13列"扣除后""含税(免税)销售额":营业税改征增值税的纳税人,服务、不动产和无形资产有扣除项目的,本列各行次=第11列对应各行次-第12列对应各行次。其他纳税人不填写。

(8) 第14列"扣除后""销项(应纳)税额":营业税改征增值税的纳税人,按以下要求填写本列,其他纳税人不填写。

① 服务、不动产和无形资产按照一般计税方法计税

本列第2行、第4行:若本行第12列为0,则该行次第14列等于第10列。若本行第12列不为0,则仍按照第14列所列公式计算。计算后的结果与纳税人实际计提销项税额有差异的,按实际填写。

本列第5行=第13列÷(100%+对应行次税率)×对应行次税率。

本列第7行"按一般计税方法计税的即征即退服务、不动产和无形资产"具体填写要求见"各行说明"第(2)条第②项第C点的说明。

② 服务、不动产和无形资产按照简易计税方法计税

本列各行次=第13列÷(100%+对应行次征收率)×对应行次征收率。

本列第13行"预征率%"不按本列的说明填写。具体填写要求见"各行说明"第4条第(2)项。

③ 服务、不动产和无形资产实行免抵退税或免税的,本列不填写。

各行说明:

(1) 第1至5行"一、一般计税方法计税""全部征税项目"各行:按不同税率和项目分别填写按一般计税方法计算增值税的全部征税项目。有即征即退征税项目的纳税人,本部分数据中既包括即征即退征税项目,又包括不享受即征即退政策的一般征税项目。

(2) 第6至7行"一、一般计税方法计税""其中:即征即退项目"各行:只反映按一般计税方法计算增值税的即征即退项目。按照税法规定不享受即征即退政策的纳税人,不填写本行。即征即退项目是全部征税项目的其中数。

① 第6行"即征即退货物及加工修理修配劳务":反映按一般计税方法计算增值税且享受即征即退政策的货物和加工修理修配劳务。本行不包括服务、不动产和无形资产的内容。

A. 本行第9列"合计""销售额"栏:反映按一般计税方法计算增值税且享受即征即退政策的货物及加工修理修配劳务的不含税销售额。该栏不按第9列所列公式计算,应按照税法规定据实填写。

B. 本行第10列"合计""销项(应纳)税额"栏:反映按一般计税方法计算增值税且享受即征即退政策的货物及加工修理修配劳务的销项税额。该栏不按第10列所列公式计算,应按照税法规定据实填写。

② 第7行"即征即退服务、不动产和无形资产":反映按一般计税方法计算增值税且享受即征即退政策的服务、不动产和无形资产。本行不包括货物及加工修理修配劳务的内容。

A. 本行第9列"合计""销售额"栏:反映按一般计税方法计算增值税且享受即征即退政策的服务、不动产和无形资产的不含税销售额。服务、不动产和无形资产有扣除项目的,按扣除之前的不含税销售额填写。该栏不按第9列所列公式计算,应按照税法规定据实填写。

B. 本行第10列"合计""销项(应纳)税额"栏:反映按一般计税方法计算增值税且享受即征即退政策的服务、不动产和无形资产的销项税额。服务、不动产和无形资产有扣除项目的,按扣除之前的销项税额填写。该栏不按第10列所列公式计算,应按照税法规定据实填写。

C. 本行第14列"扣除后""销项(应纳)税额"栏:反映按一般计税方法征收增值税且享受即征即退政策的服务、不动产和无形资产实际应计提的销项税额。服务、不动产和无形资产有扣除项目的,按扣除之后的销项税额填写;服务、不动产和无形资产无扣除项目的,按本行第10列填写。该栏不按第14列所列公式计算,应按照税法规定据实填写。

(3) 第8至12行"二、简易计税方法计税""全部征税项目"各行:按不同征收率和项目分别填写按简易计税方法计算增值税的全部征税项目。有即征即退征税项目的纳税人,本部分数据中既包括即征即退项目,也包括不享受即征即退政策的一般征税项目。

(4) 第13a至13c行"二、简易计税方法计税""预征率%":反映营业税改征增值税的纳税人,服务、不动产和无形资产按规定汇总计算缴纳增值税的分支机构,预征增值税销售额、预征增值税应纳税额。其中,第13a行"预征率%"适用于所有实行汇总计算缴纳增值税的分支机构纳税人;第13b、13c行"预征率%"适用于部分实行汇总计算缴纳增值税的铁路运输纳税人。

① 第13a至13c行第1至6列按照销售额和销项税额的实际发生数填写。

② 第13a至13c行第14列,纳税人按"应预征缴纳的增值税=应预征增值税销售额×预征率"公式计算后据实填写。

(5) 第14至15行"二、简易计税方法计税""其中:即征即退项目"各行:只反映按简易计税方法计算增值税的即征即退项目。按照税法规定不享受即征即退政策的纳税人，不填写本行。即征即退项目是全部征税项目的其中数。

① 第14行"即征即退货物及加工修理修配劳务"：反映按简易计税方法计算增值税且享受即征即退政策的货物及加工修理修配劳务。本行不包括服务、不动产和无形资产的内容。

A. 本行第9列"合计""销售额"栏：反映按简易计税方法计算增值税且享受即征即退政策的货物及加工修理修配劳务的不含税销售额。该栏不按第9列所列公式计算，应按照税法规定据实填写。

B. 本行第10列"合计""销项（应纳）税额"栏：反映按简易计税方法计算增值税且享受即征即退政策的货物及加工修理修配劳务的应纳税额。该栏不按第10列所列公式计算，应按照税法规定据实填写。

② 第15行"即征即退服务、不动产和无形资产"：反映按简易计税方法计算增值税且享受即征即退政策的服务、不动产和无形资产。本行不包括货物及加工修理修配劳务的内容。

A. 本行第9列"合计""销售额"栏：反映按简易计税方法计算增值税且享受即征即退政策的服务、不动产和无形资产的不含税销售额。服务、不动产和无形资产有扣除项目的，按扣除之前的不含税销售额填写。该栏不按第9列所列公式计算，应按照税法规定据实填写。

B. 本行第10列"合计""销项（应纳）税额"栏：反映按简易计税方法计算增值税且享受即征即退政策的服务、不动产和无形资产的应纳税额。服务、不动产和无形资产有扣除项目的，按扣除之前的应纳税额填写。该栏不按第10列所列公式计算，应按照税法规定据实填写。

C. 本行第14列"扣除后""销项（应纳）税额"栏：反映按简易计税方法计算增值税且享受即征即退政策的服务、不动产和无形资产实际应计提的应纳税额。服务、不动产和无形资产有扣除项目的，按扣除之后的应纳税额填写；服务、不动产和无形资产无扣除项目的，按本行第10列填写。

（6）第16行"三、免抵退税""货物及加工修理修配劳务"：反映适用免、抵、退税政策的出口货物、加工修理修配劳务。

（7）第17行"三、免抵退税""服务、不动产和无形资产"：反映适用免、抵、退税政策的服务、不动产和无形资产。

（8）第18行"四、免税""货物及加工修理修配劳务"：反映按照税法规定免征增值税的货物及劳务和适用零税率的出口货物及劳务，但零税率的销售额中不包括适用免、抵、退税办法的出口货物及劳务。

（9）第19行"四、免税""服务、不动产和无形资产"：反映按照税法规定免征增值税的服务、不动产、无形资产和适用零税率的服务、不动产、无形资产，但零税率的销售额中不包括适用免、抵、退税办法的服务、不动产和无形资产。

"增值税及附加税费申报表附列资料（二）"（本期进项税额明细）填写说明：

"税款所属时间""纳税人名称"的填写同主表。

（1）第1至12栏"一、申报抵扣的进项税额"：分别反映纳税人按税法规定符合抵扣条件，在本期申报抵扣的进项税额。

① 第1栏"（一）认证相符的增值税专用发票"：反映纳税人取得的认证相符本期申报抵扣的增值税专用发票情况。该栏应等于第2栏"其中：本期认证相符且本期申报抵扣"与第3栏"前期认证相符且本期申报抵扣"数据之和。适用取消增值税发票认证规定的纳税人，通过增值税发票综合服务平台选择用于抵扣的增值税专用发票，视为"认证相符"（下同）。

② 第2栏"其中：本期认证相符且本期申报抵扣"：反映本期认证相符且本期申报抵扣的增值税专用发票的情况。本栏是第1栏的其中数，本栏只填写本期认证相符且本期申报抵扣的部分。

③ 第3栏"前期认证相符且本期申报抵扣"：反映前期认证相符且本期申报抵扣的增值税专用发票的情况。本栏是第1栏的其中数。纳税人本期申报抵扣的收费公路通行费增值税电子普通发票（以下简称通行费电子发票）应当填写在第1至3栏对应栏次中。第1至3栏中涉及的增值税专用发票均不包含从小规模纳税人处购进农产品时取得的专用发票，但购进农产品未分别核算用于生产销售13%税率货物和其他货物服务的农产品进项税额情况除外。

④ 第4栏"（二）其他扣税凭证"：反映本期申报抵扣的除增值税专用发票之外的其他扣税凭证的情况。具体包括：海关进口增值税专用缴款书、农产品收购发票或者销售发票（含农产品核定扣除的进项税额）、代扣代缴税收完税凭证、加计扣除农产品进项税额和其他符合政策规定的扣税凭证。该栏应等于第5至8b栏之和。

⑤ 第5栏"其中：海关进口增值税专用缴款书"：反映本期申报抵扣的海关进口增值税专用缴款书的情况。

⑥ 第6栏"农产品收购发票或者销售发票"：反映纳税人本期购进农业生产者自产农产品取得（开具）的农产品收购发票或者销售发票情况。从小规模纳税人处购进农产品时取得增值税专用发票情况填写在本栏，但购进农产品未分别核算用于生产销售13%税率货物和其他货物服务的农产品进项税额情况除外。

"税额"栏＝农产品销售发票或者收购发票上注明的农产品买价×9％＋增值税专用发票上注明的金额×9％。

上述公式中的"增值税专用发票"是指纳税人从小规模纳税人处购进农产品时取得的专用发票。

执行农产品增值税进项税额核定扣除办法的，填写当期允许抵扣的农产品增值税进项税额，不填写"份数""金额"。

⑦ 第7栏"代扣代缴税收缴款凭证"：填写本期按规定准予抵扣的完税凭证上注明的增值税额。

⑧ 第8a栏"加计扣除农产品进项税额"：填写纳税人将购农产品用于生产销售或委托受托加工13%税率货物时加计扣除的农产品进项税额。该栏不填写"份数""金额"。

⑨ 第8b栏"其他"：反映按规定本期可以申报抵扣的其他扣税凭证情况。

纳税人按照规定不得抵扣且未抵扣进项税额的固定资产、无形资产、不动产，发生用途改变，用于允许抵扣进项税额的应税项目，可在用途改变的次月将按公式计算出的可以抵扣的进项税额，填入本栏"税额"中。

⑩ 第9栏"（三）本期用于购建不动产的扣税凭证"：反映按规定本期用于购建不动产的扣税凭证上注明的金额和税额。

购建不动产是指纳税人2016年5月1日后取得并在会计制度上按固定资产核算的不动产或者2016年5月1日后取得的不动产在建工程。取得不动产，包括以直接购买、接受捐赠、接受投资入股、自建以及抵债等各种形式取得不动产，不包括房地产开发企业自行开发的房地产项目。

本栏次包括第1栏中本期用于购建不动产的增值税专用发票和第4栏中本期用于购建不动产的其他扣税凭证。

本栏"金额""税额"≥0。

⑪ 第10栏"(四)本期用于抵扣的旅客运输服务扣税凭证"：反映按规定本期购进旅客运输服务，所取得的扣税凭证上注明或按规定计算的金额和税额。

本栏次包括第1栏中按规定本期允许抵扣的购进旅客运输服务取得的增值税专用发票和第4栏中按规定本期允许抵扣的购进旅客运输服务取得的其他扣税凭证。

本栏"金额""税额"≥0。

第9栏"(三)本期用于购建不动产的扣税凭证"+第10栏"(四)本期用于抵扣的旅客运输服务扣税凭证"税额≤第1栏"认证相符的增值税专用发票"+第4栏"其他扣税凭证"税额。

⑫ 第11栏"(五)外贸企业进项税额抵扣证明"：填写本期申报抵扣的税务机关出口退税部门开具的"出口货物转内销证明"列明允许抵扣的进项税额。

⑬ 第12栏"当期申报抵扣进项税额合计"：反映本期申报抵扣进项税额的合计数。按表中所列公式计算填写。

(2) 第13至23b栏"二、进项税额转出额"各栏：分别反映纳税人已经抵扣但按规定应在本期转出的进项税额明细情况。

① 第13栏"本期进项税额转出额"：反映已经抵扣但按规定应在本期转出的进项税额合计数。按表中所列公式计算填写。

② 第14栏"免税项目用"：反映用于免征增值税项目，按规定应在本期转出的进项税额。

③ 第15栏"集体福利、个人消费"：反映用于集体福利或者个人消费，按规定应在本期转出的进项税额。

④ 第16栏"非正常损失"：反映纳税人发生非正常损失，按规定应在本期转出的进项税额。

⑤ 第17栏"简易计税方法征税项目用"：反映用于按简易计税方法征税项目，按规定应在本期转出的进项税额。

营业税改征增值税的纳税人，服务、不动产和无形资产按规定汇总计算缴纳增值税的分支机构，当期应由总机构汇总的进项税额也填入本栏。

⑥ 第18栏"免抵退税办法不得抵扣的进项税额"：反映按照免、抵、退税办法的规定，因征税税率与退税税率存在税率差而在本期应转出的进项税额。

⑦ 第19栏"纳税检查调减进项税额"：反映经税务、财政、审计部门检查而调减的进项税额。

⑧ 第20栏"红字专用发票信息表注明的进项税额"：填写增值税发票管理系统校验通过的"开具红字增值税专用发票信息表"注明的在本期应转出的进项税额。

⑨ 第21栏"上期留抵税额抵减欠税"：填写本期经税务机关同意，使用上期留抵税额抵减欠税的数额。

⑩ 第22栏"上期留抵税额退税"：填写本期经税务机关批准的上期留抵税额退税额。

⑪ 第23a栏"异常凭证转出进项税额"：填写本期异常增值税扣税凭证转出的进项税额。异常增值税扣税凭证转出后，经核实允许继续抵扣的，纳税人重新确认用于抵扣的，在本栏次填入负数。

⑫ 第23b栏"其他应作进项税额转出的情形"：反映除上述进项税额转出情形外，其他应在本期转出的进项税额。

(3) 第24至34栏"三、待抵扣进项税额"各栏：分别反映纳税人已经取得，但按税法规定不符合抵扣条件,暂不予在本期申报抵扣的进项税额情况及按税法规定不允许抵扣的进项税额情况。

① 第 24 至 28 栏涉及的增值税专用发票均不包括从小规模纳税人处购进农产品时取得的专用发票,但购进农产品未分别核算用于生产销售 13% 税率货物和其他货物服务的农产品进项税额情况除外。

② 第 25 栏"期初已认证相符但未申报抵扣":反映前期认证相符,但按照税法规定暂不予抵扣及不允许抵扣,结存至本期的增值税专用发票情况。

③ 第 26 栏"本期认证相符且本期未申报抵扣":反映本期认证相符,但按税法规定暂不予抵扣及不允许抵扣,而未申报抵扣的增值税专用发票情况。

④ 第 27 栏"期末已认证相符但未申报抵扣":反映截至本期期末,按照税法规定仍暂不予抵扣及不允许抵扣且已认证相符的增值税专用发票情况。

⑤ 第 28 栏"其中:按照税法规定不允许抵扣":反映截至本期期末已认证相符但未申报抵扣的增值税专用发票中,按照税法规定不允许抵扣的增值税专用发票情况。

纳税人本期期末已认证相符待抵扣的通行费电子发票应当填写在第 24 至 28 栏对应栏次中。

⑥ 第 29 栏"(二)其他扣税凭证":反映截至本期期末仍未申报抵扣的除增值税专用发票之外的其他扣税凭证情况。具体包括:海关进口增值税专用缴款书、农产品收购发票或者销售发票、代扣代缴税收完税凭证和其他符合政策规定的扣税凭证。该栏应等于第 30 至 33 栏之和。

⑦ 第 30 栏"其中:海关进口增值税专用缴款书":反映已取得但截至本期期末仍未申报抵扣的海关进口增值税专用缴款书情况。

⑧ 第 31 栏"农产品收购发票或者销售发票":反映已取得但截至本期期末仍未申报抵扣的农产品收购发票或者农产品销售发票情况。从小规模纳税人处购进农产品时取得增值税专用发票情况填写在本栏,但购进农产品未分别核算用于生产销售 13% 税率货物和其他货物服务的农产品进项税额情况除外。

⑨ 第 32 栏"代扣代缴税收缴款凭证":反映已取得但截至本期期末仍未申报抵扣的代扣代缴税收完税凭证情况。

⑩ 第 33 栏"其他":反映已取得但截至本期期末仍未申报抵扣的其他扣税凭证的情况。

(4) 第 35 至 36 栏"四、其他"各栏。

① 第 35 栏"本期认证相符的增值税专用发票":反映本期认证相符的增值税专用发票的情况。纳税人本期认证相符的通行费电子发票应当填写在本栏次中。

② 第 36 栏"代扣代缴税额":填写纳税人根据《中华人民共和国增值税暂行条例》第十八条扣缴的应税劳务增值税额与根据营业税改征增值税有关政策规定扣缴的服务、不动产和无形资产增值税额之和。

"增值税及附加税费申报表附列资料(三)"(服务、不动产和无形资产扣除项目明细)填写说明:

(1) 本表由服务、不动产和无形资产有扣除项目的营业税改征增值税纳税人填写。其他纳税人不填写。

(2) "税款所属时间""纳税人名称"的填写同主表。

(3) 第 1 列"本期服务、不动产和无形资产价税合计额(免税销售额)":营业税改征增值税的服务、不动产和无形资产属于征税项目的,填写扣除之前的本期服务、不动产和无形资产价税合计额;营业税改征增值税的服务、不动产和无形资产属于免抵退税或免税项目的,填写扣除之前的本期服务、不动产和无形资产免税销售额。本列各行次等于"附列资料(一)"第11列对应行次,其中本列第3行和第4行之和等于"附列资料(一)"第11列第5栏。

营业税改征增值税的纳税人,服务、不动产和无形资产按规定汇总计算缴纳增值税的分支机构,本列各行次之和等于"附列资料(一)"第11列第13a、13b行之和。

(4) 第2列"服务、不动产和无形资产扣除项目""期初余额":填写服务、不动产和无形资产扣除项目上期期末结存的金额,试点实施之日的税款所属期填写"0"。本列各行次等于上期"附列资料(三)"第6列对应行次。

本列第4行"6%税率的金融商品转让项目""期初余额"年初首期填报时应填"0"。

(5) 第3列"服务、不动产和无形资产扣除项目""本期发生额":填写本期取得的按税法规定准予扣除的服务、不动产和无形资产扣除项目金额。

(6) 第4列"服务、不动产和无形资产扣除项目""本期应扣除金额":填写服务、不动产和无形资产扣除项目本期应扣除的金额。

本列各行次=第2列对应各行次+第3列对应各行次。

(7) 第5列"服务、不动产和无形资产扣除项目""本期实际扣除金额":填写服务、不动产和无形资产扣除项目本期实际扣除的金额。

本列各行次≤第4列对应各行次,且本列各行次≤第1列对应各行次。

(8) 第6列"服务、不动产和无形资产扣除项目""期末余额":填写服务、不动产和无形资产扣除项目本期期末结存的金额。

本列各行次=第4列对应各行次-第5列对应各行次。

"增值税及附加税费申报表附列资料(四)"(税额抵减情况表)填写说明:

(1) 税额抵减情况:

① 本表第1行由发生增值税税控系统专用设备费用和技术维护费的纳税人填写,反映纳税人增值税税控系统专用设备费用和技术维护费按规定抵减增值税应纳税额的情况。

② 本表第2行由营业税改征增值税纳税人,服务、不动产和无形资产按规定汇总计算缴纳增值税的总机构填写,反映其分支机构预征缴纳税款抵减总机构应纳增值税税额的情况。

③ 本表第3行由销售建筑服务并按规定预缴增值税的纳税人填写,反映其销售建筑服务预征缴纳税款抵减应纳增值税税额的情况。

④ 本表第4行由销售不动产并按规定预缴增值税的纳税人填写,反映其销售不动产预征缴纳税款抵减应纳增值税税额的情况。

⑤ 本表第5行由出租不动产并按规定预缴增值税的纳税人填写,反映其出租不动产预征缴纳税款抵减应纳增值税税额的情况。

(2) 加计抵减情况:

本表第6至8行仅限适用加计抵减政策的纳税人填写,反映其加计抵减情况。其他纳税人不需填写。第8行"合计"等于第6行、第7行之和。

各列说明如下:

① 第1列"期初余额":填写上期期末结余的加计抵减额。

② 第2列"本期发生额":填写按照规定本期计提的加计抵减额。

③ 第3列"本期调减额":填写按照规定本期应调减的加计抵减额。

④ 第 4 列"本期可抵减额"：按表中所列公式填写。

⑤ 第 5 列"本期实际抵减额"：反映按照规定本期实际加计抵减额，按以下要求填写。

若第 4 列≥0，且第 4 列＜主表第 11 栏－主表第 18 栏，则第 5 列＝第 4 列；

若第 4 列≥主表第 11 栏－主表第 18 栏，则第 5 列＝主表第 11 栏－主表第 18 栏；

若第 4 列＜0，则第 5 列等于 0。

计算本列"一般项目加计抵减额计算"行和"即征即退项目加计抵减额计算"行时，公式中主表各栏次数据分别取主表"一般项目""本月数"列、"即征即退项目""本月数"列对应数据。

⑥ 第 6 列"期末余额"：填写本期结余的加计抵减额，按表中所列公式填写。

"增值税及附加税费申报表附列资料（五）"（附加税费情况表）填写说明：

(1)"税（费）款所属时间"：指纳税人申报的附加税费应纳税（费）额的所属时间，应填写具体的起止年、月、日。

(2)"纳税人名称"：填写纳税人名称全称。

(3)"本期是否适用试点建设培育产教融合型企业抵免政策"：符合《财政部关于调整部分政府性基金有关政策的通知》（财税〔2019〕46 号）规定的试点建设培育产教融合型企业，选择"是"；否则，选择"否"。

(4) 第 5 行"当期新增投资额"：填写试点建设培育产教融合型企业当期新增投资额减去股权转让、撤回投资等金额后的投资净额，该数值可为负数。

(5) 第 6 行"上期留抵可抵免金额"：填写上期的"结转下期可抵免金额"。

(6) 第 7 行"结转下期可抵免金额"：填写本期抵免应缴教育费附加、地方教育附加后允许结转下期抵免部分。

(7) 第 8 行"当期新增可用于扣除的留抵退税额"：填写本期经税务机关批准的上期留抵税额退税额。本栏等于"附列资料二"第 22 栏"上期留抵税额退税"。

(8) 第 9 行"上期结存可用于扣除的留抵退税额"：填写上期的"结转下期可用于扣除的留抵退税额"。

(9) 第 10 行"结转下期可用于扣除的留抵退税额"：填写本期扣除后剩余的增值税留抵退税额，结转下期可用于扣除的留抵退税额＝当期新增可用于扣除的留抵退税额＋上期结存可用于扣除的留抵退税额－留抵退税本期扣除额。

(10) 第 1 列"增值税税额"：填写主表增值税本期应补（退）税额。

(11) 第 2 列"增值税免抵税额"：填写上期经税务机关核准的增值税免抵税额。

(12) 第 3 列"留抵退税本期扣除额"：填写本期因增值税留抵退税扣除的计税依据。当第 8 行与第 9 行之和大于第 1 行第 1 列与第 1 行第 2 列之和时，第 3 列第 1 至 3 行分别按对应行第 1 列与第 2 列之和填写。当第 8 行与第 9 行之和（大于 0）小于或等于第 1 行第 1 列与第 1 行第 2 列之和时，第 3 列第 1 至 3 行分别按第 8 行与第 9 行之和对应填写。当第 8 行与第 9 行之和（小于等于 0）小于或等于第 1 行第 1 列与第 1 行第 2 列之和时，第 3 列第 1 至 3 行均填写 0。

(13) 第 4 列"税（费）率（征收率）（％）"：填写适用税（费）率。

(14) 第 5 列"本期应纳税（费）额"：填写本期按适用的税（费）率计算缴纳的应纳税（费）额。

计算公式为：本期应纳税（费）额＝（增值税税额＋增值税免抵税额－留抵退税本期扣除

额)×税(费)率。

(15) 第 6 列"本期减免税(费)额""减免性质代码":按《减免税政策代码目录》中附加税费适用的减免性质代码填写,试点建设培育产教融合型企业抵免不填列此列。有减免税(费)情况的必填。

(16) 第 7 列"本期减免税(费)额""减免税(费)额":填写本期减免的税(费)额。

(17) 第 8 列"试点建设培育产教融合型企业""减免性质代码":符合《财政部关于调整部分政府性基金有关政策的通知》(财税〔2019〕46 号)规定的试点建设培育产教融合型企业分别填写教育费附加产教融合试点减免性质代码 61101402、地方教育附加产教融合试点减免性质代码 99101401。不适用建设培育产教融合型企业抵免政策的则为空。

(18) 第 9 列"试点建设培育产教融合型企业""本期抵免金额":填写试点建设培育产教融合型企业本期抵免的教育费附加、地方教育附加金额。

(19) 第 10 列"本期已缴税(费)额":填写本期应纳税(费)额中已经缴纳的部分。该列不包括本期预缴应补(退)税费情况。

(20) 第 11 列"本期应补(退)税(费)额":该列次与主表第 39 至 41 栏对应相等。

计算公式为:本期应补(退)税(费)额=本期应纳税(费)额-本期减免税(费)额-试点建设培育产教融合型企业本期抵免金额-本期已缴税(费)额。

"增值税减免税申报明细表"填写说明:

(1) 本表由享受增值税减免税优惠政策的增值税一般纳税人和小规模纳税人(以下简称增值税纳税人)填写。仅享受支持小微企业免征增值税政策或未达起征点的增值税小规模纳税人不需填报本表,即小规模纳税人当期"增值税及附加税费申报表(小规模纳税人适用)"第 12 栏"其他免税销售额""本期数"和第 16 栏"本期应纳税额减征额""本期数"均无数据时,不需填报本表。

(2) "税款所属时间""纳税人名称"的填写同申报表主表,申报表主表是指"增值税及附加税费申报表(一般纳税人适用)"或者"增值税及附加税费申报表(小规模纳税人适用)"。

(3) "一、减税项目"由本期按照税收法律、法规及国家有关税收规定享受减征(包含税额式减征、税率式减征)增值税优惠的增值税纳税人填写。

① "减税性质代码及名称":根据国家税务总局最新发布的《减免税政策代码目录》所列减免性质代码、减免项目名称填写。同时有多个减征项目的,应分别填写。

② 第 1 列"期初余额":填写应纳税额减征项目上期"期末余额",为对应项目上期应抵减而不足抵减的余额。

③ 第 2 列"本期发生额":填写本期发生的按照规定准予抵减增值税应纳税额的金额。

④ 第 3 列"本期应抵减税额":填写本期应抵减增值税应纳税额的金额。本列按表中所列公式填写。

⑤ 第 4 列"本期实际抵减税额":填写本期实际抵减增值税应纳税额的金额。本列各行≤第 3 列对应各行。

一般纳税人填写时,第 1 行"合计"本列数=申报表主表第 23 行"一般项目"列"本月数"。

小规模纳税人填写时,第 1 行"合计"本列数=申报表主表第 16 行"本期应纳税额减征额""本期数"。

⑥ 第 5 列"期末余额":按表中所列公式填写。

(4) "二、免税项目"由本期按照税收法律、法规及国家有关税收规定免征增值税的增值税纳税人填写。仅享受小微企业免征增值税政策或未达起征点的小规模纳税人不需填写,即小规模纳税人申报表主表第12栏"其他免税销售额""本期数"无数据时,不需填写本栏。

①"免税性质代码及名称":根据国家税务总局最新发布的《减免税政策代码目录》所列减免性质代码、减免项目名称填写。同时有多个免税项目的,应分别填写。

②"出口免税"填写增值税纳税人本期按照税法规定出口免征增值税的销售额,但不包括适用免、抵、退税办法出口的销售额。小规模纳税人不填写本栏。

③第1列"免征增值税项目销售额":填写增值税纳税人免税项目的销售额。免税销售额按照有关规定允许从取得的全部价款和价外费用中扣除价款的,应填写扣除之前的销售额。

一般纳税人填写时,本列"合计"等于申报表主表第8行"一般项目"列"本月数"。

④第2列"免税销售额扣除项目本期实际扣除金额":免税销售额按照有关规定允许从取得的全部价款和价外费用中扣除价款的,据实填写扣除金额;无扣除项目的,本列填写"0"。

⑤第3列"扣除后免税销售额":按表中所列公式填写。

⑥第4列"免税销售额对应的进项税额":本列不填写。

⑦第5列"免税额":一般纳税人不填写本列。小规模纳税人按下列公式计算填写,且本列各行数应大于或等于0。

小规模纳税人公式:第5列"免税额"=第3列"扣除后免税销售额"×征收率。

3. 增值税小规模纳税人申报

申请条件:增值税小规模纳税人依照税收法律、法规、规章及其他有关规定,在规定的纳税期限内填报"增值税及附加税费申报表(小规模纳税人适用)"、附列资料和其他相关资料,向税务机关进行纳税申报。

设定依据:《中华人民共和国税收征收管理法》第二十五条第一款。

办理材料:详见表4-2。

表4-2　　　　　　　　增值税纳税申报材料(小规模纳税人适用)

序号	材料名称	数量	备注
1	"增值税及附加税费申报表(小规模纳税人适用)"及其附列资料	2份	
有以下情形的,还应提供相应材料			
适用情形	材料名称	数量	备注
机动车经销企业的纳税人	已开具发票的存根联	1份	报送要求由省(自治区、直辖市和计划单列市)税务机关确定
2015年4月1日起使用增值税发票系统升级版的,按照有关规定不使用网络办税或不具备网络条件的纳税人	金税盘、税控盘或UKey		
实行预缴方式缴纳增值税的电力产品增值税纳税人	电力企业增值税销项税额和进项税额传递单	1份	

纳税人注意事项：

（1）纳税人对报送材料的真实性和合法性承担责任。

（2）文书表单可在各省税务局官方网站"下载中心"栏目查询下载或到办税服务厅领取。

（3）税务机关提供"最多跑一次"服务。纳税人在资料完整且符合法定受理条件的前提下，最多只需跑一次税务机关。

（4）纳税人使用符合电子签名法规定条件的电子签名，与手写签名或者盖章具有同等法律效力。

（5）纳税人提供的各项资料为复印件的，均需注明"与原件一致"并签章。

（6）纳税人未按照规定的期限办理纳税申报和报送纳税资料的，将影响纳税信用评价结果，并依照《中华人民共和国税收征收管理法》有关规定承担相应法律责任。

（7）增值税的纳税期限分别为1日、3日、5日、10日、15日、1个月或者1个季度。纳税人的具体纳税期限，由主管税务机关根据纳税人应纳税额的大小分别核定；不能按照固定期限纳税的，可以按次纳税。纳税人以1个月或者1个季度为1个纳税期的，自期满之日起15日内申报纳税；以1日、3日、5日、10日或者15日为1个纳税期的，自期满之日起5日内预缴税款，于次月1日起15日内申报纳税并结清上月应纳税款。纳税人进口货物，应当自海关填发海关进口增值税专用缴款书之日起15日内缴纳税款。纳税期限遇最后一日是法定休假日的，以休假日期满的次日为期限的最后一日；在期限内有连续3日以上法定休假日的，按休假日天数顺延。

（8）按固定期限纳税的小规模纳税人可以选择以1个月或1个季度为纳税期限，一经选择，一个会计年度内不得变更。增值税小规模纳税人缴纳增值税、消费税、文化事业建设费，以及随增值税、消费税附征的城市维护建设税、教育费附加等税费，原则上实行按季申报。

（9）年应税销售额超过小规模纳税人标准的其他个人按小规模纳税人纳税；原增值税纳税人中非企业性单位、不经常发生应税行为的企业可选择按小规模纳税人规定申报缴纳增值税；营改增纳税人中年应税销售额超过规定标准但不经常发生应税行为的单位和个体工商户可选择按照小规模纳税人纳税。

（10）增值税小规模纳税人减免税规定：

① 自2023年1月1日至2027年12月31日，增值税小规模纳税人发生增值税应税销售行为，合计月销售额未超过10万元（以1个季度为1个纳税期的，季度销售额未超过30万元，下同）的，免征增值税。小规模纳税人发生增值税应税销售行为，合计月销售额超过10万元，但扣除本期发生的销售不动产的销售额后未超过10万元的，其销售货物、劳务、服务、无形资产取得的销售额免征增值税。

增值税小规模纳税人适用3%征收率的应税销售收入，减按1%征收率征收增值税；适用3%预征率的预缴增值税项目，减按1%预征率预缴增值税。

② 小规模纳税人取得应税销售收入，适用上述免征增值税政策的，纳税人可就该笔销售收入选择放弃免税并开具增值税专用发票。

③ 适用增值税差额征收政策的增值税小规模纳税人，以差额后的销售额确定是否可以享受10万元以下免征增值税政策。

④ 其他个人采取一次性收取租金的形式出租不动产，取得的租金收入可在租金对应的租赁期内平均分摊，分摊后的月租金收入不超过10万元的，可享受小微企业免征增值税优惠政策。

(11) 小规模纳税人发生增值税应税销售行为,合计月销售额未超过 10 万元的,免征增值税的销售额等项目应填写在"增值税及附加税费申报表(小规模纳税人适用)""小微企业免税销售额"或者"未达起征点销售额"相关栏次;减按 1% 征收率征收增值税的销售额应填写在"增值税及附加税费申报表(小规模纳税人适用)""应征增值税不含税销售额(3%征收率)"相应栏次,对应减征的增值税应纳税额按销售额的 2% 计算填写在"增值税及附加税费申报表(小规模纳税人适用)""本期应纳税额减征额"及"增值税减免税申报明细表"减税项目相应栏次。

(12) 纳税人有多缴税金,又存在欠税,可办理抵缴欠税业务。

(13) 纳税人享受减税、免税待遇的,在减税、免税期间应当按照规定办理纳税申报,填写申报表及其附表上的优惠栏目。

(14) 自 2021 年 8 月 1 日起,附加税费申报表与增值税申报表进行整合申报。

(二) 增值税一般纳税人纳税申报案例

【例 4-1】 甲有限责任公司为增值税一般纳税人(不属于小微企业),其纳税人识别号:22010560590××××××;所属行业:工业企业;法人代表:王××;会计主管:陈红,身份证号 22010419880201××××;经营地址:长春经济开发区长石路 1 千米处;开户行:中国银行长春市西安大路支行;账号:0068730809××××,主管税务机关:长春经济开发区国税局。2023 年 5 月该公司的生产经营情况如下:

(1) 外购货物取得防伪税控系统开具的增值税专用发票 10 份(见表 4-3),均在法定期限内予以认证通过,并在本期全部申报抵扣进项税额,其中,发票代码为 1308302859 的专用发票为购进固定资产所取得,发票金额为 1 561 835 元,税额为 203 038.55 元;取得货物运输业增值税专用发票 12 份,发票金额为 45 000 元,税额为 4 050 元;取得农产品收购发票 2 份,发票金额 30 000 元,税额为 2 700 元。前期取得但尚未申报抵扣的防伪税控系统开具的增值税专用发票情况见表 4-4。

表 4-3　　本期取得防伪税控系统开具的增值税专用发票及认证情况表　　金额单位:元(列至角分)

发票代码	发票号码	开票日期	金　额	税　额	销货方纳税人识别号	认证日期
1100044170	00140803	2023-05-01	3 584.96	466.04	13020255002××××	2023-05-30
1107353874	01830985	2023-05-03	8 671.50	1 127.30	11029759273××××	2023-05-30
1308302859	04430852	2023-05-04	1 561 835.00	203 038.55	11086756548××××	2023-05-30
1300237507	00327482	2023-05-13	27 277.42	3 546.06	13002375927××××	2023-05-30
1108675655	02757438	2023-05-14	28 654.88	3 725.13	11039759298××××	2023-05-30
1109237583	07239766	2023-05-15	76 290.53	9 917.77	13079324729××××	2023-05-30
1109835028	02649878	2023-05-25	15 146.67	1 969.07	13086756764××××	2023-05-30
1309769867	07547535	2023-05-26	67 982.38	8 837.71	11096768364××××	2023-05-30
1306543708	07356814	2023-05-27	54 324.22	7 062.15	13087496574××××	2023-05-30
1307479828	00327984	2023-05-28	35 944.81	4 672.83	11043256748××××	2023-05-30

表4-4　　　前期取得防伪税控系统开具的增值税专用发票及认证情况表　　金额单位：元(列至角分)

发票代码	发票号码	开票日期	金　额	税　额	销货方纳税人识别号	认证日期
1106867565	04453429	2023-04-05	3 697.54	480.68	11098787678××××	2023-04-29
1108675646	06687545	2023-04-27	67 825.45	8 817.31	11079867856××××	2023-04-29

　　(2) 本期有469 851.38元的外购货物用于非应税项目，其所负担的税款为61 080.68元；有9 400.95元的外购货物发生非正常损失，其所负担的税款为1 222.12元。

　　(3) 本期销售货物并开具防伪税控系统的增值税专用发票18份(见表4-5)，其中，号码为00099544的发票因开具发票形式不符合要求而作废，号码为00099555的发票为红字发票；销售货物开具普通发票2份，合计金额为214 600元；销售货物但未开具发票的金额为3 886元；因销售货物而提供运输劳务开具普通发票15份，收取运费62 249元(运输队统一核算)。

表4-5　　　　防伪税控系统开具的增值税专用发票情况表　　　金额单位：元(列至角分)

发票代码	发票号码	开票日期	购货方纳税人识别号	金　额	税　额	备　注
22000731405	00099543	2023-05-02	12011560058××××	58 358.95	7 586.66	
22000731405	00099544	2023-05-03	13020774019××××	97 846.15	12 720.00	作废
22000731405	00099545	2023-05-03	13020774019××××	97 846.15	12 720.00	
22000731405	00099546	2023-05-04	13020574015××××	17 965.84	2 335.56	
22000731405	00099547	2023-05-05	13020372335××××	36 907.69	4 798.00	
22000731405	00099548	2023-05-06	13020574015××××	7 794.17	1 013.24	
22000731405	00099549	2023-05-11	13020071586××××	1 645.98	213.98	
22000731405	00099550	2023-05-12	11011117543××××	96 358.29	12 526.58	
22000731405	00099551	2023-05-13	11083473560××××	125 961.64	16 375.01	
22000731405	00099552	2023-05-14	11090475973××××	186 384.66	24 230.01	
22000731405	00099553	2023-05-15	11040957376××××	106 153.81	13 800.00	
22000731405	00099554	2023-05-16	13057264385766×	3 461.52	450.00	
22000731405	00099555	2023-05-18	130209×7397502×	-5 777.28	-751.05	红字
22000731405	00099556	2023-05-20	11049875032××××	1 811.11	235.44	
22000731405	00099557	2023-05-21	11004937859××××	56 923.27	7 400.03	
22000731405	00099558	2023-05-25	11003875873××××	407 350.00	52 955.50	

续表

发票代码	发票号码	开票日期	购货方纳税人识别号	金　额	税　额	备　注
22000731405	00099559	2023-05-26	13057846975××××	224 615.00	29 199.95	
22000731405	00099560	2023-05-28	11002564287××××	12 456.28	1 619.32	

(4) 2023年5月初的未缴税额为43 446.28元;4月份的应税货物销售额为507 087.83元,应税劳务销售额为59 699.58元,销项税额为73 682.36元,进项税额为30 236.08元(其中,申报抵扣固定资产进项税额为1 236.08元),期末未缴税额为43 446.28元,于2023年5月份缴纳。

【要求】 根据增值税一般纳税人纳税申报的要求,计算并填列适用于增值税一般纳税人的"增值税及附加税费申报表"(主表)及其附表(一)至附表(五)。

【解析】

1. 增值税及附加税费申报表附列资料(一)[附表一,见表4-6(b)]

(1) 防伪税控开具专用发票(共18份,作废1份,红字1份)

应税货物13%销售额=58 358.95+97 846.15+17 965.84+36 907.69+7 794.17
　　　　　　　　　+1 645.98+96 358.29+125 961.64+186 384.66+106 153.81
　　　　　　　　　+3 461.52−5 777.28+1 811.11+56 923.27+407 350.00
　　　　　　　　　+224 615.00+12 456.28
　　　　　　　=1 436 217.08(元)

应税货物13%销项税额=7 586.66+12 720.00+2 335.56+4 798.00+1 013.24
　　　　　　　　　+213.98+12 526.58+16 375.01+24 230.01+13 800.00
　　　　　　　　　+450.00−751.05+235.44+7 400.03+52 955.50
　　　　　　　　　+29 199.95+1 619.32
　　　　　　　=186 708.22(元)

　　或者=应税货物13%销售额×13%=1 436 217.08×13%
　　　　=186 708.22(元)

(2) 开具普通发票应税货物销售额=214 600÷(1+13%)=189 911.50(元)
开具普通发票应税货物销项税额=189 911.50×13%=24 688.50(元)
开具普通发票应税服务销售额=62 249.00÷(1+9%)=57 109.17(元)
开具普通发票应税服务销项税额=57 109.17×9%=5 139.83(元)

(3) 未开具发票应税货物销售额=3 886.00÷(1+13%)=3 438.94(元)
未开具发票应税货物销项税额=3 438.94×13%=447.06(元)

(4) 应税货物销售额合计=1 436 217.08+189 911.50+3 438.94=1 629 567.52(元)
应税货物销项税额合计=1 629 567.52×13%=211 843.78(元)
应税货物及应税劳务销售额合计=1 629 567.52+57 109.17=1 686 676.69(元)
应税货物及应税劳务销项税额合计=211 843.78+5 139.83=216 983.61(元)

2. 增值税及附加税费申报表附列资料(二)[附表二,见表4-6(c)]

(1) 申报抵扣的进项税额

① 认证相符的防伪税控发票申报抵扣
- 本期认证相符且本期申报抵扣金额＝3 584.96＋8 671.50＋1 561 835.00＋27 277.42
  ＋28 654.88＋76 290.53＋15 146.67
  ＋67 982.38＋54 324.22＋35 944.81＋45 000
  ＝1 924 712.37(元)

本期认证相符且本期申报抵扣税额＝466.04＋1127.30＋203 038.55＋3 546.06
  ＋3 725.13＋9 917.77＋1 969.07＋8 837.71
  ＋7 062.15＋4 672.83＋4 050.00
  ＝248 412.61(元)

- 前期认证相符且本期申报抵扣金额＝3 697.54＋67 825.45＝71 522.99(元)

前期认证相符且本期申报抵扣税额＝480.68＋8 817.31＝9 297.99(元)

- 防伪税控发票申报抵扣金额＝1 924 712.37＋71 522.99＝1 996 235.36(元)

防伪税控发票申报抵扣税额＝248 412.61＋9 297.99＝257 710.60(元)

② 其他扣税凭证

农产品收购发票金额＝30 000(元)(2 份)

农产品收购发票税额＝30 000×9％＝2 700(元)

③ 合计金额＝1 996 235.36＋30 000＝2 026 235.36(元)

合计税额＝257 710.60＋2 700＝260 410.60(元)

(2) 进项税额转出

用于非应税项目货物负担的进项税额＝61 080.68(元)

非正常损失货物负担的进项税额＝1 222.12(元)

合计＝61 080.68＋1 222.12＝62 302.80(元)

(3) 其他

本期认证相符的全部防伪税控发票金额＝1 924 712.37(元)

本期认证相符的全部防伪税控发票税额＝248 412.61(元)

3. 增值税及附加税费申报表[主表,见表4-6(a)]

(1) 本月数

① 销售额

应税货物销售额＝1 629 567.52(元)

应税劳务销售额＝57 109.17(元)

合计＝1 629 567.52＋57 109.17＝1 686 676.69(元)

② 税款计算

销项税额＝应税货物及劳务销项税额合计＝216 983.61(元)

进项税额＝申报抵扣的进项税额＝260 410.60(元)

进项税转出＝62 302.80(元)

应抵扣税额合计＝实际抵扣税额＝260 410.60－62 302.80＝198 107.80(元)

应纳税额＝216 983.61－198 107.80＝18 875.81(元)

应纳税额合计＝18 875.81(元)

③ 税款缴纳

期初未缴税额＝43 446.28(元)

本期已缴税额＝本期缴纳上期应纳税额＝43 446.28（元）
期末未缴税款＝18 875.81＋43 446.28－43 446.28＝18 875.81（元）
本期应补税额＝18 875.81（元）

（2）本年累计

应税货物及劳务销售额＝1 686 676.69＋566 787.41＝2 253 464.10（元）
其中：应税货物销售额＝1 629 567.52＋507 087.83＝2 136 655.35（元）
　　　应税劳务销售额＝57 109.17＋59 699.58＝116 808.75（元）
销项税额＝216 983.61＋73 682.36＝290 665.97（元）
进项税额＝260 410.60＋30 236.08＝290 646.68（元）
进项税额转出＝62 302.80＋0＝62 302.80（元）
应纳税额＝290 665.97－290 646.68＋62 302.80＝62 322.09（元）
期末未缴税额＝62 322.09－43 446.28＝18 875.81（元）

4. 增值税及附加税费申报表附列资料（五）[附表五，表4-6(d)]

当期应纳城市维护建设税＝18 875.81×7‰＝1 321.31（元）
当期应纳教育费附加＝18 875.81×3‰＝566.27（元）
当期应纳地方教育附加＝18 875.81×2‰＝377.52（元）

5. 增值税及附加税费申报表[主表，见表4-6(a)]

本年累计应纳城市维护建设税＝62 322.09×7‰＝4 362.55（元）
本年累计应纳教育费附加＝62 322.09×3‰＝1 869.66（元）
本年累计应纳地方教育附加＝62 322.09×2‰＝1 246.44（元）

【填表】

表4-6(a)　　　　　　　　　　增值税及附加税费申报表

（一般纳税人适用）

根据国家税收法律法规及增值税相关规定制定本表。纳税人不论有无销售额，均应按税务机关核定的纳税期限填写本表，并向当地税务机关申报。

税款所属时间：自2023年5月1日至2023年5月31日

填表日期：2023年6月10日　　　　　金额单位：元（列至角分）

纳税人识别号（统一社会信用代码）：220105605904803143　　　　所属行业：工业企业

纳税人名称：甲有限责任公司（公章）		法定代表人姓名	王××	注册地址	长春市西安大路××号	生产经营地址	经济开发区长石路1千米处
开户银行及账号	长春市中行西安大路支行账号：0068730809××××	登记注册类型		股份有限责任公司		电话号码	8896××××

项　目		栏次	一般项目		即征即退项目	
			本月数	本年累计	本月数	本年累计
销售额	（一）按适用税率计税销售额	1	1 686 676.69	2 253 464.10	0.00	0.00
	其中：应税货物销售额	2	1 629 567.52	2 136 655.35	0.00	0.00

续表

<table>
<tr><th colspan="2">项 目</th><th rowspan="2">栏 次</th><th colspan="2">一 般 项 目</th><th colspan="2">即征即退项目</th></tr>
<tr><th>本月数</th><th>本年累计</th><th>本月数</th><th>本年累计</th></tr>
<tr><td rowspan="8">销售额</td><td>应税劳务销售额</td><td>3</td><td>57 109.17</td><td>116 808.75</td><td>0.00</td><td>0.00</td></tr>
<tr><td>纳税检查调整的销售额</td><td>4</td><td>0.00</td><td>0.00</td><td>0.00</td><td>0.00</td></tr>
<tr><td>(二)按简易办法计税销售额</td><td>5</td><td>0.00</td><td>0.00</td><td>0.00</td><td>0.00</td></tr>
<tr><td>其中:纳税检查调整的销售额</td><td>6</td><td>0.00</td><td>0.00</td><td>0.00</td><td>0.00</td></tr>
<tr><td>(三)免、抵、退办法出口销售额</td><td>7</td><td>0.00</td><td>0.00</td><td>—</td><td>—</td></tr>
<tr><td>(四)免税销售额</td><td>8</td><td>0.00</td><td>0.00</td><td>—</td><td>—</td></tr>
<tr><td>其中:免税货物销售额</td><td>9</td><td>0.00</td><td>0.00</td><td>—</td><td>—</td></tr>
<tr><td>免税劳务销售额</td><td>10</td><td>0.00</td><td>0.00</td><td>—</td><td>—</td></tr>
<tr><td rowspan="14">税款计算</td><td>销项税额</td><td>11</td><td>216 983.61</td><td>290 665.97</td><td>0.00</td><td>0.00</td></tr>
<tr><td>进项税额</td><td>12</td><td>260 410.60</td><td>290 646.68</td><td>0.00</td><td>0.00</td></tr>
<tr><td>上期留抵税额</td><td>13</td><td>0.00</td><td>0.00</td><td>0.00</td><td>0.00</td></tr>
<tr><td>进项税额转出</td><td>14</td><td>62 302.80</td><td>62 302.80</td><td>0.00</td><td>0.00</td></tr>
<tr><td>免、抵、退应退税额</td><td>15</td><td>0.00</td><td>0.00</td><td>—</td><td>—</td></tr>
<tr><td>按适用税率计算的纳税检查应补缴税额</td><td>16</td><td>0.00</td><td>0.00</td><td>—</td><td>—</td></tr>
<tr><td>应抵扣税额合计</td><td>17=12+13−14−15+16</td><td>198 107.80</td><td>—</td><td>0.00</td><td>—</td></tr>
<tr><td>实际抵扣税额</td><td>18(如17＜11,则为17,否则为11)</td><td>198 107.80</td><td>228 343.88</td><td>0.00</td><td>0.00</td></tr>
<tr><td>应纳税额</td><td>19=11−18</td><td>18 875.81</td><td>62 322.09</td><td>0.00</td><td>0.00</td></tr>
<tr><td>期末留抵税额</td><td>20=17−18</td><td>0.00</td><td>0.00</td><td>0.00</td><td>0.00</td></tr>
<tr><td>简易计税办法计算的应纳税额</td><td>21</td><td>0.00</td><td>0.00</td><td>0.00</td><td>0.00</td></tr>
<tr><td>按简易计税办法计算的纳税检查应补缴税额</td><td>22</td><td>0.00</td><td>0.00</td><td>—</td><td>—</td></tr>
<tr><td>应纳税额减征额</td><td>23</td><td>0.00</td><td>0.00</td><td>0.00</td><td>0.00</td></tr>
<tr><td>应纳税额合计</td><td>24=19+21−23</td><td>18 875.81</td><td>62 322.09</td><td>0.00</td><td>0.00</td></tr>
</table>

续表

项 目		栏 次	一 般 项 目		即征即退项目	
			本月数	本年累计	本月数	本年累计
税款缴纳	期初未缴税额（多缴为负数）	25	43 446.28	0.00	0.00	0.00
	实收出口开具专用缴款书退税额	26	0.00	0.00	—	—
	本期已缴税额	27＝28＋29＋30＋31	43 446.28	43 446.28	0.00	0.00
	① 分次预缴税额	28	0.00	—	0.00	—
	② 出口开具专用缴款书预缴税额	29	0.00	—	—	—
	③ 本期缴纳上期应纳税额	30	43 446.28	43 446.28	0.00	0.00
	④ 本期缴纳欠缴税额	31	0.00	0.00	0.00	0.00
	期末未缴税额（多缴为负数）	32＝24＋25＋26－27	18 875.81	18 875.81	0.00	0.00
	其中：欠缴税额（≥0）	33＝25＋26－27	0.00	—	0.00	—
	本期应补(退)税额	34＝24－28－29	18 875.81	—	0.00	—
	即征即退实际退税额	35	—	—	0.00	0.00
	期初未缴查补税额	36	0.00	0.00	—	—
	本期入库查补税额	37	0.00	0.00	—	—
	期末未缴查补税额	38＝16＋22＋36－37	0.00	0.00	—	—
附加税费	城市维护建设税本期应补(退)税额	39	1 321.31	4 362.55	—	—
	教育费附加本期应补(退)费额	40	566.27	1 869.66	—	—
	地方教育附加本期应补(退)费额	41	377.52	1 246.44	—	—

声明：此表是根据国家税收法律法规及相关规定填写的，本人(单位)对填报内容(及附带资料)的真实性、可靠性、完整性负责。

纳税人(签章)：甲有限责任公司　　2023年6月10日

经办人：陈红 经办人身份证号：22010419880201×××× 代理机构签章： 代理机构统一社会信用代码：	受理人： 受理税务机关(章)： 受理日期：　年　月　日

注：填写说明参见前文"2. 增值税一般纳税人各申报表的填写要点"。

表4-6(b) 增值税及附加税费申报表附列资料(一)
(本期销售情况明细)

纳税人名称：甲有限责任公司(公章)
税款所属时间：2023年5月1日至2023年5月31日
金额单位：元(列至角分)

项目及栏次			开具增值税专用发票 销售额 (1)	开具增值税专用发票 销项(应纳)税额 (2)	开具其他发票 销售额 (3)	开具其他发票 销项(应纳)税额 (4)	未开具发票 销售额 (5)	未开具发票 销项(应纳)税额 (6)	纳税检查调整 销售额 (7)	纳税检查调整 销项(应纳)税额 (8)	合计 销售额 9=1+3+5+7	合计 销项(应纳)税额 10=2+4+6+8	价税合计 11=9+10	服务、不动产和无形资产扣除项目本期实际扣除金额 (12)	扣除后 含税(免税)销售额 13=11-12	扣除后 销项(应)纳税额 14=13÷(100%+税率或征收率)×税率或征收率
一、一般计税方法计税	全部征税项目	13%税率的货物及加工修理修配劳务 1	1 436 217.08	186 708.22	189 911.50	24 688.50	3 438.94	447.06	0.00	0.00	1 629 567.52	211 843.78	—	—	—	—
		13%税率的服务、不动产和无形资产 2	0.00	0.00	0.00	0.00	0.00	0.00	0.00	0.00	0.00	0.00	—	—	—	—
		9%税率的货物及加工修理修配劳务 3	0.00	0.00	0.00	0.00	0.00	0.00	0.00	0.00	0.00	0.00	—	—	—	—
		9%税率的服务、不动产和无形资产 4	0.00	0.00	57 109.17	5 139.83	0.00	0.00	0.00	0.00	57 109.17	5 139.83	62 249.00	0.00	0.00	0.00
		6%税率 5	0.00	0.00	—	—	0.00	0.00	0.00	0.00	0.00	0.00	—	—	—	—
	其中：即征即退项目	即征即退货物及加工修理修配劳务 6	0.00	0.00	0.00	0.00	0.00	0.00	0.00	0.00	0.00	0.00	—	—	—	—
		即征即退服务、不动产和无形资产 7	0.00	0.00	0.00	0.00	0.00	0.00	0.00	0.00	0.00	0.00	—	—	—	—
二、简易计税方法计税	全部征税项目	6%征收率 8	0.00	0.00	0.00	0.00	0.00	0.00	0.00	0.00	0.00	0.00	—	—	—	—
		5%征收率的货物及加工修理修配劳务 9a	0.00	0.00	0.00	0.00	0.00	0.00	0.00	0.00	0.00	0.00	—	—	—	—
		5%征收率的服务、不动产和无形资产 9b	0.00	0.00	0.00	0.00	0.00	0.00	0.00	0.00	0.00	0.00	0.00	0.00	0.00	0.00
		4%征收率 10	0.00	0.00	0.00	0.00	0.00	0.00	0.00	0.00	0.00	0.00	—	—	—	—
		3%征收率的货物及加工修理修配劳务 11	0.00	0.00	0.00	0.00	0.00	0.00	0.00	0.00	0.00	0.00	—	—	—	—
		3%征收率的服务、不动产和无形资产 12	0.00	0.00	0.00	0.00	0.00	0.00	0.00	0.00	0.00	0.00	0.00	0.00	0.00	0.00
		预征率 % 13a	—	—	0.00	0.00	0.00	0.00	0.00	0.00	0.00	0.00	0.00	0.00	0.00	0.00
		预征率 % 13b	—	—	0.00	0.00	0.00	0.00	0.00	0.00	0.00	0.00	0.00	0.00	0.00	0.00
		预征率 % 13c	—	—	0.00	0.00	0.00	0.00	0.00	0.00	0.00	0.00	0.00	0.00	0.00	0.00
其中：即征即退项目		即征即退货物及加工修理修配劳务 14	0.00	0.00	0.00	0.00	0.00	0.00	0.00	0.00	0.00	0.00	—	—	—	—
		即征即退服务、不动产和无形资产 15	0.00	0.00	0.00	0.00	0.00	0.00	0.00	0.00	0.00	0.00	0.00	0.00	0.00	0.00
三、免抵退税		货物及加工修理修配劳务 16	0.00	—	0.00	—	0.00	—	0.00	—	0.00	—	—	—	—	—
		服务、不动产和无形资产 17	0.00	—	0.00	—	0.00	—	0.00	—	0.00	—	0.00	0.00	0.00	—
四、免税		货物及加工修理修配劳务 18	0.00	—	0.00	—	0.00	—	0.00	—	0.00	—	—	—	—	—
		服务、不动产和无形资产 19	0.00	—	0.00	—	0.00	—	0.00	—	0.00	—	0.00	0.00	0.00	—

注：填写说明参见前文"2. 增值税一般纳税人各申报表的填写要点"。

表 4-6(c)　　　　　　增值税及附加税费申报表附列资料(二)

(本期进项税额明细)

税款所属时间：2023 年 5 月 1 日至 2023 年 5 月 31 日

纳税人名称：甲有限责任公司(公章)　　　　　　　　　　　金额单位：元(列至角分)

一、申报抵扣的进项税额					
项　目	栏　次	份数	金　额	税　额	
(一)认证相符的增值税专用发票	1=2+3	24	1 996 235.36	257 710.60	
其中：本期认证相符且本期申报抵扣	2	22	1 924 712.37	248 412.61	
前期认证相符且本期申报抵扣	3	2	71 522.99	9 297.99	
(二)其他扣税凭证	4=5+6+7+8a+8b	2	30 000.00	2 700.00	
其中：海关进口增值税专用缴款书	5	0	0.00	0.00	
农产品收购发票或者销售发票	6	2	30 000.00	2 700.00	
代扣代缴税收缴款凭证	7	—	—	0.00	
加计扣除农产品进项税额	8a	—	—	0.00	
其他	8b	0	0.00	0.00	
(三)本期用于购建不动产的扣税凭证	9	0	0.00	0.00	
(四)本期用于抵扣的旅客运输服务扣税凭证	10	—	—	0.00	
(五)外贸企业进项税额抵扣证明	11	—	—	0.00	
当期申报抵扣进项税额合计	12=1+4-9+10+11	26	2 026 235.36	260 410.60	

二、进项税额转出额			
项　目	栏　次	税　额	
本期进项税额转出额	13=14 至 23 之和	62 302.80	
其中：免税项目用	14	61 080.68	
集体福利、个人消费	15	0.00	
非正常损失	16	1 222.12	
简易计税方法征税项目用	17	0.00	
免抵退税办法不得抵扣的进项税额	18	0.00	

续表

项 目	栏次	税 额
纳税检查调减进项税额	19	0.00
红字专用发票信息表注明的进项税额	20	0.00
上期留抵税额抵减欠税	21	0.00
上期留抵税额退税	22	0.00
异常凭证转出进项税额	23a	0.00
其他应作进项税额转出的情形	23b	0.00

三、待抵扣进项税额

项 目	栏次	份数	金额	税额
（一）认证相符的增值税专用发票	24	—	—	—
期初已认证相符但未申报抵扣	25	0	0.00	0.00
本期认证相符且本期未申报抵扣	26	0	0.00	0.00
期末已认证相符但未申报抵扣	27	0	0.00	0.00
其中：按照税法规定不允许抵扣	28	0	0.00	0.00
（二）其他扣税凭证	29＝30至33之和	0	0.00	0.00
其中：海关进口增值税专用缴款书	30	0	0.00	0.00
农产品收购发票或者销售发票	31	0	0.00	0.00
代扣代缴税收缴款凭证	32	0	—	0.00
其他	33	0	0.00	0.00
	34			

四、其他

项 目	栏次	份数	金额	税额
本期认证相符的增值税专用发票	35	22	1 924 712.37	248 412.61
代扣代缴税额	36	—	—	0.00

注：填写说明参见前文"2.增值税一般纳税人各申报表的填写要点"。

附表三和附表四因金额都为0，在此略过。

表 4-6(d)

纳税人名称：甲有限责任公司（公章）　　税（费）款所属时间：2023年5月1日至2023年5月31日　　金额单位：元（列至角分）

增值税及附加税费申报表附列资料（五）

税（费）种	计税（费）依据			税（费）率（征收率）（%）	本期应纳税（费）额	本期减免税（费）额			试点建设培育产教融合型企业			本期已缴税（费）额	本期应补（退）税（费）额
	增值税税额	增值税免抵税额	留抵退税本期扣除额			减免性质代码	减免税（费）额	减免性质代码	减免税（费）额	减免性质代码	本期抵免金额		
	1	2	3	4	5=(1-3+2)×4	6	7	8	9			10	11=5-7-9-10
城市维护建设税	1	18 875.81	0.00	0.00	7	1 321.31							1 321.31
教育费附加	2	18 875.81	0.00	0.00	3	566.27			—				566.27
地方教育附加	3	18 875.81	0.00	0.00	2	377.52			—				377.52
合计	4	—	—	—	—	2 265.10						10	2 265.10
本期是否适用试点建设培育产教融合型企业抵免政策					□是 ☑否	当期新增投资额		5					
可用于抵扣的增值税留抵退税额使用情况						上期留抵可抵免金额		6					
						结转下期可抵免金额		7					
						当期新增可用于扣除的留抵退税额		8					
						上期结存可用于扣除的留抵退税额		9					
						结转下期可用于扣除的留抵退税额		10					

注：填写说明参见前文"2.增值税一般纳税人各申报表的填写要点"。

增值税纳税申报课程思政案例请扫二维码。

思政案例（二）

（三）增值税小规模纳税人纳税申报案例

1. 增值税小规模纳税人的纳税申报办法

增值税小规模纳税人（以下简称小规模纳税人）申报资料包括纳税申报表及其附列资料。具体为："增值税及附加税费申报表（小规模纳税人适用）"（以下简称小规模纳税人主表）以及"增值税及附加税费申报表（小规模纳税人适用）附列资料（一）""增值税及附加税费申报表（小规模纳税人适用）附列资料（二）"；小规模纳税人发生应税行为，在确定服务销售额时，按照有关规定可以从取得的全部价款和价外费用中扣除价款的，填写"增值税及附加税费申报表（小规模纳税人适用）附列资料（一）"，其他情况不填写该附列资料；"增值税减免税申报明细表"。

财政部国家税务总局发布《关于实施小微企业普惠性税收减免政策的通知》（财税〔2019〕13号），将增值税小规模纳税人起征点由月销售额3万元提高到10万元，对月销售额10万元（季度销售额为30万元）以下（含本数）的增值税小规模纳税人，免征增值税。①

2. 增值税小规模纳税人的纳税申报案例

【例4-2】 吉林天家电梯服务有限公司，纳税人识别号：220102732574××××××；法定代表：李玫；主管财务：张莉，身份证号22010419900506××××；经营地址：长春市南关区大径路18号；开户行：长春市商业银行西安大路支行；账号：71301201090××××××。该企业属于小规模纳税人（属于小微企业），主管税务机关核定的纳税期限为1个季度。2023年第一季度发生下列经济业务：

（1）当期销售产品一批，开具普通发票取得含税售价272 950元，货款已入账。

（2）当期购进材料一批，增值税专用发票注明价款58 500元，税款9 360元，材料已入库，货款尚未支付。

（3）当期接受委托加工物资一批，25日加工完毕，收取含税加工费74 160元，主管税务机关代开增值税专用发票。

（4）当期销售使用过的旧卡车一辆，原值20 000元，售价21 630元，税控器具开具普通发票。

（5）当期已预缴税款8 000元。

【要求】 根据以上业务，计算该企业当期应纳税额并填列小规模纳税人增值税纳税申报表及其附列资料和增值税减免税申报明细表。

【解析】

本期应纳税额＝272 950÷(1＋3％)×3％＋74 160÷(1＋3％)×3％
　　　　　　＋21 630÷(1＋3％)×3％
　　　　　　＝265 000×3％＋72 000×3％＋21 000×3％
　　　　　　＝7 950＋2 160＋630
　　　　　　＝10 740(元)

公司销售使用过的固定资产业务应纳税额减征额＝21 630÷(1＋3％)×1％＝210(元)

---

① 2019年1月17日，财政部、国家税务总局发布《关于实施小微企业普惠性税收减免政策的通知》（财税〔2019〕13号）。

应纳税额合计＝10 740－210＝10 530(元)
本期应补税额＝10 530－8 000＝2 530(元)
当期应纳城市维护建设税＝10 530.00×7％＝737.10(元)
当期应纳教育费附加＝10 530.00×3％＝315.90(元)
当期应纳地方教育附加＝10 530.00×2％＝210.60（元）

表 4-7(a)　　　　　　　　　　增值税及附加税费申报表
（小规模纳税人适用）

纳税人识别号(统一社会信用代码)：220102732574×××××××
纳税人名称：吉林××电梯服务有限公司　　　　　　　　金额单位：元(列至角分)
税款所属期：2023 年 1 月 1 日至 2023 年 3 月 31 日　　　填表日期：2023 年 4 月 10 日

	项　目	栏次	本期数 货物及劳务	本期数 服务、不动产和无形资产	本年累计 货物及劳务	本年累计 服务、不动产和无形资产
一、计税依据	(一)应征增值税不含税销售额(3％征收率)	1	337 000.00	0.00	337 000.00	0.00
	增值税专用发票不含税销售额	2	72 000.00	0.00	72 000.00	0.00
	其他增值税发票不含税销售额	3	265 000.00	0.00	265 000.00	0.00
	(二)应征增值税不含税销售额(5％征收率)	4	—	0.00	—	0.00
	增值税专用发票不含税销售额	5	—	0.00	—	0.00
	其他增值税发票不含税销售额	6	—	0.00	—	0.00
	(三)销售使用过的固定资产不含税销售额	7(7≥8)	21 000.00	—	21 000.00	—
	其中：其他增值税发票不含税销售额	8	21 000.00	—	21 000.00	—
	(四)免税销售额	9＝10＋11＋12	0.00	0.00	0.00	0.00
	其中：小微企业免税销售额	10	0.00	0.00	0.00	0.00
	未达起征点销售额	11	0.00	0.00	0.00	0.00
	其他免税销售额	12	0.00	0.00	0.00	0.00
	(五)出口免税销售额	13(13≥14)	0.00	0.00	0.00	0.00
	其中：其他增值税发票不含税销售额	14	0.00	0.00	0.00	0.00

续表

<table>
<tr><td rowspan="9">二、税款计算</td><td>本期应纳税额</td><td>15</td><td>10 740.00</td><td>0.00</td><td>10 740.00</td><td>0.00</td></tr>
<tr><td>本期应纳税额减征额</td><td>16</td><td>210.00</td><td>0.00</td><td>210.00</td><td>0.00</td></tr>
<tr><td>本期免税额</td><td>17</td><td>0.00</td><td>0.00</td><td>0.00</td><td>0.00</td></tr>
<tr><td>其中：小微企业免税额</td><td>18</td><td>0.00</td><td>0.00</td><td>0.00</td><td>0.00</td></tr>
<tr><td>未达起征点免税额</td><td>19</td><td>0.00</td><td>0.00</td><td>0.00</td><td>0.00</td></tr>
<tr><td>应纳税额合计</td><td>20=15−16</td><td>10 530.00</td><td>0.00</td><td>10 530.00</td><td>0.00</td></tr>
<tr><td>本期预缴税额</td><td>21</td><td>8 000.00</td><td>0.00</td><td>—</td><td>—</td></tr>
<tr><td>本期应补（退）税额</td><td>22=20−21</td><td>2 530.00</td><td>0.00</td><td>—</td><td>—</td></tr>
<tr><td colspan="6"></td></tr>
<tr><td rowspan="3">三、附加税费</td><td>城市维护建设税本期应补（退）税额</td><td>23</td><td colspan="2">368.55</td><td colspan="2">368.55</td></tr>
<tr><td>教育费附加本期应补（退）费额</td><td>24</td><td colspan="2">157.95</td><td colspan="2">157.95</td></tr>
<tr><td>地方教育附加本期应补（退）费额</td><td>25</td><td colspan="2">105.30</td><td colspan="2">105.30</td></tr>
</table>

声明：此表是根据国家税收法律法规及相关规定填写的，本人（单位）对填报内容（及附带资料）的真实性、可靠性、完整性负责。

纳税人（签章）：吉林天××电梯服务有限公司
2023年4月10日

经办人：张莉 经办人身份证号：22010419900506×××× 代理机构签章： 代理机构统一社会信用代码：	受理人： 受理税务机关（章）： 受理日期：　年　月　日

表4-7(b)　　**增值税及附加税费申报表（小规模纳税人适用）附列资料（二）**

（附加税费情况表）

税（费）款所属时间：2023年1月1日至2023年3月31日

纳税人名称：吉林××电梯服务有限公司（公章）　　　　　　　　金额单位：元（列至角分）

税（费）种	计税（费）依据	税（费）率（%）	本期应纳税（费）额	本期减免税（费）额		增值税小规模纳税人"六税两费"减征政策		本期已缴税（费）额	本期应补（退）税（费）额
	增值税税额			减免性质代码	减免税（费）额	减征比例（%）	减征额		
	1	2	3=1×2	4	5	6	7=(3−5)×6	8	9=3−5−7−8
城市维护建设税	10 530.00	7	737.10			50	368.55		368.55
教育费附加	10 530.00	3	315.90			50	157.95		157.95
地方教育附加	10 530.00	2	210.60			50	105.30		105.30
合计	—	—	1 263.60				631.80		631.80

填报说明请扫二维码。

增值税小规模纳税人各申报表的填写要点

表 4-7(c) 　　　　　　　　　　　增值税减免税申报明细表

税款所属时间：自 2023 年 1 月 1 日至 2023 年 3 月 31 日

纳税人名称：吉林××电梯服务有限公司(公章)　　　　　　　　　金额单位：元(列至角分)

一、减税项目						
减税性质代码及名称	栏次	期初余额	本期发生额	本期应抵减税额	本期实际抵减税额	期末余额
		1	2	3＝1+2	4≤3	5＝3-4
合计	1	0.00	210.00	210.00	210.00	0.00
0001129924《财政部 国家税务总局关于简并增值税征收率政策的通知》财税〔2014〕57号－已使用固定资产减征增值税①	2	0.00	210.00	210.00	210.00	0.00
	3					
	4					
	5					
	6					

二、免税项目						
免税性质代码及名称	栏次	免征增值税项目销售额	免税销售额扣除项目本期实际扣除金额	扣除后免税销售额	免税销售额对应的进项税额	免税额
		1	2	3＝1-2	4	5
合计	7					

---

① 《财政部 国家税务总局关于简并增值税征收率政策的通知》(财税〔2014〕57号)规定对已使用固定资产减征增值税：增值税一般纳税人销售自己使用过的固定资产，可按简易办法依3%征收率减按2%征收增值税。

续表

出口免税	8	—	—	—	—
其中：跨境服务	9	—	—	—	—
	10				
	11				
	12				
	13				
	14				
	15				
	16				

第二节　消费税纳税申报实务模拟演练

消费税是指对从事生产、委托加工以及进口应税消费品的单位和个人，就其消费品的销售额、销售数量或者销售额与销售数量结合征收的一种税。增值税就如一条环环相扣的税链，在货物流通的各个环节都要纳税，而消费税是在增值税的基础上仅对一些特定的应税消费品征收的一种税，且只对其流通中的某一单个环节征税，其征税比例较高。消费税的纳税环节有生产环节、委托加工环节、进口环节，以及卷烟的批发环节和金银首饰、钻石、钻石饰品及超豪华小汽车的零售环节。消费税税率主要有比例税率、定额税率和复合税率。计算消费税的方法有从价定率、从量定额和复合征税办法。纳税人将自产的应税消费品与外购或自产的非应税消费品组成套装销售的，以套装产品的销售额（不含增值税）为计税依据。

一、消费税纳税申报操作规范

（一）纳税环节

消费税采用单一环节纳税。纳税人生产应税消费品，除金银首饰、钻石及钻石饰品在零售环节纳税及卷烟加征批发环节纳税外，其他应税消费品均于生产销售环节纳税；自产自用应税消费品于移送使用环节纳税；委托加工应税消费品于委托方提货环节由受托方（个体经营者除外）代收代缴消费税；进口应税消费品应当在应税消费品报关进口环节由海关代征消费税。

纳税人生产销售、自产自用和进口应税消费品，其纳税义务发生时间与增值税的纳税义务发生时间相同。

纳税人委托加工应税消费品，其纳税义务发生时间为纳税人提货的当天。

(二) 纳税期限

1. 纳税人办理时限

一般纳税人应按月进行纳税申报,小规模纳税人原则上应按季进行申报,纳税人要求不实行按季申报的由主管税务机关根据其应纳税额大小核定纳税期限。申报期为次月1日起至15日止,遇最后一日为法定节假日的,顺延1日;在每月1日至15日内有连续3日以上法定休假日的,按休假日天数顺延。

2. 税务机关办理时限

纳税人填写申报表内容准确,当场办结。

3. 定期定额个体工商户消费税申报办理时限

(1) 定期定额个体工商户按照税收法律法规及相关规定缴清应纳税款,当期(指纳税期)可以适用简易申报,即当期无须办理申报手续。

(2) 定期定额个体工商户出现不适用简易申报、因未签署三方协议不能简易申报、简易申报失败后由纳税人自行申报、未达起征点双定户达到起征点后申报、超定额申报等情形时,应按照税收法律法规及相关规定,向税务机关办理申报纳税手续。

(3) 经营地点偏远、缴纳税款数额较小,或者税务机关征收税款有困难的,税务机关可以按照法律、行政法规的规定简并征期。但简并征期最长不得超过一个定额执行期。简并征期的税款征收时间为最后一个纳税期。简并征期的纳税人申报期限可为按季、半年、一年。

(4) 税务机关办理时限:报送资料齐全、符合法定形式、填写内容完整,受理后即时办结。

(三) 纳税地点

(1) 纳税人在本地生产销售以及自产自用的应税消费品,应在纳税人核算地缴纳税款。

(2) 纳税人总机构与分支机构不在同一县(市)的,应在生产应税消费品的分支机构所在地缴纳消费税。但经国家税务总局及其所属税务分局批准,纳税人分支机构应纳消费税税款也可由总机构汇总向总机构所在地主管税务机关申报缴纳。

(3) 纳税人到外县(市)销售或委托外县(市)代销自产应税消费品的,在应税消费品销售后,回纳税人核算地或所在地缴纳消费税。

(4) 委托加工的应税消费品,应由受托方向所在地税务机关解缴税款。纳税人委托个体经营者加工应税消费品的,一律于委托方收回后在委托方所在地缴纳税款。

(5) 进口的应税消费品,由进口人或者代理人向报关地海关申报纳税。

(四) 缴纳方法

消费税属于中央税,由税务局征收管理,进口应税消费品的消费税由海关代征。由海关代征的消费税的纳税申报与关税的纳税申报办法相同。

消费税的纳税申报主要采用直接申报、邮寄申报、网上申报和IC卡申报等。申报后,纳税人根据税务局打印的税收缴款书从银行基本账户划账,或到银行缴纳现金。

二、消费税纳税申报案例

(一) 申报纳税指南

消费税纳税申报表由1张主表即"消费税及附加税费申报表",两张附注即"应税消费品名称、税率和计量单位对照表""计量单位换算标准",6张附表即附表1-1"本期准予扣除税额计算表"、附表1-2"本期准予扣除税额计算表(成品油消费税纳税人适用)"、附表2"本期减(免)税额明细表"、附表3"本期委托加工收回情况报告表"、附表4"卷烟批发企业月份销售明细清单(卷烟批发环节消费税纳税人适用)"、附表5"卷烟生产企业合作生产卷烟消费税情况报告表(卷烟生产环节消费税纳税人适用)"、附表6"消费税附加税费计算表"组成。

申请条件：在中华人民共和国境内生产、委托加工和进口规定的消费品的单位和个人，以及国务院确定的销售规定的消费品的其他单位和个人，依据相关税收法律、法规、规章及其他有关规定，在规定的纳税申报期限内填报"消费税及附加税费申报表"和其他相关资料，向税务机关进行纳税申报。

设定依据：《中华人民共和国税收征收管理法》第二十五条第一款和《中华人民共和国消费税暂行条例》第一条第一款。

办理材料：详见表4-8和表4-9。

表4-8　　　　　　　　烟类应税消费品消费税申报资料

序号	材料名称	数量	备注
1	"消费税及附加税费申报表"及其附报资料	2份	
	以下为条件报送资料		
进口已税烟丝用于连续生产卷烟的纳税人，还应报送	"海关进口消费税专用缴款书"复印件	1份	

表4-9　　　　　　　　酒类应税消费品消费税申报资料

序号	材料名称	数量	备注
1	"消费税及附加税费申报表"及其附报资料	2份	

纳税人注意事项：

(1) 纳税人对报送材料的真实性和合法性承担责任。

(2) 文书表单可在各省税务局官方网站"下载中心"栏目查询下载或到办税服务厅领取。

(3) 税务机关提供"最多跑一次"服务。纳税人在资料完整且符合法定受理条件的前提下，最多只需跑一次税务机关。

(4) 纳税人使用符合电子签名法规定条件的电子签名，与手写签名或者盖章具有同等法律效力。

(5) 纳税人提供的各项资料为复印件的，均需注明"与原件一致"并签章。

(6) 纳税人未按照规定的期限办理纳税申报和报送纳税资料的，将影响纳税信用评价结果，并依照《中华人民共和国税收征收管理法》有关规定承担相应法律责任。

(7) 消费税的纳税期限分别为1日、3日、5日、10日、15日、1个月或者1个季度。纳税人的具体纳税期限，由主管税务机关根据纳税人应纳税额的大小分别核定；不能按照固定期限纳税的，可以按次纳税。纳税人以1个月或者1个季度为1个纳税期的，自期满之日起15日内申报纳税；以1日、3日、5日、10日或者15日为1个纳税期的，自期满之日起5日内预缴税款，于次月1日起15日内申报纳税并结清上月应纳税款。纳税期限遇最后一日是法定休假日的,以休假日期满的次日为期限的最后一日;在期限内有连续3日以上法定休假日的,按休假日天数顺延。

(8) 纳税人应建立"葡萄酒消费税抵扣税款台账",作为申报扣除外购、进口应税葡萄酒已纳消费税税款的备查资料。

(9) 纳税人应当建立"电池、涂料税款抵扣台账",作为申报扣除委托加工收回应税消费品已纳消费税税款的备查资料。

(二)消费税纳税申报案例

【例4-3】 长春市某卷烟厂为生产性增值税一般纳税人,其纳税人识别号为2201047949477866××××。企业负责人:刘伟;会计主管:刘丽(身份证号22012400000000××××)。2023年3月其生产经营情况如下:

(1) 期初库存外购A烟丝1 000千克,金额为10 450元,当期外购A烟丝10 000千克,金额为103 600元,期末库存A烟丝800千克,金额为6 980元,所领用A烟丝一半用于生产加工卷烟,一半用于销售,取得不含税销售收入240 000元。

(2) 初期委托乙企业(纳税人识别号为22010419690805××××)加工B烟丝1 500千克,已纳消费税税款余额为5 970元,当期收回委托加工B烟丝9 000千克,已纳税款为27 435元,期末库存委托加工B烟丝1 200千克,已纳税款为5 000元,所领用B烟丝全部用于生产加工卷烟。

(3) 销售X牌卷烟50标准箱,开具增值税专用发票注明价款672 250元,增值税款114 282.50元;已知税务机关核定该型号卷烟的计税价格为18 750元/标准箱。

(4) 销售S牌卷烟10标准箱,开具增值税专用发票注明价款112 500元,增值税款19 125.00元;已知税务机关核定该型号卷烟的计税价格为10 500元/标准箱。

【要求】 根据资料,正确计算本期应纳税额并填列消费税纳税申报表。

【解析】 (1) 确定适用税率:

X牌卷烟:因18 750÷250=75>70(元),故适用税率为56%。

S牌卷烟:因10 500÷250=42<70(元),故适用税率为36%。

(2) X牌卷烟应纳消费税额=672 250×56%+50×5×30=383 960(元)

S牌卷烟应纳消费税额=112 500×36%+10×5×30=42 000(元)

(3) 本期准予扣除外购烟丝已纳税款=(10 450+103 600-6 980)÷2×30%
=16 060.50(元)

(4) 本期准予扣除委托加工烟丝已纳税款=5 970.00+27 435.00-5 000.00
=28 405.00(元)

(5) 本期应纳消费税=383 960.00+42 000.00-16 060.50-28 405.00=381 494.50(元)
=425 960.00-44 465.50=381 494.50(元)

(6) 本期应纳城市维护建设税=381 494.50×7%=26 704.62(元)

本期应纳教育费附加=381 494.50×3%=11 444.84(元)

本期应纳地方教育附加=381 494.50×2%=7 629.89(元)

【填表】

【表 4－10】 消费税及附加税费申报表

税款所属期：自 2023 年 3 月 1 日至 2023 年 3 月 31 日

纳税人识别号：22010479494778669977
（统一社会信用代码）
纳税人名称：长春市某卷烟厂　　　　　　　　　　　　　　金额单位：人民币元（列至角分）

应税消费品名称 \ 项目	适用税率 定额税率	适用税率 比例税率	计量单位	本期销售数量	本期销售额	本期应纳税额
	1	2	3	4	5	6＝1×4＋2×5
X 牌卷烟	30 元/万支	56％	万支	250	672 250.00	383 960.00
S 牌卷烟	30 元/万支	36％	万支	50	112 500.00	42 000.00
合计	—	—	—	—	—	425 960.00

项目	栏次	本期税费额
本期减（免）税额	7	0.00
期初留抵税额	8	0.00
本期准予扣除税额	9	44 465.50
本期应扣除税额	10＝8＋9	44 465.50
本期实际扣除税额	11[10＜(6－7)，则为 10，否则为 6－7]	44 465.50
期末留抵税额	12＝10－11	0.00
本期预缴税额	13	0.00
本期应补（退）税额	14＝6－7－11－13	381 494.50
城市维护建设税本期应补（退）税额	15	26 704.62
教育费附加本期应补（退）费额	16	11 444.84
地方教育附加本期应补（退）费额	17	7 629.89

声明：此表是根据国家税收法律法规及相关规定填写的，本人（单位）对填报内容（及附带资料）的真实性、可靠性、完整性负责。

纳税人（签章）：长春市某卷烟厂　　　　　　　　　　　　　　2023 年 4 月 1 日

经办人：刘丽
经办人身份证号：22012400000000××××
代理机构签章：
代理机构统一社会信用代码：

受理人：
受理税务机关（章）：
受理日期：　　年　　月　　日

填表说明请扫二维码。

消费税及附加税费申报表填表说明

附表 4-10-1　　　　　　　　　本期准予扣除税额计算表　　　　　　金额单位：元(列至角分)

准予扣除项目			应税消费品		
			外购烟丝	委托加工收回烟丝	合　计
一、本期准予扣除的委托加工应税消费品已纳税款计算		期初库存委托加工应税消费品已纳税款	1	0.00	5 970.00	5 970.00
		本期收回委托加工应税消费品已纳税款	2	0.00	27 435.00	27 435.00
		期末库存委托加工应税消费品已纳税款	3	0.00	5 000.00	5 000.00
		本期领用不准予扣除委托加工应税消费品已纳税款	4	0.00	0.00	0.00
		本期准予扣除委托加工应税消费品已纳税款	5＝1+2-3-4	0.00	28 405.00	28 405.00
二、本期准予扣除的外购应税消费品已纳税款计算	(一) 从价计税	期初库存外购应税消费品买价	6	10 450.00	0.00	10 450.00
		本期购进应税消费品买价	7	103 600.00	0.00	103 600.00
		期末库存外购应税消费品买价	8	6 980.00	0.00	6 980.00
		本期领用不准予扣除外购应税消费品买价	9	0.00	0.00	0.00
		适用税率	10	30％	—	—
		本期准予扣除外购应税消费品已纳税款	11＝(6+7-8-9)×10	16 060.50	0.00	16 060.50
	(二) 从量计税	期初库存外购应税消费品数量	12	0.00	0.00	0.00
		本期外购应税消费品数量	13	0.00	0.00	0.00
		期末库存外购应税消费品数量	14	0.00	0.00	0.00
		本期领用不准予扣除外购应税消费品数量	15	0.00	0.00	0.00

续表

准予扣除项目			应税消费品		
			外购烟丝	委托加工收回烟丝	合计
二、本期准予扣除的外购应税消费品已纳税款计算	（二）从量计税	适用税率	16	0.00	0.00	0.00
		计量单位	17	0.00	0.00	0.00
		本期准予扣除的外购应税消费品已纳税款	18=(12+13-14-15)×16	0.00	0.00	0.00
三、本期准予扣除税款合计			19=5+11+18	16 060.50	28 405.00	44 465.50

填表说明请扫二维码。

本期准予扣除税额计算表填表说明

附表 4-11　　　　　本期委托加工收回情况报告表　　　　　金额单位：元（列至角分）

一、委托加工收回应税消费品代收代缴税款情况

应税消费品名称	商品和服务税收分类编码	委托加工收回应税消费品数量	委托加工收回应税消费品计税价格	适用税率		受托方已代收代缴的税款	受托方（扣缴义务人）名称	受托方（扣缴义务人）识别号	税收缴款书（代扣代收专用）号码	税收缴款书（代扣代收专用）开具日期
				定额税率	比例税率					
1	2	3	4	5	6	7=3×5+4×6	8	9	10	11
B烟丝	—	9 000.00	91 450.00		30%	27 435.00	乙企业	220104196908×××××	—	2024-03-05

二、委托加工收回应税消费品领用存情况

应税消费品名称	商品和服务税收分类编码	上期库存数量	本期委托加工收回入库数量	本期委托加工收回直接销售数量	本期委托加工收回用于连续生产数量	本期结存数量
1	2	3	4	5	6	7=3+4-5-6
B烟丝	—	1 500.00	9 000.00	0	9 000.00	1 500.00

填报说明请扫二维码。

本期委托加工收回情况报告表填报说明

附表 4-12　　　　　　　　消费税附加税费计算表　　　　　　金额单位：元(列至角分)

税(费)种	计税(费)依据 消费税税额	税(费)率(征收率)(%)	本期应纳税(费)额	本期减免税(费)额 减免性质代码	本期减免税(费)额 减免税(费)额	本期是否适用增值税小规模纳税人"六税两费"减征政策 □是 ☑否 减征比例(%)	本期是否适用增值税小规模纳税人"六税两费"减征政策 □是 ☑否 减征额	本期已缴税(费)额	本期应补(退)税(费)额
	1	2	3=1×2	4	5	6	7=(3-5)×6	8	9=3-5-7-8
城市维护建设税	381 494.50	7	26 704.62		0.00		0.00	0.00	26 704.62
教育费附加	381 494.50	3	11 444.84		0.00		0.00	0.00	11 444.84
地方教育附加	381 494.50	2	7 629.89		0.00		0.00	0.00	7 629.89
合计	—	—							

填表说明请扫二维码。

消费税附加税费计算表填表说明

第三节　资源税纳税申报实务模拟演练

资源税是对在中华人民共和国领域及管辖海域开采《中华人民共和国资源税法》规定的矿产品或者生产盐(以下简称开采或者生产应税产品)的单位和个人,就其所销售或使用矿产品或盐的数量或金额征收的一种税。资源税的应纳税额按照从价定率或者从量定额的办法,分别以应税产品的销售额乘以纳税人具体适用的比例税率或者以应税产品的销售数量乘以纳税人具体适用的定额税率计算。在中华人民共和国领域及管辖海域开采应税矿产品或者生产盐的单位和个人,应依照法律、行政法规规定或者税务机关依照法律、行政法规的规定确定的申报期限、申报内容办理资源税申报。利用取水工程或者设施直接从江河、湖泊(含水库)和地下取用地表水、地下水的单位和个人,纳税人应向主管税务机关申报水资源税,按《中华人民共和国水法》《取水许可和水资源费征收管理条例》等规定申领取水许可证。纳税人以 1 个月或者

1个季度为一个纳税期,自期满之日起15日内申报纳税。不能按固定期限计算纳税的,可以按次申报纳税。

一、资源税纳税申报操作规范

(一)纳税义务发生时间

1. 纳税人生产销售应税产品的纳税义务发生时间

(1)纳税人采取分期收款结算方式的,其纳税义务发生时间为销售合同规定的收款日期的当天。

(2)纳税人采取预收货款结算方式的,其纳税义务发生时间为发出应税资源产品的当天。

(3)纳税人采取其他结算方式的,其纳税义务发生时间为收讫销售款或者取得索取销售款凭据的当天。

2. 纳税人自产自用应税资源产品的纳税义务发生时间

纳税人自产自用应税资源产品的纳税义务发生时间为移送使用应税资源产品的当天。

3. 扣缴义务人代扣代缴税款的纳税义务发生时间

扣缴义务人代扣代缴税款的纳税义务发生时间为支付首笔货款或者开具应支付货款凭据的当天。

(二)纳税期限

资源税的纳税期限为1日、3日、5日、10日、15日或者1个月,纳税人的纳税期限由主管税务机关根据纳税人的实际情况具体确定。不能按固定期限计算纳税的,可以按次计算纳税。

纳税人以1个月为一期纳税的,自期满之日起10日内申报纳税;以1日、3日、5日、10日或者15日为一期纳税的,自期满之日起5日内预缴税款,于次月1日起10日内申报纳税并结清上月税款。扣缴义务人的解缴税款期限比照上述规定执行。

(三)纳税地点

(1)凡是缴纳资源税的纳税人,都应当向应税资源产品的开采或者生产所在地主管税务机关缴纳。

(2)纳税人在本省、自治区、直辖市范围内开采或者生产应税资源产品,其纳税地点需要调整的,由所在地省、自治区、直辖市税务机关决定。

(3)纳税人跨省开采应税矿产品,其下属生产单位与核算单位不在同一省、自治区、直辖市的,对其开采的矿产品一律在开采地纳税,其应纳税款由独立核算、自负盈亏的单位,按照开采地的实际销售量(或者自用量)及适用的单位税额计算划拨。

(4)扣缴义务人代扣代缴的资源税也应当向收购地主管税务机关缴纳。

(四)缴纳方法

资源税属于中央与地方共享税。纳税申报的主要方式有直接申报、邮寄申报和数据电文申报。

二、资源税纳税申报案例

(一)申报纳税指南

申请条件: 在中华人民共和国领域和中华人民共和国管辖的其他海域开发应税资源的单位和个人,为资源税的纳税义务人,应当依照规定缴纳资源税。在水资源税试点地区利用取水工程或者设施直接从江河、湖泊(含水库)和地下取用地表水、地下水的单位和个人,应当依照规定缴纳水资源税。

设定依据：(1)《中华人民共和国税收征收管理法》第二十五条第一款；(2)《中华人民共和国资源税法》第一条；(3)《财政部　国家税务总局　水利部关于印发〈水资源税改革试点暂行办法〉的通知》(财税〔2016〕55号)第三条、第十六条；(4)《财政部　国家税务总局　水利部关于印发〈扩大水资源税改革试点实施办法〉的通知》(财税〔2017〕80号)第三条、第十八条。

办理材料：详见表4-13。

表4-13　　　　资源税(不含水资源税)纳税人申报纳税所需材料

序号	材料名称	数量	备注
1	财产和行为税纳税申报表	2份	
2	资源税税源明细表	2份	
有以下情形的,还应提供相应材料			
适用情形	材料名称	数量	备注
享受资源税优惠的纳税人	财产和行为税减免税明细申报附表	2份	

纳税人注意事项：

(1)纳税人对报送材料的真实性和合法性承担责任。

(2)文书表单可在各省税务局官方网站"下载中心"栏目查询下载或到办税服务厅领取。

(3)税务机关提供"最多跑一次"服务。纳税人在资料完整且符合法定受理条件的前提下,最多只需跑一次税务机关。

(4)纳税人使用符合电子签名法规定条件的电子签名,与手写签名或者盖章具有同等法律效力。

(5)纳税人未按照规定的期限办理纳税申报和报送纳税资料的,将影响纳税信用评价结果,并依照《中华人民共和国税收征收管理法》有关规定承担相应法律责任。

(6)资源税按月或者按季申报缴纳,不能按固定期限计算纳税的,可以按次计算纳税。纳税人按月或者按季申报缴纳的,应当自月度或者季度终了之日起15日内,向税务机关办理纳税申报并缴纳税款；按次申报缴纳的,应当自纳税义务发生之日起15日内,向税务机关办理纳税申报并缴纳税款。水资源税按季或者按月征收,由主管税务机关根据实际情况确定。不能按固定期限计算纳税的,可以按次申报纳税。歇业状态的市场主体可以选择按次申报缴纳资源税(不含水资源税)。

(7)符合税收优惠条件的纳税人,在减税、免税期间,应按规定办理纳税申报。

(8)2016年7月1日,河北省开征水资源税。自2017年12月1日起,北京、天津、山西、内蒙古、山东、河南、四川、陕西、宁夏9个省(自治区、直辖市)扩大水资源税改革试点。

(9)资源税(不含水资源税)纳税义务人在申报时,应办理"财产和行为税税源信息报告"。

(10)税务机关根据纳税人识别号及该纳税人当期有效的税源明细信息自动生成"财产和行为税纳税申报表""财产和行为税减免税明细申报附表"。

(二)案例

【例4-4】　某钨矿山的纳税人识别号为39010593085677××××××,法人代表为王大海,会计主管为刘丽华(身份证号 22010419980000××××),开户银行及账号为中国银行 4563510600017××××××,登记注册类型为私营企业,电话号码为 8889××××。2023 年 3 月该企业销售自采原矿 1 000 吨,每吨单价 900 元(不含增值税,下同);销售自采钨矿连续加工的精矿 800 吨,每吨单价 1 650 元。已知该企业钨矿的选矿比为 1.69,该企业采用市场法计算资源税,该钨矿的资源税率为 5%。

【要求】 计算该矿山本月应纳资源税并填写纳税申报表。

【解析】 选矿比=加工精矿耗用的原矿数量÷精矿数量,换算比=同类精矿单位价格÷(原矿单位价格×选矿比),精矿销售额=原矿销售额×换算比

因此:

该钨矿的换算比=1 650÷(900×1.69)=1.085

精矿销售额=1 650×800+900×1 000×1.085=1 320 000+976 500=2 296 500

应纳税额=2 296 500×5%=114 825(元)

【填表】

表 4-14　　　　　　　　　　资源税纳税申报表

税款所属时间:自 2023 年 3 月 1 日至 2023 年 3 月 31 日

纳税人识别号(统一社会信用代码):39010593085677××××××

纳税人名称:某钨矿山　　　　　　　　　　　　　　　　　金额单位:人民币元(列至角分)

本期是否适用增值税小规模纳税人减征政策 (减免性质代码:06049901)		是□ 否☑		减征比例(%)						
税目	子目	折算率或换算比	计量单位	计税销售量	计税销售额	适用税率	本期应纳税额	本期减免税额	本期增值税小规模纳税人减征额	本期已缴税额	本期应补(退)税额
1	2	3	4	5	6	7	8①=6×7 8②=5×7	9	10	11	12=8-9-10-11
钨矿原矿		1.085	吨	1 000	976 500	5%	48 825	0.00	0.00	48 825	0.00
钨矿精矿			吨	800	1 320 000	5%	66 000	0.00	0.00	66 000	0.00
合计		—		1 800	2 296 500		114 825	0.00	0.00	114 825	0.00

谨声明:本纳税申报表是根据国家税收法律法规及相关规定填报的,是真实的、可靠的、完整的。

纳税人(签章):某钨矿山　　　　　　　　　　　　　　　　　　　　　　　2023 年 4 月 5 日

经办人:刘丽华　　　　　　　　　　　　　　　　　　受理人:
经办人身份证号:22010419980000××××　　　　　　受理税务机关(章):
代理机构签章:　　　　　　　　　　　　　　　　　　受理日期:　年　月　日
代理机构统一社会信用代码:

本表一式两份,一份纳税人留存,另一份税务机关留存。

填报说明请扫二维码。

资源税纳税申报表填报说明

第四节 土地增值税纳税申报实务模拟演练

土地增值税是对转让国有土地使用权、地上的建筑物及其附着物产权并取得收入的单位和个人，就其转让房地产所取得的增值额征收的一种税。征收土地增值税，有利于增强国家对房地产开发和房地产市场的调控；有利于抑制炒买炒卖土地的投机行为；有利于集中土地增值收益，增加国家财政收入；有利于完善税制结构。土地增值税是对有偿转让房地产的行为征税，即转让房地产，并且有一定比例的增值额才能征税。房屋的赠与和继承不适用土地增值税。土地增值税纳税申报包括旧房转让土地增值税申报、整体转让在建工程土地增值税申报、房地产项目尾盘销售土地增值税申报、土地增值税清算申报和土地增值税预征申报（从事房地产开发的纳税人预征适用）。

一、土地增值税纳税申报操作规范

（一）纳税期限

土地增值税的纳税人应在转让房地产合同签订后的 7 日内到房地产所在地主管税务机关办理纳税申报，并向税务机关提交下列资料：

(1) 房屋及建筑物产权、土地使用权证书；
(2) 土地转让、房产买卖合同；
(3) 房地产评估报告及其他与转让房地产有关的资料。

纳税人因经常发生房地产转让而难以在每次转让后申报的，经税务机关审核同意后，可以定期进行纳税申报，具体期限由税务机关根据情况确定。

（二）有关预征税款的规定

《中华人民共和国土地增值税暂行条例实施细则》规定："纳税人在项目全部竣工结算前转让房地产取得的收入可以预征土地增值税。具体办法由各省、自治区、直辖市地方税务局根据当地情况制定。"对于纳税人预售房地产所取得的收入，凡当地税务机关规定预征土地增值税的，纳税人应当到主管税务机关办理纳税申报，并按规定比例预缴，待办理决算后，多退少补；凡当地税务机关规定不预征土地增值税的，也应在取得收入时先到税务机关登记或备案。

（三）纳税地点

土地增值税的纳税地点是房地产所在地。这里的"房地产所在地"是指房地产的坐落地。纳税人转让的房地产坐落在两个或两个以上地区的，应按房地产所在地分别申报纳税。

（四）征缴方法

土地增值税属于地方税，其所得属于地方政府的固定收入，纳入地方财政预算管理。土地增值税申报的主要方式有直接申报、邮寄申报、数据电文申报和委托代征申报等。

二、土地增值税纳税申报案例

(一) 申报纳税指南

1. 土地增值税预征申报

申请条件：纳税人在项目全部竣工结算前转让房地产取得的收入，由于涉及成本确定或其他原因而无法据以计算土地增值税的，按照各省税务机关规定的纳税期限，填报"财产和行为税纳税申报表"等相关资料，向税务机关进行纳税申报缴纳土地增值税。

设定依据：(1)《中华人民共和国税收征收管理法》第二十五条第一款；(2)《中华人民共和国土地增值税暂行条例》第二条；(3)《中华人民共和国土地增值税暂行条例实施细则》第十五条、第十六条。

办理材料：详见表4-15。

表4-15　　　　　　　　土地增值税预征申报所需材料

序号	材 料 名 称	数量	备 注
1	财产和行为税纳税申报表	2份	
2	土地增值税税源明细表(1.从事房地产开发的纳税人预缴适用)	2份	

纳税人注意事项：

(1) 纳税人对报送材料的真实性和合法性承担责任。

(2) 文书表单可在各省税务局官方网站"下载中心"栏目查询下载或到办税服务厅领取。

(3) 税务机关提供"最多跑一次"服务。纳税人在资料完整且符合法定受理条件的前提下，最多只需跑一次税务机关。

(4) 纳税人使用符合电子签名法规定条件的电子签名，与手写签名或者盖章具有同等法律效力。

(5) 纳税人未按照规定的期限办理纳税申报和报送纳税资料的，将影响纳税信用评价结果，并依照《中华人民共和国税收征收管理法》有关规定承担相应法律责任。

(6) 纳税人应当自转让房地产合同签订之日起7日内向房地产所在地主管税务机关办理纳税申报，并在税务机关核定的期限内缴纳土地增值税。房地产所在地，是指房地产的坐落地。纳税人转让房地产坐落在两个或两个以上地区的，应按房地产所在地分别申报纳税。

(7) 纳税人因经常发生房地产转让而难以在每次转让后申报的，可以定期进行纳税申报，具体期限由税务机关根据情况确定。纳税人选择定期申报方式的，应向纳税所在地的税务机关备案。定期申报方式确定后，一年之内不得变更。

(8) 土地增值税纳税义务人在申报时，应办理"财产和行为税税源信息报告"。

(9) 税务机关根据纳税人识别号及该纳税人当期有效的税源明细信息自动生成"财产和行为税纳税申报表""财产和行为税减免税明细申报附表"。

2. 土地增值税清算申报

申请条件：

纳税人在符合土地增值税清算条件后，依照税收法律、法规及土地增值税有关政策规定，计算应缴纳的土地增值税税额,并填报"财产和行为税纳税申报表"等相关资料,办理土地增值税清算手续,结清应缴纳的土地增值税税款。

纳税人符合下列条件之一的,应进行土地增值税的清算:(1)房地产开发项目全部竣工、完成销售的;(2)整体转让未竣工决算房地产开发项目的;(3)直接转让土地使用权的。

设定依据:

(1)《中华人民共和国税收征收管理法》第二十五条第一款;

(2)《中华人民共和国土地增值税暂行条例》第二条;

(3)《中华人民共和国土地增值税暂行条例实施细则》第十六条。

办理材料: 详见表4-16。

表4-16　　　　　　　　　　土地增值税清算申报所需材料

序号	材料名称	数量	备注
1	财产和行为税纳税申报表	2份	
2	预售许可证等与转让房地产的收入、成本和费用有关资料原件及复印件	1份	原件查验后退回
有以下情形的,还应提供相应材料			
适用情形	材料名称	数量	备注
进行土地增值税清算申报的查账征收的纳税人	土地增值税税源明细表(2.从事房地产开发的纳税人清算适用)	2份	
进行土地增值税清算申报的核定征收的纳税人	土地增值税税源明细表(3.从事房地产开发的纳税人按核定征收方式清算适用)	2份	
整体转让在建工程的纳税人	土地增值税税源明细表(4.纳税人整体转让在建工程适用)	2份	
办理房地产开发项目土地增值税清算的纳税人报送,整体转让在建工程的纳税人视情况报送	房地产开发项目清算说明、项目竣工决算报表复印件、银行贷款利息结算通知单原件及复印件、项目工程合同结算单原件及复印件、商品房购销合同统计表、房地产销售明细表	1份	原件查验后退回
需要进行相关成本费用扣除的纳税人	取得土地使用权所支付的地价款凭证原件及复印件、国有土地使用权出让合同原件及复印件	1份	原件查验后退回
主管税务机关需要相应项目记账凭证的	记账凭证复印件	1份	
享受土地增值税优惠的项目	财产和行为税减免税明细申报附表	2份	
由各地根据本地实际情况制定	土地增值税清算附表	2份	

办理时间：主管税务机关在收到纳税人清算资料后，对符合清算条件的项目，且报送的清算资料完备的，即时办理；对纳税人符合清算条件，但报送的清算资料不全的，应通知纳税人在30日内提供清算补充资料；对不符合清算条件的项目，不予受理。主管税务机关已受理的清算申请，纳税人无正当理由不得撤销。

纳税人注意事项：

（1）纳税人对报送材料的真实性和合法性承担责任。

（2）文书表单可在各省税务局官方网站"下载中心"栏目查询下载或到办税服务厅领取。

（3）纳税人使用符合电子签名法规定条件的电子签名，与手写签名或者盖章具有同等法律效力。

（4）纳税人提供的各项资料为复印件的，均需注明"与原件一致"并签章。

（5）纳税人未按照规定的期限办理纳税申报和报送纳税资料的，将影响纳税信用评价结果，并依照《中华人民共和国税收征收管理法》有关规定承担相应法律责任。

（6）对于符合应进行土地增值税清算条件的项目，纳税人应当在满足条件之日起90日内到主管税务机关办理清算手续。对于符合可要求纳税人进行土地增值税清算的项目，由主管税务机关确定是否进行清算；对于确定需要进行清算的项目，由主管税务机关下达清算通知，纳税人应当在收到清算通知之日起90日内办理清算手续。

（7）对经审核需要补缴土地增值税的，由纳税人通过申报错误更正环节进行更正申报并补缴税款；对需要退还土地增值税的，由纳税人更正申报后办理多缴税款的退还。

（8）在土地增值税清算中符合以下条件之一的，可实行核定征收：

① 依照法律、行政法规的规定应当设置但未设置账簿的。

② 擅自销毁账簿或者拒不提供纳税资料的。

③ 虽设置账簿，但账目混乱或者成本资料、收入凭证、费用凭证残缺不全，难以确定转让收入或扣除项目金额的。

④ 符合土地增值税清算条件，企业未按照规定的期限办理清算手续，经税务机关责令限期清算，逾期仍不清算的。

⑤ 申报的计税依据明显偏低，又无正当理由的。

（9）对符合以下条件之一的，主管税务机关可要求纳税人进行土地增值税清算：

① 已竣工验收的房地产开发项目，已转让的房地产建筑面积占整个项目可售建筑面积的比例在85%以上，或该比例虽未超过85%，但剩余的可售建筑面积已经出租或自用的。

② 取得销售（预售）许可证满3年仍未销售完毕的。

③ 纳税人申请注销税务登记但未办理土地增值税清算手续的，应在办理注销登记前进行土地增值税清算。

（10）纳税人享受减税、免税待遇的，在减税、免税期间应当按照规定办理申报纳税。

（11）自2022年7月1日起，土地增值税原备案类优惠政策，实行纳税人"自行判别、申报享受、有关资料留存备查"的办理方式。

（12）土地增值税纳税义务人在申报时，应办理"财产和行为税税源信息报告"。

（13）税务机关根据纳税人识别号及该纳税人当期有效的税源明细信息自动生成"财产和行为税纳税申报表""财产和行为税减免税明细申报附表"。

（二）案例

【例4-5】 长春市利达房地产开发公司（一般纳税人），纳税人识别号为22010400002356

××××××,登记注册类型为有限责任公司,开户行为中国工商银行长春市红旗街分理处,账号为4200221509000××××××。2023年1月该公司将位于市区的A写字楼(2016年4月20日开工)10 000平方米出售给本市某企业,取得含税收入52 500 000元。开发公司为建该楼发生的有关费用如下:

(1) 取得土地使用权支付的地价款及有关费用4 500 000元。

(2) 房地产开发成本为15 500 000元(其中,土地征用及拆迁补偿费1 500 000元,前期工程费500 000元,建筑安装工程费8 500 000元,基础设施费1 000 000元,公共配套设施费750 000元,开发间接费用3 250 000元)。

(3) 该楼所分摊的借款利息支出为1 200 000元,其中银行加收的罚息200 000元。该公司发生的借款利息支出能够按房地产转让项目计算分摊并提供金融机构证明;该公司所在地省政府规定,其他房地产开发费用的扣除比例为5%;教育费附加按增值税额的3%计算征收,该企业选择简易计税方法计算增值税。

【要求】 计算该房地产开发公司应纳土地增值税额并填写纳税申报表。

【解析】
(1) 房地产转让收入为52 500 000÷(1+5%)=50 000 000元。

(2) 扣除项目金额如下:

① 取得土地使用权所支付的金额为4 500 000元。

② 房地产开发成本15 500 000元。

③ 房地产开发费用=(1 200 000-200 000)+(4 500 000+15 500 000)×5%
　　　　　　=2 000 000(元)

④ 与房地产转让有关的税金如下:

增值税=52 500 000÷(1+5%)×5%=2 500 000(元)

城市维护建设税=2 500 000×7%=175 000(元)

教育费附加=2 500 000×3%=75 000(元)

地方教育附加=2 500 000×2%=50 000(元)

合计=175 000+75 000+50 000=300 000(元)

⑤ 其他扣除项目=(4 500 000+15 500 000)×20%=4 000 000(元)

扣除项目金额合计=4 500 000+15 500 000+2 000 000+300 000+4 000 000
　　　　　　=26 300 000(元)

(3) 增值额=50 000 000-26 300 000=23 700 000(元)

(4) 增值额与扣除项目金额之比=23 700 000÷28 800 000×100%=82.29%

故适用税率为40%,速算扣除系数为5%。

(5) 应纳土地增值税税额=23 700 000×40%-28 800 000×5%=8 040 000(元)

【填表】

表4-17

土地增值税纳税申报表（二）
（从事房地产开发的纳税人清算适用）

税款所属时间：2023年1月1日至2023年1月31日　　填表日期：2023年2月5日

纳税人识别号：2 2 0 1 0 4 0 0 0 0 2 3 5 6 × × × ×

金额单位：元（列至角分）　　面积单位：平方米

纳税人名称	长春市××房地产开发公司	项目名称	A写字楼	项目编号	100088	项目地址	长春市
所属行业	房地产	登记注册类型	有限责任公司	纳税人地址	长春市绿园区	邮政编码	130062
开户银行	中国工商银行长春市红旗街支行	银行账号	42002215090000××××	主管部门	长春市房产局	单位电话	88502366
总可售面积	10 000.00	其中：普通住宅已售面积	10 000.00	自用和出租面积	0.00	其中：非普通住房地产已售面积	0.00
已售面积	10 000.00						

项　目	行次	金　额		
		普通住宅	非普通住宅	其他类型房地产	合　计

项目	行次	普通住宅	非普通住宅	其他类型房地产	合计
一、转让房地产收入总额 1＝2＋3＋4	1	50 000 000.00	0.00	0.00	50 000 000.00
其中 货币收入	2	50 000 000.00	0.00	0.00	50 000 000.00
实物收入及其他收入	3	0.00	0.00	0.00	0.00
视同销售收入	4	0.00	0.00	0.00	0.00
二、扣除项目金额合计 5＝6＋7＋14＋17＋21＋22	5	26 300 000.00	0.00	0.00	26 300 000.00
1. 取得土地使用权所支付的金额	6	4 500 000.00	0.00	0.00	4 500 000.00
2. 房地产开发成本 7＝8＋9＋10＋11＋12＋13	7	15 500 000.00	0.00	0.00	15 500 000.00

续表

项　目		行次	金额			合计
			普通住宅	非普通住宅	其他类型房地产	
其中	土地征用及拆迁补偿费	8	1 500 000.00	0.00	0.00	1 500 000.00
	前期工程费	9	500 000.00	0.00	0.00	500 000.00
	建筑安装工程费	10	8 500 000.00	0.00	0.00	8 500 000.00
	基础设施费	11	1 000 000.00	0.00	0.00	1 000 000.00
	公共配套设施费	12	750 000.00	0.00	0.00	750 000.00
	开发间接费用	13	3 250 000.00	0.00	0.00	3 250 000.00
3. 房地产开发费用 14＝15＋16		14	2 000 000.00	0.00	0.00	2 000 000.00
其中	利息支出	15	1 000 000.00	0.00	0.00	1 000 000.00
	其他房地产开发费用	16	1 000 000.00	0.00	0.00	1 000 000.00
4. 与转让房地产有关的税金等 17＝18＋19＋20		17	300 000.00	0.00	0.00	300 000.00
其中	增值税	18	0.00	0.00	0.00	0.00
	城市维护建设税	19	175 000.00	0.00	0.00	175 000.00
	教育费附加	20	125 000.00	0.00	0.00	125 000.00
5. 财政部规定的其他扣除项目		21	0.00	0.00	0.00	0.00
6. 代收费用		22	0.00	0.00	0.00	0.00
三、增值额 23＝1－5		23	23 700 000.00	0.00	0.00	23 700 000.00
四、增值额与扣除项目金额之比(％)24＝23÷5		24	82.29	0.00	0.00	82.29
五、适用税率(％)		25	40	0.00	0.00	40
六、速算扣除系数(％)		26	5	0.00	0.00	5
七、应缴土地增值税额 27＝23×25－5×26		27	8 040 000.00	0.00	0.00	8 040 000.00

续表

项 目		行次	金额			合计
			普通住宅	非普通住宅	其他类型房地产	
八、减免税额 28=30+32+34		28	0.00	0.00	0.00	0.00
其中	减免税(1)	29	0.00	0.00	0.00	0.00
	减免性质代码(1)	30	0.00	0.00	0.00	0.00
	减免性质代码(2)	31	0.00	0.00	0.00	0.00
	减免税额(2)	32	0.00	0.00	0.00	0.00
	减免性质代码(3)	33	0.00	0.00	0.00	0.00
	减免税额(3)	34	0.00	0.00	0.00	0.00
九、已缴土地增值税税额		35	8 040 000.00	0.00	0.00	8 040 000.00
十、应补(退)土地增值税税额 36=27−28−35		36				

以下由纳税人填写：

纳税人声明	此纳税申报表是根据《中华人民共和国土地增值税暂行条例》及其实施细则和国家有关税收规定填报的，是真实的、可靠的、完整的。		
纳税人签章	长春市利达房地产开发公司	代理人签章	代理人身份证号

以下由税务机关填写：

受理人		受理日期	年 月 日	受理税务机关签章	

本表一式两份，一份纳税人留存，另一份税务机关留存。

填表说明请扫二维码。

土地增值税纳税申报表(二)填表说明

第五节 城镇土地使用税纳税申报实务模拟演练

城镇土地使用税是以国有土地为征税对象,对拥有土地使用权的单位和个人征收的税种。城镇土地使用税属资源税类,其开征的主要目的是有偿利用土地资源,提高土地效益。纳税人缴纳的城镇土地使用税计入管理费用,在企业所得税前扣除,由主管地方税务部门负责组织征收。在城市、县城、建制镇、工矿区范围内使用土地的单位和个人,依照实际占用的土地面积,在省、自治区、直辖市人民政府规定的缴纳期限内申报城镇土地使用税。

一、城镇土地使用税纳税申报操作规范

(一)纳税义务发生时间

(1)纳税人购置新建商品房,自房屋交付使用之次月起,缴纳城镇土地使用税。

(2)纳税人购置存量房,自办理房屋权属转移、变更登记手续,房地产权属登记机关签发房屋权属证书之次月起,缴纳城镇土地使用税。

(3)纳税人出租、出借房产,自交付出租、出借房产之次月起,缴纳城镇土地使用税。

(4)以出让或转让方式有偿取得土地使用权的,应由受让方从合同约定交付土地时间的次月起缴纳城镇土地使用税;合同未约定交付时间的,由受让方自合同签订的次月起缴纳城镇土地使用税。

(5)纳税人新征用的耕地,自批准征用之日起满1年时开始缴纳土地使用税。

(6)纳税人新征用的非耕地,自批准征用次月起缴纳土地使用税。

(二)纳税期限

城镇土地使用税实行按年计算,分期缴纳。缴纳期限由省、自治区、直辖市人民政府确定。

(三)纳税地点

纳税人使用的土地不属于同一省(自治区、直辖市)管辖范围的,应由纳税人分别向土地所在地的税务机关缴纳城镇土地使用税。

在同一省(自治区、直辖市)管辖范围内,纳税人跨地区使用的土地,其城镇土地使用税的纳税地点由各省、自治区、直辖市税务局确定。

(四)缴纳方法

城镇土地使用税由土地所在地的税务机关征收。土地管理机关应当向土地所在地的税务机关提供土地使用权属资料。

二、城镇土地使用税纳税申报案例

(一)申报纳税指南

申请条件:在城市、县城、建制镇、工矿区范围内使用土地的单位和个人应依照税收法律、法规、规章及其他有关规定,在规定的纳税期限内,填报"财产和行为税纳税申报表"及相关资料,向税务机关进行纳税申报缴纳城镇土地使用税。

设定依据:

(1)《中华人民共和国税收征收管理法》第二十五条第一款;

(2)《中华人民共和国城镇土地使用税暂行条例》第一条、第二条、第八条。

办理材料:详见表4-18。

表 4-18　　　　　　　　城镇土地使用税纳税申报所需材料

序号	材料名称	数量	备注
1	财产和行为税纳税申报表	2份	
有以下情形的，还应提供相应材料				
适用情形	材料名称	数量	备注
首次申报或税源信息发生变化	城镇土地使用税房产税税源明细表	2份	
享受税收优惠的纳税人	财产和行为税减免税明细申报附表	2份	

纳税人注意事项：
（1）纳税人对报送材料的真实性和合法性承担责任。
（2）文书表单可在各省税务局官方网站"下载中心"栏目查询下载或到办税服务厅领取。
（3）税务机关提供"最多跑一次"服务。纳税人在资料完整且符合法定受理条件的前提下，最多只需跑一次税务机关。
（4）纳税人使用符合电子签名法规定条件的电子签名，与手写签名或者盖章具有同等法律效力。
（5）纳税人未按照规定的期限办理纳税申报和报送纳税资料的，将影响纳税信用评价结果，并依照《中华人民共和国税收征收管理法》有关规定承担相应法律责任。
（6）城镇土地使用税按年计算、分期缴纳。缴纳期限分别为每个季度最后一个月份的15日前。税额较大或者税额较小的可按月或按年缴纳。遇最后一日是法定休假日的，以休假日期满的次日为期限的最后一日；在期限内有连续3日以上法定休假日的，按休假日天数顺延。
（7）纳税人享受减税、免税待遇的，在减税、免税期间应当按照规定办理申报纳税。
（8）税务机关根据纳税人识别号及该纳税人当期有效的税源明细信息自动生成"财产和行为税纳税申报表""财产和行为税减免税明细申报附表"。
（9）城镇土地使用税纳税义务人在首次申报或税源信息变更时，应办理"财产和行为税税源信息报告"。

（二）案例

【例 4-6】　××制药有限公司（纳税人识别号为 220104198370000×××××），坐落在吉林省九台市南山街道××××号，法定代表人为张婧，会计主管为刘琳琳（身份证号 220104199500000××××），联系电话为 1365678××××。2023 年该公司实际占地 50 000 平方米，其中，车间占地 40 000 平方米，办公楼占地 4 500 平方米，医务室占地 900 平方米，幼儿园占地 1 600 平方米，厂区内道路及绿化占地 3 000 平方米（土地等级为二级，宗地的地号为 2008-015-11），该地区城镇土地使用税的单位税额为 3 元/平方米。

【要求】　计算该公司 2023 年第四季度应纳的城镇土地使用税并填写纳税申报表。

【解析】　医务室占地 900 平方米和幼儿园占地 1 600 平方米属于免税项目。

$$2023 年第四季度应纳城镇土地使用税 = (50\ 000 - 900 - 1\ 600) \times 3 \div 4 = 35\ 625.00(元)$$

【填表】

表 4-19　　　　　　　　　　城镇土地使用税纳税申报表

税款所属期：自 2023 年 10 月 1 日至 2023 年 12 月 31 日

纳税人识别号（统一社会信用代码）：22010419837000××××

纳税人名称：××制药有限公司　　　　　金额单位：人民币元（列至角分）；面积单位：平方米

本期是否适用增值税小规模纳税人减征政策（减免性质代码：10049901）	□是　☑否	本期适用增值税小规模纳税人减征政策起始时间	年　月	减征比例（%）
		本期适用增值税小规模纳税人减征政策终止时间	年　月	
联系人	张婧	联系方式	1365678××××	

土地编号	宗地的地号	土地等级	税额标准	土地总面积	所属期起	所属期止	本期应纳税额	本期减免税额	本期增值税小规模纳税人减征额	本期已缴税额	本期应补（退）税额
*	2008-015-11	二级	3元/平方米	50 000	2023年10月1日	2023年12月31日	35 625.00	0.00	0.00	0.00	35 625.00
*											
合计			*	50 000	*	*	35 625.00	0.00	0.00	0.00	35 625.00

谨声明：本纳税申报表是根据国家税收法律法规及相关规定填报的，是真实的、可靠的、完整的。

纳税人（签章）：××制药有限公司　　　　　　　　　　　　　　　　　　　　2024 年 1 月 5 日

经办人：刘琳琳
经办人身份证号：22010419950000××××　　　　　受理人：
代理机构签章：　　　　　　　　　　　　　　　　　受理税务机关（章）：
代理机构统一社会信用代码：　　　　　　　　　　　受理日期：　年　月　日

填报说明请扫二维码。

城镇土地使用税纳税申报表填报说明

第六节　环境保护税申报实务模拟演练

环境保护税是对在中华人民共和国领域和中华人民共和国管辖的其他海域，直接向环境排放应税污染物的单位和经营者征收的一种税。《中华人民共和国环境保护税法》是我国第一部促进生态文明建设的单行税法。我国有关环境保护的基本法律规范包括人大常务委员会通过的《中华人民共和国环境保护税法》和国务院发布的《中华人民共和国环境保护税法实施条例》，均自 2018 年 1 月 1 日起实施，同时停征排污费。

一、环境保护税纳税申报操作规范

(一) 纳税义务发生时间

纳税义务发生时间为纳税人排放应税污染物的当日。

(二) 纳税期限

环境保护税按月计算,按季申报缴纳。

(1) 按季申报缴纳的,应当自季度终了之日起 15 日内,办理纳税申报并缴纳税款;

(2) 按次申报缴纳的,应当自纳税义务发生之日起 15 日内,办理纳税申报并缴纳税款。

(三) 纳税地点

应税污染物排放地的税务机关。具体是指:

(1) 应税大气污染物、水污染物排放口所在地;

(2) 应税固定废物产生地;

(3) 应税噪声产生地。

(四) 缴纳方法

环境保护主管部门依照《中华人民共和国环境保护税法》和有关环境保护法律法规的规定负责对污染物的监测管理。县级以上地方人民政府应当建立税务机关、环境保护主管部门和其他相关单位分工协作工作机制,加强环境保护税征收管理,保障税款及时足额入库。纳税人应当依法如实办理纳税申报,对申报的真实性和完整性承担责任。

(1) "企业申报、税务征收、环保协同、信息共享"的征管方式。

(2) 税务机关与环境保护主管部门:定期数据传递和比对、复核。

二、环境保护税纳税申报案例

(一) 环境保护税申报纳税指南

申请条件:在中华人民共和国领域和中华人民共和国管辖的其他海域,直接向环境排放应税污染物的企业、事业单位和其他生产经营者为环境保护税的纳税人,应当依法申报缴纳环境保护税。

设定依据:

(1)《中华人民共和国税收征收管理法》第二十五条第一款;

(2)《中华人民共和国环境保护税法》第二条。

办理材料:详见表 4-20。

表 4-20　　　　　　　　环境保护税纳税申报材料

序号	材料名称	数量	备注
1	财产和行为税纳税申报表	2 份	
2	环境保护税税源明细表	2 份	
有以下情形的,还应提供相应材料			
适用情形	材料名称	数量	备注
享受环境保护税优惠的纳税人	财产和行为税减免税明细申报附表	2 份	

纳税人注意事项：

(1) 纳税人对报送材料的真实性和合法性承担责任。

(2) 文书表单可在各省税务局官方网站"下载中心"栏目查询下载或到办税服务厅领取。

(3) 纳税人使用符合电子签名法规定条件的电子签名，与手写签名或者盖章具有同等法律效力。

(4) 纳税人未按照规定的期限办理纳税申报和报送纳税资料的，将影响纳税信用评价结果，并依照《中华人民共和国税收征收管理法》有关规定承担相应法律责任。

(5) 纳税人应当向应税污染物排放地的税务机关申报缴纳环境保护税。海洋工程环境保护税由纳税人所属海洋石油税务（收）管理分局负责征收。

(6) 环境保护税按月计算，按季申报缴纳，自季度终了之日起 15 日内，向税务机关办理纳税申报并缴纳税款。不能按固定期限计算缴纳的，可以按次申报缴纳，纳税义务发生之日起 15 日内，向税务机关办理纳税申报并缴纳税款。遇最后一日是法定休假日的，以休假日期满的次日为期限的最后一日；在期限内有连续 3 日以上法定休假日的，按休假日天数顺延。

(7) 符合税收优惠条件的纳税人，在减税、免税期间，应按规定办理纳税申报。

(8) 环境保护税纳税义务人在申报时，应办理"财产和行为税税源信息报告"。

(9) 税务机关根据纳税人识别号及该纳税人当期有效的税源明细信息自动生成"财产和行为税纳税申报表""财产和行为税减免税明细申报附表"。

（二）案例

【例 4-7】 某市 A 企业位于朝阳区，纳税人识别号为 22023445678925××××。2023 年 3 月该企业向大气直接排放二氧化硫、氟化物各 100 千克，一氧化碳 200 千克，氯化氢 80 千克。假设当地大气污染物每污染当量税额 1.2 元，该企业只有一个排放口。

【要求】 计算该企业 3 月份应缴纳的环境保护税。

【解析】 应纳税额计算如下：

第一步：计算各污染物的污染当量数。

污染当量数＝该污染物排放量÷该污染物污染当量值

二氧化硫污染当量数＝100÷0.95＝105.26

氟化物污染当量数＝100÷0.87＝114.94

一氧化碳污染当量数＝200÷16.7＝11.98

氯化氢污染当量数＝80÷10.75＝7.44

第二步：按污染当量数排序。

氟化物污染当量数(114.94)＞二氧化硫污染当量数(105.26)＞一氧化碳污染当量数(11.98)＞氯化氢污染当量数(7.44)

该企业只有一个排放口，排序选取计税前三项污染物——氟化物、二氧化硫、一氧化碳。

第三步：计算应纳税额。

应纳税额＝(114.94＋105.26＋11.98)×1.2＝278.616(元)

【填表】

表 4-21　　　　　　　　　　　　　环境保护税税源明细表

纳税人识别号(统一社会信用代码)：2 2 0 2 3 4 4 5 6 7 8 9 2 5 × × × ×

纳税人名称：A 企业　　　　　　　　　　　　　　　　　　　金额单位：人民币元(列至角分)

1. 按次申报□	2. 从事海洋工程□
3. 城乡污水集中处理场所□	4. 生活垃圾集中处理场所□
*5. 污染物类别	大气污染物 ☑　水污染物□　固体废物□　噪声□
6. 排污许可证编号	
*7. 生产经营所在区划	朝阳区
*8. 生态环境主管部门	朝阳区环境保护局

税源基础采集信息

　　　　　　　　　　　　　　　　　　　　　　　　　　　　新增□　变更□　删除□

*税源编号		(1)			
排放口编号		(2)	1		
*排放口名称或噪声源名称		(3)			
*生产经营所在街乡		(4)			
排放口地理坐标	*经度	(5)			
	*纬度	(6)			
*有效期起止		(7)			
*污染物类别		(8)	大气		
水污染物种类		(9)			
*污染物名称		(10)	氟化物	二氧化硫	一氧化碳
危险废物污染物子类		(11)			
*污染物排放量计算方法		(12)			
大气、水污染物标准排放限值	*执行标准	(13)			
	*标准浓度值(毫克/升或毫克/标立方米)	(14)			
产(排)污系数	*计税基数单位	(15)			
	*污染物单位	(16)			

续表

产(排)污系数	*产污系数	(17)			
	*排污系数	(18)			
固体废物信息	贮存情况	(19)			
	处置情况	(20)			
	综合利用情况	(21)			
噪声信息	*是否昼夜产生	(22)			
	*标准值——昼间（6 时至 22 时）	(23)			
	*标准值——夜间（22 时至次日 6 时）	(24)			
申报计算及减免信息					
*税源编号		(1)			
*税款所属月份		(2)			
*排放口名称或噪声源名称		(3)			
*污染物类别		(4)	大气		
*水污染物种类		(5)			
*污染物名称		(6)	氟化物	二氧化硫	一氧化碳
危险废物污染物子类		(7)			
*污染物排放量计算方法		(8)			
大气、水污染物监测计算	*废气（废水）排放量（万标立方米、吨）	(9)	100	100	200
	*实测浓度值(毫克/标立方米、毫克/升)	(10)	100	100	200
	*月均浓度(毫克/标立方米、毫克/升)	(11)			
	*最高浓度(毫克/标立方米、毫克/升)	(12)			
产(排)污系数计算	*计算基数	(13)			
	*产污系数	(14)			
	*排污系数	(15)			

续表

固体废物计算	＊本月固体废物的产生量（吨）	(16)			
	＊本月固体废物的贮存量（吨）	(17)			
	＊本月固体废物的处置量（吨）	(18)			
	＊本月固体废物的综合利用量（吨）	(19)			
噪声计算	＊噪声时段	(20)			
	＊监测分贝数	(21)			
	＊超标不足15天	(22)			
	＊两处以上噪声超标	(23)			
抽样测算计算	特征指标	(24)			
	特征单位	(25)			
	特征指标数量	(26)			
	特征系数	(27)			
污染物排放量（千克或吨）	大气、水污染物监测的计算： (28) = (9)×(10)÷100 (1 000) 大气、水污染物产(排)污系数的计算： (28)=(13)×(14)×M (28)=(13)×(15)×M pH值、大肠菌群数、余氯量等水污染物的计算：(28)=(9) 色度污染物的计算：(28)=(9)×色度超标倍数 固体废物排放量(含综合利用量)的计算： (28)=(16)−(17)−(18)		100	100	200
＊污染当量值(特征值)（千克或吨）		(29)	0.87	0.95	16.70
＊污染当量数	大气、水污染物污染当量数的计算： (30)=(28)÷(29)		114.94	105.26	11.98

续表

减免性质代码和项目名称	(31)			
*单位税额	(32)	1.2	1.2	1.2
*本期应纳税额	大气、水污染物应纳税额的计算： (33)=(30)×(32) 固体废物应纳税额的计算： (33)=(28)×(32) 噪声应纳税额的计算： (33)=0.5或1[(22)为"是"的用0.5；为"否"的用1]×2或1[(23)为"是"的用2，为"否"的用1]×(32) 按照税法所附表二中畜禽养殖业等水污染物当量值表计算： (33)=(26)÷(29)×(32) 采用特征系数计算： (33)=(26)×(27)÷(29)×(32) 采用特征值计算： (33)=(26)×(29)×(32)	137.928	126.312	14.376
本期减免税额	大气、水污染物减免税额的计算： (34)=(30)×(32)×N 固体废物减免税额的计算： (34)=(19)×(32)	0.00	0.00	0.00
本期已缴税额	(35)	0.00	0.00	0.00
*本期应补(退)税额	(36)=(33)-(34)-(35)	137.928	126.312	14.376

填表说明请扫二维码。

环境保护税税源明细表填表说明

第七节　房产税纳税申报实务模拟演练

房产税是以房屋为征税对象，按照房屋的计税余值或租金收入，向产权所有人征收的一种财产税。我国现行房产税实行从价定率计征，采用从价计征和从租计征两种征税办法。对房产征税的目的是运用税收杠杆，加强对房产的管理，提高房产使用效率，控制固定资产投资规模和配合国家房产政策的调整，合理调节房产所有人和经营人的收入。房产税税源稳定，易于控制和管理，是地方财政收入的主要来源之一。

一、房产税纳税申报操作规范

（一）纳税义务发生时间

房产税的纳税义务发生时间视具体情况而定：

(1) 纳税人将原有房产用于生产经营，从生产经营之月起缴纳房产税。
(2) 纳税人自行新建房屋用于生产经营，从建成之次月起缴纳房产税。
(3) 纳税人委托施工企业建设的房屋，从办理验收手续之次月起缴纳房产税。
(4) 纳税人购置新建商品房，自房屋交付使用之次月起缴纳房产税。
(5) 纳税人购置存量房，自办理房屋权属转移、办理变更登记手续，房地产权属登记机关签发房屋权属证书之次月起，缴纳房产税。
(6) 纳税人出租、出借房产，自交付出租、出借房产之次月起，缴纳房产税。
(7) 房地产开发企业自用、出租、出借本企业建造的商品房，自房屋使用或交付之次月起，缴纳房产税。
(8) 纳税人因房产的实物或权利状态发生变化而依法终止房产税纳税义务的，其应纳税款的计算应截至房产的实物或权利状态发生变化的当月末。

（二）纳税期限

房产税实行按年计算、分期（半年或季度）缴纳的征收方法，具体纳税期限由省、自治区、直辖市人民政府确定。

（三）纳税地点

房产税在房产所在地缴纳。房产不在同一地方的纳税人，应按房产的坐落地点分别向房地产所在地的税务机关申报纳税。

（四）缴纳方法

房产税属于地方政府的收入。

二、房产税纳税申报案例

（一）申报纳税指南

申请条件：产权所有人、经营管理单位、承典人、房产代管人或者使用人，依照税收法律、法规、规章及其他有关规定，在规定的纳税期限内，填报"财产和行为税纳税申报表"等相关资料向税务机关进行纳税申报。

设定依据：
(1)《中华人民共和国税收征收管理法》第二十五条第一款；
(2)《中华人民共和国房产税暂行条例》第一条、第二条。

办理材料：详见表 4-22。

表4-22　　　　　　　　　房产税纳税申报材料

序号	材料名称	数量	备注
1	财产和行为税纳税申报表	2份	
有以下情形的,还应提供相应材料			
适用情形	材料名称	数量	备注
首次申报或税源信息发生变化	房产税税源明细表	2份	
享受税收优惠的纳税人	财产和行为税减免税明细申报附表	2份	

纳税人注意事项：
(1) 纳税人对报送材料的真实性和合法性承担责任。
(2) 文书表单可在××省税务局官方网站"下载中心"栏目查询下载或到办税服务厅领取。
(3) 税务机关提供"最多跑一次"服务。纳税人在资料完整且符合法定受理条件的前提下，最多只需跑一次税务机关。
(4) 纳税人使用符合电子签名法规定条件的电子签名，与手写签名或者盖章具有同等法律效力。
(5) 纳税人未按照规定的期限办理纳税申报和报送纳税资料的，将影响纳税信用评价结果，并依照《中华人民共和国税收征收管理法》有关规定承担相应法律责任。
(6) 房产税按年征收、分期缴纳。纳税期限为每季度最后一个月份的15日内，纳税人应在规定的纳税期限内申报缴纳房产税。遇最后一日是法定休假日的，以休假日期满的次日为期限的最后一日；在期限内有连续3日以上法定休假日的，按休假日天数顺延。
(7) 房产税由产权所有人缴纳。房屋产权属于全民所有的，由经营管理的单位缴纳。产权出典的，由承典人缴纳。产权所有人、承典人不在房产所在地的，或者产权未确定及租典纠纷未解决的，由房产代管人或者使用人缴纳。
(8) 纳税人享受减税、免税待遇的，在减税、免税期间应当按照规定办理申报纳税。
(9) 税务机关根据纳税人识别号及该纳税人当期有效的税源明细信息自动生成"财产和行为税纳税申报表""财产和行为税减免税明细申报附表"。
(10) 房产税纳税义务人在首次申报或税源信息变更时，应办理"财产和行为税税源信息报告"。

（二）案例

【例4-8】 长春市宏远汽车备品销售有限公司地处长春市绿园区东风大街××××号，纳税人识别号为220104783750000×××，经济类型为私营有限责任公司，法定代表人为李民，会计主管为王红（身份证号22010419980908××××）。行业类别属于汽车及零配件批发，该公司在交通银行长春东风大街支行开户，账号为2201000690018712100000，电话为8763××××。2022年该公司购入房屋一栋500平方米，原值3 000 000元，2023年1月将其联营投资给甲企业（纳税人识别号：220103552300000×××），经营期为10年，年租金为350 000元。该公司2022年自建办公楼2幢，产权证书号为6-33，年底竣工交付使用。建筑面积为10 000平方米，原值共计50 000 000元（该地规定允许按原值一次扣除30%缴纳房产税）。

【要求】 计算该公司2023年四季度应缴纳的房产税并填列房产税纳税申报表。

【解析】
(1) 联营投资，收取固定收入，不承担经营风险的房屋从租计税。

应纳房产税＝350 000×12％÷12×3＝10 500(元)

(2) 自有办公楼从价计税。

应纳房产税＝50 000 000×(1－30％)×1.2％÷12×3＝105 000(元)

(3) 该公司2023年第四季度共纳房产税115 500元(10 500＋105 000)。

【填表】

表4-23　　　　　　　　　　　　房产税纳税申报表

税款所属期：自2023年10月1日至2023年12月31日

纳税人识别号(统一社会信用代码)：22010478375000000×××

纳税人名称：长春市××汽车备品销售有限公司　　　金额单位：人民币元(列至角分)；面积单位：平方米

房产税				
本期是否适用增值税小规模纳税人减征政策（减免性质代码08049901）	□是 ☑否	本期适用增值税小规模纳税人减征政策起始时间	年　月	减征比例(％)
^	^	本期适用增值税小规模纳税人减征政策终止时间	年　月	^

(一) 从价计征房产税

序号	房产编号	房产原值	其中：出租房产原值	计税比例	税率	所属期起	所属期止	本期应纳税额	本期减免税额	本期增值税小规模纳税人减征额	本期已缴税额	本期应补(退)税额
1	*	50 000 000.00		70％	1.2％	2023.10.1	2023.12.31	105 000.00				105 000.00
2	*											
3	*											
合计	*	*	*	*	*	*	*	105 000.00				105 000.00

(二) 从租计征房产税

序号	本期申报租金收入	税率	本期应纳税额	本期减免税额	本期增值税小规模纳税人减征额	本期已缴税额	本期应补(退)税额
1	87 500.00	12％	10 500.00				10 500.00
2							
3							
合计	*	*	10 500.00				10 500.00

声明：此表是根据国家税收法律法规及相关规定填写的，本人(单位)对填报内容(及附带资料)的真实性、可靠性、完整性负责。

纳税人(签章)：长春市宏远汽车备品销售有限公司　　　2024年1月8日

经办人：王红	受理人：
经办人身份证号：22010419980908××××	受理税务机关(章)：
代理机构签章：	受理日期：　年　月　日
代理机构统一社会信用代码：	^

本表一式两份，一份纳税人留存，另一份税务机关留存。

填表说明请扫二维码。

房产税纳税申报表填表说明

表 4-23(a)　　　　　　　　**房产税减免税明细申报表**

税款所属期：自 2023 年 10 月 1 日至 2023 年 12 月 31 日

纳税人识别号(统一社会信用代码)：2 2 0 1 0 4 7 8 3 7 5 0 0 0 0 × × ×

纳税人名称：长春市××汽车备品销售有限公司　　金额单位：人民币元(列至角分)；面积单位：平方米

\multicolumn{10}{c}{房产税减免信息}
\multicolumn{10}{c}{(一)从价计征房产税减免信息}
序号	房产编号	所属期起	所属期止	减免税房产原值	计税比例	税率	减免性质代码	减免项目名称	本期减免税额
1	*								
2	*								
3	*								
合　计		*	*		*	*		*	
\multicolumn{10}{c}{(二)从租计征房产税减免信息}
序号	房产编号	本期享受减免税租金收入	税率	减免性质代码	减免项目名称	本期减免税额
1	*					
2	*					
3	*					
合　计			*	*	*	

填报说明请扫二维码。

房产税减免税明细申报表填报说明

表4-23(b) 房产税税源明细表

纳税人识别号(统一社会信用代码)：22010478375000XXX

纳税人名称：长春市××××销售有限公司

金额单位：人民币元(列至角分)；面积单位：平方米

(一) 从价计征房产税明细

纳税人类型	产权所有人☑ 经营管理人□ 承典人□ 房屋代管人□ 房屋使用人□ 融资租赁承租人□ (必选)	所有权人纳税人识别号(统一社会信用代码)	22010478375000XXX	所有权人名称	长春市××××销售有限公司
房产编号	6-33	房产名称	*		
不动产权证号		不动产单元号			
房屋坐落地址(详细地址)	吉林省(自治区、直辖市) 长春 市(区) 绿园 县(区) 东风大街 乡镇(街道)				
房产所属主管税务所(科、分局)					
房屋所在土地编号	*	变更类型	纳税义务终止(权属转移)□ 其他□ 信息项变更(房产原值变更☑ 房产用途变更□ 减免变更□ 其他□)	变更时间	2022年12月
建筑面积	10 000			房产用途	工业□ 商业及办公☑ 住房□ 其他□
房产原值	50 000 000.00		其中: 出租房产面积		
			其中: 出租房产原值		

减免税部分

序号	减免性质代码	减免项目名称	起始月份	终止月份	减免起止时间	减税税房产原值	计税比例	月减免税金额
1								系统设定
2								
3								

(二) 从租计征房产税明细

房产编号	*	房产名称	长春市××××销售有限公司
房产坐落地址(详细地址)	吉林省(自治区、直辖市) 长春 市(区) 绿园 县(区) 东风大街 乡镇(街道)	房产用途	工业□ 商业及办公☑ 住房□ 其他□
承租方纳税人识别号(统一社会信用代码)	22010355230000XXX	承租方名称	甲企业
出租面积	500平方米	合同租金总收入	3 500 000.00元
合同约定租赁期起	2023年1月1日	合同约定租赁期止	2032年12月31日
申报租金人		申报租金所属租赁期起	2023年10月1日	申报租金所属租赁期止	2023年12月31日
减免性质代码		享受减免税租金收入	
减免税额	87 500.00		

声明: 此表是根据国家税收法律法规及相关规定填写的，本人(单位)对填报内容及附带资料)的真实性、可靠性、完整性负法律责任。

纳税人(签章): 长春市××××销售有限公司	受理人:	
	受理税务机关(章):	
	受理日期: 年 月 日	2024年1月8日

经办人: 王红
经办人身份证号: 22010419980908×××
代理机构签章:
代理机构统一社会信用代码:

本表一式两份，一份纳税人留存，一份税务机关留存。

填报说明请扫二维码。

房产税税源明细表填表说明

第八节　车船税纳税申报实务模拟演练

车船税是以车船为征税对象,向在中华人民共和国境内拥有车船的单位和个人征收的一种税。

一、车船税纳税申报操作规范

(一)纳税义务发生时间

车船税纳税义务发生时间为取得车船所有权或者管理权的当月。购置的新车船,购置当年的应纳税额自纳税义务发生的当月起按月计算。已办理退税的被盗抢车船失而复得的,纳税人应当从公安机关出具相关证明的当月起计算缴纳车船税。

(二)纳税期限

车船税纳税义务发生时间为取得车船所有权或者管理权的当月。以购买车船的发票或其他证明文件所载日期的当月为准。

(三)纳税地点

车船税的纳税地点为车船的登记地或者车船税扣缴义务人所在地。

扣缴义务人代收代缴车船税的,纳税地点为扣缴义务人所在地。

纳税人自行申报缴纳车船税的,纳税地点为车船登记地的主管税务机关所在地。

依法不需要办理登记的车船,纳税地点为车船所有人或者管理人的主管税务机关所在地。

(四)缴纳方法

车船税属于地方政府的收入。车船税实行源泉控制,一律由纳税人所在地的税务局征收管理,各地对外省、市来的车船不再查补税款。具体的缴纳方法如下:

(1)车船的所有人或者管理人未缴纳车船税的,使用人应当代为缴纳车船税。

(2)从事机动车交通事故责任强制保险业务的保险机构为机动车车船税的扣缴义务人,应当依法代收代缴车船税。

(3)机动车车船税的扣缴义务人依法代收代缴车船税时,纳税人不得拒绝。由扣缴义务人代收代缴机动车车船税的,纳税人应在购买机动车交通事故责任强制保险的同时缴纳车船税。

(4)纳税人对扣缴义务人代收代缴税款有异议的,可向所在地的主管地方税务机关提出。

(5)纳税人在购买机动车交通事故责任强制保险时缴纳车船税的,不再向地方税务机关申报纳税。

(6)扣缴义务人在代收车船税时,应当在机动车交通事故责任强制保险的保险单上注明已收税款的信息,作为纳税人完税的证明。除另有规定外,扣缴义务人不再给纳税人开具代扣代收税款凭证。纳税人如有需要，可以持注明已收税款信息的保险单，到主管地方税务机关开具完税凭证。

（7）扣缴义务人应当及时解缴代收代缴的税款，并向地方税务机关申报。扣缴义务人解缴税款的具体期限由各省、自治区、直辖市地方税务机关依照法律、行政法规的规定确定。

（8）税务机关应当按照规定支付扣缴义务人代收代缴车船税的手续费。税务机关付给扣缴义务人代收代缴手续费的标准由国务院财政部门、税务部门制定。

纳税人向税务局申报的方式主要有直接申报、邮寄申报、网上申报和委托代征申报等。

二、车船税纳税申报案例

（一）申报纳税指南

申请条件： 应税车辆、船舶未被代收代缴车船税的，其所有人或者管理人填报"财产和行为税纳税申报表"及相关资料，向主管税务机关办理车船税申报。

设定依据：

(1)《中华人民共和国税收征收管理法》第二十五条第一款；

(2)《中华人民共和国车船税法》第一条。

办理材料： 详见表4-24。

表4-24　　　　　　　　　　车船税纳税申报材料

序号	材　料　名　称	数量	备　注
1	财产和行为税纳税申报表	2份	
有以下情形的，还应提供相应材料			
适　用　情　形	材　料　名　称	数量	备　注
首次申报或税源信息发生变化	车船税税源明细表	2份	
享受车船税优惠的纳税人	财产和行为税减免税明细申报附表	2份	

纳税人注意事项：

（1）纳税人对报送材料的真实性和合法性承担责任。

（2）文书表单可在各省税务局官方网站"下载中心"栏目查询下载或到办税服务厅领取。

（3）税务机关提供"最多跑一次"服务。纳税人在资料完整且符合法定受理条件的前提下，最多只需跑一次税务机关。

（4）纳税人使用符合电子签名法规定条件的电子签名，与手写签名或者盖章具有同等法律效力。

（5）纳税人未按照规定的期限办理纳税申报和报送纳税资料的，将影响纳税信用评价结果，并依照《中华人民共和国税收征收管理法》有关规定承担相应法律责任。

（6）车船税纳税义务发生时间为取得车船所有权或者管理权的当月。车船税按年申报，分月计算，一次性缴纳。纳税年度为公历1月1日至12月31日。例如，《吉林省车船税实施办法》第九条规定"由纳税人自行申报缴纳车船税的,应当于每年1月1日至12月31日期间,申报缴纳当年的车船税"。

(7)从事机动车交通事故责任强制保险业务的保险机构作为扣缴义务人已代收代缴车船税的,纳税人不再向车辆登记地的主管税务机关申报缴纳车船税。

(8)对首次进行车船税纳税申报的纳税人,需要申报其全部车船的主附表信息。此后办理纳税申报时,如果纳税人的车船及相关信息未发生变化的,可不再填报信息,仅提供相关证件,由税务机关按上次申报信息生成申报表后,纳税人签章确认即可。对车船或纳税人有关信息发生变化的,纳税人仅就变化的内容进行填报。已获取第三方信息的地区,税务机关可将第三方信息导入纳税申报系统,直接生成申报表,由纳税人签章确认。

(9)符合税收优惠条件的纳税人,在减税、免税期间,应按规定办理纳税申报。

(10)车船税纳税义务人在申报时,应办理"财产和行为税税源信息报告"。

(11)税务机关根据纳税人识别号及该纳税人当期有效的税源明细信息自动生成"财产和行为税纳税申报表""财产和行为税减免税明细申报附表"。

(二)案例

【例4-9】 甲企业为长春市交通运输企业,地处长春市绿园区东风大街××××号,纳税人识别号为220104767110000×××,法定代表人为李杰。经济类型为国有有限责任公司,行业类别属于交通运输业,在交通银行长春东风大街支行开户,账号是220100069001871 21××××,电话为8763××××。2023年甲企业拥有载货汽车(整备质量为40吨/辆)35辆、大客车10辆。长春市规定载货汽车年税额为每吨96元,乘人大型汽车年税额为每辆600元。

【要求】 计算该企业2023年应缴纳的车船税并填列车船税纳税申报表及附表。

【解析】

(1)载货汽车应纳税额=35×40×96=134 400(元)

(2)乘人汽车应纳税额=10×600=6 000(元)

(3)该企业2023年共纳车船税140 400元。

【填表】

表4-25

车船税纳税申报表

税款所属期限：自2023年1月1日至2023年12月31日

纳税人识别号：2 2 0 1 0 4 7 6 7 1 1 0 0 0 × × ×

金额单位：元（列至角分）

纳税人名称	甲企业				纳税人身份证照类型				
纳税人身份证照号码					居住（单位）地址	长春市东风大街×××号			
联系人	李杰				联系方式	8763××××			

序号	(车辆)号牌号码/(船舶)登记号码	车船识别代码(车架号/船舶识别号)	征收品目	计税单位	计税单位的数量	单位税额	年应缴税额	本年减免税额	减免性质代码	减免税证明号	当年应缴税额	本年已缴税额	本期应补(退)税额
	1	2	3	4	5	6	7=5×6	8	9	10	11=7-8	12	13=11-12
1			载货汽车	辆	1 400.00	96.00	134 400.00				134 400.00		134 400.00
2			乘人汽车	辆	10.00	600.00	6 000.00				6 000.00	6 000.00	
合计	—	—	—	—	—	—	140 400.00			—	140 400.00		140 400.00

申报车辆总数（辆）45　　　　　　申报船舶总数（艘）

以下由申报人填写：

纳税人声明	此纳税申报表是根据《中华人民共和国车船税法》和国家有关税收规定填报的，是真实的、可靠的、完整的。		
纳税人签章		代理人签章	
	甲企业公章		

以下由税务机关填写：

受理人		受理日期		受理税务机关（签章）	

本表一式两份，一份纳税人留存，另一份税务机关留存。

填表说明请扫二维码。

车船税纳税申报表填表说明

表 4-25(a)　　　　　　车船税税源明细表(车辆)附表 1(部分内容略)

纳税人识别号(统一社会信用代码)：2 2 0 1 0 4 7 6 7 1 1 0 0 0 0 × × ×

纳税人名称：甲企业　　　　　　体积单位：升；质量单位：吨；功率单位：千瓦；长度单位：米

序号	车牌号码	*车辆识别代码(车架号)	*车辆类型	车辆品牌	车辆型号	*车辆发票日期或注册登记日期	排(气)量	核定载客	整备质量	*单位税额	减免性质代码和项目名称	纳税义务终止时间
1												
2	吉AK8900	123××××	集装箱货车	东风天龙	DFL5311XXYA10	2018-02-12	8 900L	3	13050T	134 400.00		
3												

填表说明请扫二维码。

车船税税源明细表(车辆)附表 1 填表说明

第九节　印花税纳税申报实务模拟演练

印花税是对在中华人民共和国境内书立、领受《中华人民共和国印花税暂行条例》所列举凭证的单位和个人征收的一种行为税。印花税因以购买、粘贴印花的方式完成纳税义务而得名，它具有覆盖面广、税负轻、纳税人自行纳税等特点。印花税的征收方式与其他税种不同，它按照由纳税人自行计算税款、自行购买税票、自行贴花、自行注销的方式完成纳税义务。

一、印花税纳税申报操作规范

(一)纳税义务发生时间

应纳税凭证应于书立或领受时贴花。具体情况如下：(1)对各种商事合同，应于合同正式签订时贴花；(2)对各种产权转移书据，应于书据立据时贴花；(3)对各种营业账簿，应于账簿正式启用时贴花；(4)对各种权利许可证照，应于证照领用时贴花。

如果合同在国外签订,则应在国内使用时贴花。

(二) 纳税地点

印花税一般实行就地纳税。对于全国性商品物资订货会、展销会、交易会上所签订合同应纳的印花税,由纳税人回其所在地后及时办理贴花完税手续;对地方主办、不涉及省际关系的订货会、展销会上所签订合同的印花税,其纳税地点由各省、自治区、直辖市人民政府自行确定。

(三) 纳税办法

印花税属于中央与地方共享税,证券交易印花税收入的94%归中央政府,其余6%和其他印花税收入归地方政府。

印花税的纳税办法根据税额大小、贴花次数以及税收征收管理的需要,分别采用以下办法:

1. 自行贴花办法

纳税人根据应纳税凭证的性质和适用的科目、税率,自行计算应纳税额、自行购买印花税票、自行一次贴足印花税票并加以注销或划销。这种办法适用于应税凭证较少或者贴花次数较少的纳税人。

2. 汇贴或汇缴办法

一份凭证应纳税额超过500元的,应向当地税务机关申请填写缴款书或者完税证,将其中一联粘贴在凭证上或者由税务机关在凭证上加注完税标记代替贴花。同一种类应纳税凭证,需频繁贴花的,应向当地税务机关申请按期汇总缴纳印花税。税务机关对核准汇总缴纳印花税的单位,应发给汇缴许可证。汇总缴纳的限期限额由当地税务机关确定,但最长期限不得超过1个月。这种办法一般适用于应税税额较大或者贴花次数频繁的纳税人。

3. 委托代征办法

委托代征办法包括税务机关委托发放或者办理应纳税凭证的单位代为征收印花税税款。例如,工商行政部门在核发各类营业执照和商标注册时,受税务机关委托,代收印花税税款,并监督领受单位和个人的贴花。

二、印花税纳税申报案例

(一) 申报纳税指南

申请条件:在中华人民共和国境内书立应税凭证、进行证券交易的单位和个人及在中华人民共和国境外书立在境内使用的应税凭证的单位和个人为印花税的纳税人,按规定向主管税务机关办理印花税纳税申报。

设定依据:

(1)《中华人民共和国税收征收管理法》第二十五条第一款;

(2)《中华人民共和国印花税法》第一条。

办理材料:详见表4-26。

表 4-26　　　　　　　　　　　印花税纳税申报材料

序号	材 料 名 称	数量	备 注
1	财产和行为税纳税申报表	2份	
2	印花税税源明细表	2份	
有以下情形的,还应提供相应材料			
适 用 情 形	材 料 名 称	数量	备 注
享受印花税优惠的纳税人	财产和行为税减免税明细申报附表	2份	

纳税人注意事项：

(1) 纳税人对报送材料的真实性和合法性承担责任。

(2) 文书表单可在各省税务局官方网站"下载中心"栏目查询下载或到办税服务厅领取。

(3) 税务机关提供"最多跑一次"服务。纳税人在资料完整且符合法定受理条件的前提下,最多只需跑一次税务机关。

(4) 纳税人使用符合电子签名法规定条件的电子签名,与手写签名或者盖章具有同等法律效力。

(5) 纳税人未按照规定的期限办理纳税申报和报送纳税资料的,将影响纳税信用评价结果,并依照《中华人民共和国税收征收管理法》有关规定承担相应法律责任。

(6) 印花税按季、按年或者按次计征。实行按季、按年计征的,纳税人应当自季度、年度终了之日起15日内申报缴纳税款;实行按次计征的,纳税人应当自纳税义务发生之日起15日内申报缴纳税款。证券交易印花税按周解缴。证券交易印花税扣缴义务人应当自每周终了之日起5日内申报解缴税款以及银行结算的利息。

(7) 纳税人为单位的,应当向其机构所在地的主管税务机关申报缴纳印花税;纳税人为个人的,应当向应税凭证书立地或者纳税人居住地的主管税务机关申报缴纳印花税。不动产产权发生转移的,纳税人应当向不动产所在地的主管税务机关申报缴纳印花税。

(8) 纳税人为境外单位或者个人,在境内有代理人的,以其境内代理人为扣缴义务人。境外单位或者个人的境内代理人应当按规定扣缴印花税,向境内代理人机构所在地(居住地)主管税务机关申报解缴税款。

(9) 纳税人享受减税、免税待遇的,在减税、免税期间应当按照规定办理申报纳税。

(10) 印花税纳税义务人在申报时,应办理"财产和行为税税源信息报告"。

(11) 税务机关根据纳税人识别号及该纳税人当期有效的税源明细信息自动生成"财产和行为税纳税申报表""财产和行为税减免税明细申报附表"。

(二) 案例

【例 4-10】　长春市××汽车备品销售有限公司地处长春市高新区硅谷大街××××号,2023年10月份开业,注册资金为2 200 000元,纳税人识别号为220104771710000×××,法定代表人为李小鹏,会计主管为刘颖(身份证号220104000000000××××)。该公司经济类型为私营有限责任公司,行业类别属于汽车、摩托车及零配件批发,在交通银行长春卫星广场支行开户,账号是220100069001871××××××,电话为8518××××。当月该公司发生经营业务如下：

(1) 8 日领受工商营业执照、房屋产权证、土地使用证各一份；

(2) 8 日建账时共设 8 个账簿，其中，资金账簿中记载实收资本 2 200 000 元；

(3) 10 日签订产品买卖合同 4 份，共记载金额 2 800 000 元；

(4) 10 日签订借款合同 1 份，记载金额 500 000 元，当年取得借款利息 8 000 元；

(5) 15 日签订技术服务合同 1 份，记载金额 600 000 元；

(6) 16 日签订租赁合同 1 份，记载支付租赁费 500 000 元；

(7) 20 日签订转让专有技术使用权合同 1 份，记载金额 1 500 000 元。

【要求】 按下列顺序计算应纳的印花税并填列该公司 2023 年 10 月份印花税申报表。

《中华人民共和国印花税法》取消了原《中华人民共和国印花税暂行条例》中"权利、许可证件照，每件 5 元"的规定。

(1) 设置资金账簿应缴纳印花税；

(2) 签订买卖合同应缴纳印花税；

(3) 签订借款合同应缴纳印花税；

(4) 签订技术服务合同应缴纳印花税；

(5) 签订租赁合同应缴纳印花税；

(6) 签订专有技术使用权转让合同应缴纳印花税。

【解析】

(1) 企业记载资金的账簿按实收资本和资本公积合计金额的 0.25‰ 贴花，故企业记载资金的账簿应纳印花税：$2\,200\,000 \times 0.25‰ = 550$（元）。

(2) 买卖合同按购销金额的 0.3‰ 贴花，故签订购销合同应纳印花税：$2\,800\,000 \times 0.3‰ = 840$（元）。

(3) 借款合同按借款金额的 0.05‰ 贴花，故签订借款合同应纳印花税：$500\,000 \times 0.05‰ = 25$（元）。

(4) 技术合同按所载金额的 0.3‰ 贴花，故签订技术服务合同应纳印花税：$600\,000 \times 0.3‰ = 180$（元）。

(5) 财产租赁合同按租赁金额的 1‰ 贴花，故签订租赁合同应纳印花税：$500\,000 \times 1‰ = 500$（元）。

(6) 产权转移书据按所载金额的 0.3‰ 贴花，故签订转让专有技术使用权合同应纳印花税：$1\,500\,000 \times 0.3‰ = 450$（元）。

10 月份共计应纳印花税额 $= 550 + 840 + 25 + 180 + 500 + 450 = 2\,545$（元）

【填表】

第四章 纳税申报实务模拟演练

表4-26

印花税纳税申报表

财产和行为税纳税申报表

纳税人识别号(统一社会信用代码)：2 2 0 1 0 4 7 7 1 7 1 0 0 0 × ×

纳税人名称：长春市××汽车备品销售有限公司

金额单位：人民币元(列至角分)

序号	税种	税目	税款所属期起	税款所属期止	计税依据	税率	应纳税额	减免税额	已缴税额	应补(退)税额
1	印花税	买卖合同	2023年10月1日	2023年12月31日	2 800 000.00	0.3‰	840.00			840.00
2	印花税	租赁合同	2023年10月1日	2023年12月31日	500 000.00	1‰	500.00			500.00
3	印花税	借款合同	2023年10月1日	2023年12月31日	500 000.00	0.05‰	25.00			25.00
4	印花税	技术合同	2023年10月1日	2023年12月31日	600 000.00	0.3‰	180.00			180.00
5	印花税	产权转移数据	2023年10月1日	2023年12月31日	1 500 000.00	0.3‰	450.00			450.00
6	印花税	营业账簿	2023年10月1日	2023年12月31日	2 200 000.00	0.25‰	550.00			550.00
7	合计	—	—	—	—	—	2 545.00			2 545.00

声明：此表是根据国家税收法律法规及相关规定填写的，本人(单位)对填报内容(及附带资料)的真实性、可靠性、完整性负责。

纳税人(签章)：长春市××汽车备品销售有限公司　2024年1月5日

经办人：刘颖

经办人身份证号：220104000000000×××

代理机构的签章：

代理机构统一社会信用代码：

受理人：

受理税务机关(章)：

受理日期：　　年　　月　　日

填表说明请扫二维码。

印花税纳税申报表填表说明

表4-26(a)

印花税税源明细表

纳税人识别号(统一社会信用代码)：
纳税人名称：

金额单位：人民币元(列至角分)

序号	*税目	*税款所属期起	*税款所属期止	应纳税凭证编号	应纳税凭证书立(领受)日期	*计税金额或件数	核定比例	*税率	减免性质代码和项目名称
				按期申报					
1	买卖合同	2023年10月1日	2023年12月31日		2023年10月10日	2 800 000.00		0.3‰	
2	租赁合同	2023年10月1日	2023年12月31日		2023年10月16日	500 000.00		1‰	
3	借款合同	2023年10月1日	2023年12月31日		2023年10月10日	500 000.00		0.05‰	
4	技术合同	2023年10月1日	2023年12月31日		2023年10月15日	600 000.00		0.3‰	
5	产权转移数据	2023年10月1日	2023年12月31日		2023年10月20日	1 500 000.00		0.3‰	
6	营业账簿	2023年10月1日	2023年12月31日		2023年10月8日	2 200 000.00		0.25‰	
				按次申报					
1									
2									
3									

填报说明请扫二维码。

印花税税源明细表填报说明

第十节 契税纳税申报实务模拟演练

契税是在中华人民共和国境内转移土地、房屋权属时对承受的单位和个人征收的一种行为税。契税实行一次性征收办法，普遍适用于内外资企业和本外国公民。征收契税有利于增加地方财政收入，有利于保护合法产权，避免产权纠纷。

一、契税纳税申报操作规范

(一) 纳税义务发生时间

契税申报以不动产单元为基本单位，契税的纳税义务发生时间是纳税人签订土地、房屋权属转移合同的当日，或者纳税人取得其他具有土地、房屋权属转移合同性质凭证的当日。

(二) 纳税期限

纳税人应当自纳税义务发生之日起10日内向土地、房屋所在地的契税征收机关办理纳税申报，并在契税征收机关核定的期限内缴纳税款。

(三) 纳税地点

契税收入归地方政府。纳税人应向土地、房屋所在地的征收机关缴纳税款。

(四) 缴纳方法

纳税人办理纳税事宜后，征收机关应向纳税人开具契税完税凭证。纳税人持契税完税凭证和其他规定的文件材料，依法向土地管理部门、房产管理部门办理有关土地、房屋的权属变更登记手续。土地管理部门和房产管理部门应向契税征收机关提供有关资料，并协助契税征收机关依法征收契税。

二、契税纳税申报案例

(一) 申报纳税指南

申请条件：在中华人民共和国境内转移土地、房屋权属，承受的单位和个人填报"财产和行为税纳税申报表"及相关资料，向土地、房屋所在地税务机关办理契税申报。

设定依据：

(1)《中华人民共和国税收征收管理法》第二十五条第一款；

(2)《中华人民共和国契税法》第一条；

(3)《财政部 税务总局关于贯彻实施契税法若干事项执行口径的公告》(财政部 税务总局公告2021年第23号)第四条；

(4)《国家税务总局关于契税纳税服务与征收管理若干事项的公告》(国家税务总局2021年25号)第五条；

(5)《国家税务总局关于契税纳税申报有关问题的公告》(国家税务总局公告2015年第67号)。

办理材料：详见表4-27。

表 4-27　　　　　　　　　　　　契税纳税申报材料

序 号	材料名称	数量	备注
1	契税税源明细表	2份	
2	不动产权属转移合同原件及复印件	1份	原件查验后退回
3	经办人身份证件原件及复印件	1份	原件查验后退回
有以下情形的,还应提供相应材料			
适用情形	材料名称	数量	备注
享受契税优惠	减免契税证明材料原件及复印件	1份	原件查验后退回
交付经济利益方式转移土地、房屋权属	土地、房屋权属转移相关价款支付凭证原件及复印件,其中,土地使用权出让为财政票据,土地使用权出售、互换和房屋买卖、互换为增值税发票	1份	原件查验后退回
因人民法院、仲裁委员会的生效法律文书或者监察机关出具的监察文书等因素发生土地、房屋权属转移	生效法律文书或监察文书等原件及复印件	1份	原件查验后退回
根据人民法院、仲裁委员会的生效法律文书发生土地、房屋权属转移,纳税人不能取得销售不动产发票	人民法院、仲裁委员会的生效法律文书原件及复印件	1份	原件查验后退回
	人民法院执行裁定书等原件及复印件	1份	原件查验后退回

纳税人注意事项：

（1）纳税人对报送材料的真实性和合法性承担责任。

（2）文书表单可在各省税务局官方网站"下载中心"栏目查询下载或到办税服务厅领取。

（3）纳税人提供的各项资料为复印件的,均需注明"与原件一致"并签章。

（4）纳税人使用符合电子签名法规定条件的电子签名,与手写签名或者盖章具有同等法律效力。

（5）纳税人未按照规定的期限办理纳税申报和报送纳税资料的,将影响纳税信用评价结果,并依照《中华人民共和国税收征收管理法》有关规定承担相应法律责任。

（6）契税的纳税义务发生时间,为纳税人签订土地、房屋权属转移合同的当日,或者纳税人取得其他具有土地、房屋权属转移合同性质凭证的当日。具体情形如下：

① 因人民法院、仲裁委员会的生效法律文书或者监察机关出具的监察文书等发生土地、房屋权属转移的,纳税义务发生时间为法律文书等生效当日。

② 因改变土地、房屋用途等情形应当缴纳已经减征、免征契税的,纳税义务发生时间为改变有关土地、房屋用途等情形的当日。

③因改变土地性质、容积率等土地使用条件需补缴土地出让价款，应当缴纳契税的，纳税义务发生时间为改变土地使用条件当日。

发生上述情形，按规定不再需要办理土地、房屋权属登记的，纳税人应自纳税义务发生之日起90日内向土地、房屋所在地的征收机关办理申报缴纳契税。

（7）购买新建商品房的纳税人，因销售新建商品房的房地产开发企业已办理注销税务登记或者被税务机关列为非正常户等因素不能取得销售不动产发票的，可在税务机关核实有关情况后办理契税纳税申报。

（8）根据人民法院、仲裁委员会的生效法律文书发生土地、房屋权属转移，纳税人不能取得销售不动产发票的，持人民法院执行裁定书原件及相关材料办理。

（9）纳税人享受减税、免税待遇的，在减税、免税期间应当按照规定办理申报纳税。

（10）契税纳税义务人在申报时，应办理"财产和行为税税源信息报告"。

（11）税务机关根据纳税人识别号及该纳税人当期有效的税源明细信息自动生成"财产和行为税纳税申报表""财产和行为税减免税明细申报附表"。

（二）案例

【例4-11】 2023年12月20日张伟（身份证号码：22010319830113××××）将一套已居住2年的二居室住房（市场价格为800 000元），与刘力（身份证号码：22010419731213××××）交换一套四居室140平方米住房（市场价格为1 800 000元，地处长春市桂林路××××号），支付差价1 000 000元。张伟的住房作为唯一家庭住房。该地核定的契税税率为3%。

【要求】 计算张伟应缴纳的契税。

【解析】 应纳契税＝1 000 000×3%÷2＝15 000（元）

【填表】

表4-28

契税纳税申报表

财产和行为税纳税申报表

纳税人识别号（统一社会信用代码）：□□□□□□□□□□□□□□□□□□

纳税人名称：张伟　　　　　　　　　　　　　　　金额单位：人民币元（列至角分）

序号	税种	税目	税款所属期起	税款所属期止	计税依据	税率	应纳税额	减免税额	已缴税额	应补（退）税额
1	契税	房屋交换	2023年12月20日	2023年12月29日	1 000 000.00	3%	15 000.00			15 000.00
2										
3										
4										
5										
6										
7										
8										
9										
10										
11	合计	—	—	—	—	—	15 000.00			15 000.00

声明：此表是根据国家税收法律法规及相关规定填写的，本人（单位）对填报内容（及附带资料）的真实性、可靠性、完整性负责。

纳税人（签章）：张伟　　2023年12月22日

经办人：张伟

经办人身份证号：220103198301113×××

代理机构签章：　　　　　　　　受理人：

代理机构统一社会信用代码：　　受理税务机关（章）：

　　　　　　　　　　　　　　　受理日期：　　年　月　日

表 4-28(a)　　　　　　　　　　契税税源明细表

纳税人识别号（统一社会信用代码）：□□□□□□□□□□□□
纳税人名称：张伟　　　　　　　　　　　金额单位：人民币元（列至角分）；面积单位：平方米

*税源编号		*土地房屋坐落地址	长春市桂林路××号	不动产单元代码	
合同编号	JC20231220	*合同签订日期	2023.12.20	*共有方式	□单独所有/按份共有 □共同共有 （共有人：_____）
*权属转移对象	刘力	*权属转移方式	房屋交换	*用途	居住
*成交价格	1 000 000.00	*权属转移面积	140	*成交单价	7 143/平方米
*评估价格				*计税价格	1 000 000.00
*适用税率	3%			减免性质代码和项目名称	

表 4-28(b)　　　　　　　　　权属转移对象、方式、用途逻辑关系对照表

权属转移对象			权属转移方式	用途
一级（大类）	二级（小类）	三级（细目）		
土地☑	无	无	土地使用权出让	1.居住用地；2.商业用地；3.工业用地；4.综合用地；5.其他用地
			土地使用权买卖	1.居住用地；2.商业用地；3.工业用地；4.综合用地；5.其他用地
			土地使用权赠与	1.居住用地；2.商业用地；3.工业用地；4.综合用地；5.其他用地
			土地使用权转让 土地使用权交换☑	1.居住用地☑；2.商业用地；3.工业用地；4.综合用地；5.其他用地
			土地使用权作价入股	1.居住用地；2.商业用地；3.工业用地；4.综合用地；5.其他用地
房屋☑	增量房	商品住房	1.房屋买卖；2.房屋赠与；3.房屋交换；4.房屋作价入股 5.其他	1.居住
		保障性住房	1.房屋买卖；2.房屋赠与；3.房屋交换；4.房屋作价入股 5.其他	1.居住

续表

权属转移对象			权属转移方式	用　　途
一级(大类)	二级(小类)	三级(细目)		
房屋☐	增量房	其他住房	1. 房屋买卖；2. 房屋赠与；3. 房屋交换；4. 房屋作价入股 5. 其他	1. 居住
		非住房	1. 房屋买卖；2. 房屋赠与；3. 房屋交换；4. 房屋作价入股 5. 其他	2. 商业；3. 办公；4. 商住；5. 附属建筑；6. 工业；7. 其他
	存量房☐	商品住房☐	1. 房屋买卖；2. 房屋赠与；3. 房屋交换☐；4. 房屋作价入股 5. 其他	1. 居住☐
		保障性住房	1. 房屋买卖；2. 房屋赠与；3. 房屋交换；4. 房屋作价入股 5. 其他	1. 居住
		其他住房	1. 房屋买卖；2. 房屋赠与；3. 房屋交换；4. 房屋作价入股 5. 其他	1. 居住
		非住房	1. 房屋买卖；2. 房屋赠与；3. 房屋交换；4. 房屋作价入股 5. 其他	2. 商业；3. 办公；4. 商住；5. 附属建筑；6. 工业；7. 其他

填表说明请扫二维码。

权属转移对象、方式、用途逻辑关系对照表填表说明

第十一节　企业所得税纳税申报实务模拟演练

企业所得税是对我国境内的企业和其他取得收入的组织的生产经营所得和其他所得征收的一种税，是国家参与企业利润分配的重要手段。企业所得税在调节收入分配、促进公平竞争、筹集财政收入方面起到重要作用，是国家进行宏观经济调控的一个重要经济杠杆。企业所得税以应纳税所得额为计税依据，应纳税所得额的计算与成本、费用密切相关，征税以能力负担为原则，实行按年计征、分月或者分季预缴，年终汇算清缴，多退少补的征收办法。

一、企业所得税纳税申报操作规范

（一）纳税期限

企业所得税的纳税年度自公历 1 月 1 日起至 12 月 31 日。企业在一个纳税年度的中间开业，或者出于合并、关闭等原因终止经营活动，使该纳税年度的实际经营期不足 12 个月的，应以其实际经营期为一个纳税年度。企业清算时，应当以清算期间作为一个纳税年度。例如，假定某公司 2017 年 6 月 18 日开业，2024 年 4 月 14 日进行清算，则第一个企业所得税纳税年度

为6月18日至12月31日,第二个、第三个……第七个纳税年度均为1月1日至12月31日,第八个纳税年度为1月1日至4月14日。

《中华人民共和国企业所得税法》规定,企业缴纳企业所得税,按年计征,分月或者分季预缴,年终汇算清缴,多退少补。按月或者按季预缴的,应当自月份或者季度终了之日起15日内,向税务机关报送预缴企业所得税纳税申报表,预缴税款。企业在报送企业所得税纳税申报表时应当按照规定附送财务会计报告和其他有关资料。企业应在年度终了之日起5个月内,向税务机关报送年度企业所得税纳税申报表,并汇算清缴,结清应缴应退税款。企业在年度中间终止经营活动的,应当自实际经营终止之日起60日内,向税务机关办理当期企业所得税汇算清缴。

企业在纳税年度内无论盈利或者亏损,都应当依照《中华人民共和国企业所得税法》第五十四条规定的期限,向税务机关报送预缴企业所得税纳税申报表、年度企业所得税纳税申报表、财务会计报告和税务机关规定应当报送的其他有关资料。

(二)纳税地点

(1)除税收法律、行政法规另有规定外,居民企业以企业登记注册地为纳税地点;但登记注册地在境外的,以实际管理机构所在地为纳税地点。企业注册登记地,是指企业依照国家有关规定登记注册的所在地。

(2)居民企业在中国境内设立不具有法人资格的营业机构的,应当汇总计算并缴纳企业所得税。企业汇总计算并缴纳企业所得税时,应当统一核算应纳税所得额,具体办法由国务院财政、税务主管部门另行制定。

(3)非居民企业在中国境内设立机构、场所的,应当就其所设机构、场所取得的来源于中国境内的所得,以及发生在中国境外但与其所设机构、场所有实际联系的所得,以机构、场所所在地为纳税地点。非居民企业在中国境内设立两个或者两个以上机构、场所的,经税务机关审核批准,可以选择由其主要机构、场所汇总缴纳企业所得税。非居民企业经批准汇总缴纳企业所得税后,需要增设、合并、迁移、关闭机构、场所或者停止机构、场所业务的,应当事先由负责汇总申报缴纳企业所得税的主要机构、场所向其所在地税务机关报告;需要变更汇总缴纳企业所得税的主要机构、场所的,依照前款规定办理。

(4)非居民企业在中国境内未设立机构、场所的,或者虽设立机构、场所但取得的所得与其所设机构、场所没有实际联系的所得,以扣缴义务人所在地为纳税地点。

(5)除国务院另有规定外,企业之间不得合并缴纳企业所得税。

(三)征收机关

企业所得税属于中央与地方共享税,其所得属于中央政府和地方政府的共同收入。铁道部、各银行总行及海洋石油企业缴纳的企业所得税部分归中央政府,其余部分中央与地方政府按60%与40%的比例分享。

(四)缴纳方法

企业必须按照国家税务局或地方税务局的要求进行纳税申报,申报的方式主要有直接申报、邮寄申报、网上申报和IC卡申报。

二、企业所得税纳税申报指南

(一)居民企业(查账征收)的企业所得税月(季)度申报

申请条件:实行查账征收方式申报企业所得税的居民企业(包括境外注册中资控股居民

企业)在月份或者季度终了之日起的15日内,依照税收法律、法规、规章及其他有关规定,向税务机关填报"中华人民共和国企业所得税月(季)度预缴纳税申报表(A类)"及其他相关资料,进行月(季)度预缴纳税申报。

设定依据:

(1)《中华人民共和国税收征收管理法》第二十五条第一款;

(2)《中华人民共和国企业所得税法》第一条、第五十四条。

办理材料: 详见表4-29。

表4-29　　　　居民企业(查账征收)企业所得税月(季)度申报材料

序号	材料名称	数量	备注
1	中华人民共和国企业所得税月(季)度预缴纳税申报表(A类)	2份	
有以下情形的,还应提供相应材料			
适用情形	材料名称	数量	备注
跨省、自治区、直辖市和计划单列市设立的,实行汇总纳税办法的居民企业(分支机构)	"企业所得税汇总纳税分支机构所得税分配表"复印件	1份	经总机构所在地主管税务机关受理的
符合条件的境外投资居民企业	居民企业参股外国企业信息报告表	1份	
适用股权激励和技术入股递延纳税政策的企业	技术成果投资入股企业所得税递延纳税备案表	1份	投资完成后首次预缴申报时报送
在同一省、自治区、直辖市和计划单列市内跨地、市(区、县)设立的,实行汇总纳税办法的居民企业,总分机构应报送省税务机关规定的相关资料			

纳税人注意事项:

(1)纳税人对报送材料的真实性和合法性承担责任。

(2)文书表单可在各省税务局官方网站"下载中心"栏目查询下载或到办税服务厅领取。

(3)税务机关提供"最多跑一次"服务。纳税人在资料完整且符合法定受理条件的前提下,最多只需跑一次税务机关。

(4)纳税人使用符合电子签名法规定条件的电子签名,与手写签名或者盖章具有同等法律效力。

(5)企业所得税预缴申报必须连续进行,中间缺漏的属期要先补充完整,才能继续申报。

(6)纳税人未按照规定的期限办理纳税申报和报送纳税资料的,将影响纳税信用评价结果,并依照《中华人民共和国税收征收管理法》有关规定承担相应法律责任。

(7)企业所得税分月或者分季预缴,由税务机关具体核定。符合条件的小型微利企业,实行按季度申报预缴企业所得税。

(8)歇业状态的市场主体依法应履行纳税义务、扣缴义务的,可按如下方式简并企业所得税申报,且当年度内不再变更:

① 设立不具有法人资格分支机构的企业,按月申报预缴企业所得税的,其总机构办理歇业后,总机构及其所有分支机构可自下一季度起调整为按季预缴申报;仅分支机构办理歇业的,总机构及其所有分支机构不调整预缴申报期限。

② 未设立不具有法人资格分支机构的企业,按月申报预缴企业所得税的,办理歇业后,可自下一季度起调整为按季预缴申报。一经调整,当年度内不再变更。

(9) 纳税期限遇最后一日是法定休假日的,以休假日期满的次日为期限的最后一日;在期限内有连续3日以上法定休假日的,按休假日天数顺延。

(10) 跨地区经营的汇总纳税纳税人,总机构应分摊的预缴比例填报25%,中央财政集中分配的预缴比例填报25%,全部分支机构应分摊的预缴比例填报50%;省内经营的汇总纳税纳税人,吉林省无具体规定。

(11) 建筑企业总机构直接管理的跨地区设立的项目部,应按项目实际经营收入的0.2%按月或按季由总机构向项目所在地预分企业所得税,并由项目部向所在地主管税务机关预缴。

(12) 纳税人享受减税、免税待遇的,在减税、免税期间应当按照规定办理纳税申报,填写申报表及其附表上的优惠栏目。

(二) 居民企业(核定征收)的企业所得税月(季)度申报

申请条件:按照《企业所得税核定征收办法》缴纳企业所得税的居民企业在月份或者季度终了之日起的15日内,依照税收法律、法规、规章及其他有关企业所得税的规定,向税务机关填报"中华人民共和国企业所得税月(季)度预缴和年度纳税申报表(B类,2018年版)"及其他相关资料,向税务机关进行企业所得税月(季)度申报。

设定依据:
(1)《中华人民共和国税收征收管理法》第二十五条第一款;
(2)《中华人民共和国企业所得税法》第一条、第五十四条。

办理材料:详见表4-30。

表4-30　　　　居民企业(核定征收)企业所得税月(季度)申报材料

序号	材料名称	数量	备注
1	中华人民共和国企业所得税月(季)度预缴和年度纳税申报表(B类,2018年版)	2份	
有以下情形的,还应提供相应材料			
适用情形	材料名称	数量	备注
符合条件的境外投资居民企业	居民企业参股外国企业信息报告表	1份	

纳税人注意事项:
(1) 纳税人对报送材料的真实性和合法性承担责任。
(2) 文书表单可在各省税务局官方网站"下载中心"栏目查询下载或到办税服务厅领取。
(3) 税务机关提供"最多跑一次"服务。纳税人在资料完整且符合法定受理条件的前提下,最多只需跑一次税务机关。

(4) 纳税人使用符合电子签名法规定条件的电子签名,与手写签名或者盖章具有同等法律效力。

(5) 纳税人未按照规定的期限办理纳税申报和报送纳税资料的,将影响纳税信用评价结果,并依照《中华人民共和国税收征收管理法》有关规定承担相应法律责任。

(6) 月(季)度预缴纳税期限为月份或者季度终了之日起的 15 日内,申报期遇最后一日是法定休假日的,以休假日期满的次日为期限的最后一日;在期限内有连续 3 日以上法定休假日的,按休假日天数顺延。

(7) 企业所得税分月或者分季预缴,由税务机关具体核定。符合条件的小型微利企业,实行按季度申报预缴企业所得税。

(8) 歇业状态的市场主体依法应履行纳税义务、扣缴义务的,可按如下方式简并企业所得税申报,且当年度内不再变更:

① 设立不具有法人资格分支机构的企业,按月申报预缴企业所得税的,其总机构办理歇业后,总机构及其所有分支机构可自下一季度起调整为按季预缴申报;仅分支机构办理歇业的,总机构及其所有分支机构不调整预缴申报期限。

② 未设立不具有法人资格分支机构的企业,按月申报预缴企业所得税的,办理歇业后,自下一季度起调整为按季预缴申报。一经调整,当年度内不再变更。

(9) 纳税人享受减税、免税待遇的,在减税、免税期间应当按照规定办理纳税申报,填写申报表及其附表上的优惠栏目。

(三) 居民企业(查账征收)的企业所得税年度申报

申请条件: 实行查账征收方式申报企业所得税的居民企业(包括境外注册中资控股居民企业)在纳税年度终了之日起 5 个月内,在年度中间终止经营活动的在实际终止经营之日起 60 日内,依照税收法律、法规、规章及其他有关规定,自行计算本纳税年度应纳税所得额、应纳所得税额和本纳税年度应补(退)税额,向税务机关填报"中华人民共和国企业所得税年度纳税申报表(A 类,2017 年版)"及其他有关资料,进行年度纳税申报。

设定依据:

(1)《中华人民共和国税收征收管理法》第二十五条第一款;

(2)《中华人民共和国企业所得税法》第一条、第五十四条。

办理材料: 详见表 4-31。

表 4-31   居民企业(查账征收)企业所得税年度申报材料

序号	材料名称	数量	备注
1.	中华人民共和国企业所得税年度纳税申报表(A 类,2017 年版)	2 份	
有以下情形的,还应提供相应材料			
适用情形	材料名称	数量	备注
房地产开发企业在开发产品完工当年企业所得税年度纳税申报	房地产开发企业成本对象管理专项报告	1 份	

续表

适 用 情 形	材 料 名 称	数 量	备 注
申请享受中小企业信用担保机构有关准备金企业所得税税前扣除政策	年度会计报表和担保业务情况(包括担保业务明细和风险准备金提取等)	1份	
申报抵免境外所得税收(取得境外分支机构的营业利润所得)	境外分支机构会计报表	1份	备案资料使用非中文的,企业应同时提交中文译本复印件。上述资料已向税务机关提供的,可不再提供;上述资料若有变更的,需重新提供。原件查验后退回纳税人可以自主选择是否对"企业在境外享受税收优惠政策的证明或有关审计报告"适用告知承诺制办理,并对承诺的真实性承担法律责任
	具有资质的机构出具的有关分支机构审计报告等或"税务证明事项告知承诺书"	1份	
申报抵免境外所得税收(取得境外利息、租金、特许权使用费、转让财产等所得)	依照中国境内《中华人民共和国企业所得税法》及其实施条例规定计算的应纳税额的资料及计算过程	1份	
申报抵免境外所得税收(申请享受税收饶让抵免)	本企业及其直接或间接控制的外国企业在境外所获免税及减税的依据及证明或有关审计报告披露该企业享受的优惠政策的复印件或"税务证明事项告知承诺书"	1份	
跨省、自治区、直辖市和计划单列市设立的,实行汇总纳税办法的居民企业(分支机构)	"汇总纳税企业分支机构所得税分配表"复印件	1份	经总机构所在地主管税务机关受理的不需要报送"中华人民共和国企业所得税年度纳税申报表(A类,2017年版)"
	中华人民共和国企业所得税月(季)度预缴纳税申报表(A类)	1份	
	分支机构参与企业年度纳税调整情况的说明	1份	
适用《中华人民共和国企业所得税法》第四十五条情形或者需要适用《特别纳税调整实施办法(试行)》第八十四条规定的居民企业	受控外国企业信息报告表	1份	
居民企业在办理企业所得税年度申报时,与境外所得相关的纳入《中华人民共和国企业所得税法》第二十四条规定抵免范围的外国企业或符合其第四十五条规定的受控外国企业	财务报表主表及相关附表 会计报表附注 财务情况说明书	1份	
居民企业以非货币性资产对外投资确认的非货币性资产转让所得,在自确认非货币性资产转让收入年度起不超过连续5个纳税年度的期间内,分期均匀计入相应年度的应纳税所得额的,在非货币性资产转让所得递延确认期间,申报每年企业所得税汇算清缴资料	非货币性资产投资递延纳税调整明细表	1份	

续表

适 用 情 形	材 料 名 称	数 量	备 注
企业重组业务适用特殊性税务处理申报	企业重组所得税特殊性税务处理报告表及附表	1份	
为参与开采海上油气资源的中国企业和外国企业在申报当年度企业所得税汇算清缴资料	海上油气生产设施弃置费情况表	1份	
进行特殊性税务处理的股权或资产划转的交易双方在年度汇算清缴	居民企业资产(股权)划转特殊性税务处理申报表	1份	
企业税前扣除手续费及佣金支出	依法取得合法真实凭证的当年手续费及佣金计算分配表和其他相关资料	1份	

纳税人注意事项：

(1) 纳税人对报送材料的真实性和合法性承担责任。

(2) 文书表单可在各省税务局官方网站"下载中心"栏目查询下载或到办税服务厅领取。

(3) 税务机关提供"最多跑一次"服务。纳税人在资料完整且符合法定受理条件的前提下，最多只需跑一次税务机关。

(4) 纳税人使用符合电子签名法规定条件的电子签名，与手写签名或者盖章具有同等法律效力。

(5) 纳税人提供的各项资料为复印件的，均需注明"与原件一致"并签章。

(6) 纳税人未按照规定的期限办理纳税申报和报送纳税资料的，将影响纳税信用评价结果，并依照《中华人民共和国税收征收管理法》有关规定承担相应法律责任。

(7) 小型微利企业办理2018年度及以后年度企业所得税汇算清缴纳税申报时，"中华人民共和国企业所得税年度纳税申报表(A类)"(A100000)为小型微利企业必填表单。"企业所得税年度纳税申报基础信息表"(A000000)中的"基本经营情况"为小型微利企业必填项目；"有关涉税事项情况"为选填项目，存在或者发生相关事项时小型微利企业必须填报；"主要股东及分红情况"为小型微利企业免填项目。免于填报"一般企业收入明细表"(A101010)、"金融企业收入明细表"(A101020)、"一般企业成本支出明细表"(A102010)、"金融企业支出明细表"(A102020)、"事业单位、民间非营利组织收入、支出明细表"(A103000)、"期间费用明细表"(A104000)。除前述规定的表单、项目外，小型微利企业可结合自身经营情况，选择表单填报。未发生表单中规定的事项，无须填报。

(8) 实行查账征收的居民企业和在中国境内设立机构、场所并据实申报缴纳企业所得税的非居民企业，向税务机关报送年度企业所得税纳税申报表时，应当就其与关联方之间的业务往来进行关联申报。

(9) 居民企业(查账征收)在办理年度申报时在纳税年度内预缴企业所得税税款少于应缴企业所得税税款的，应在汇算清缴期内结清应补缴的企业所得税税款；预缴税款超过应纳税款的，及时向主管税务机关按有关规定办理抵缴或退税。

(10) 一般企业纳税年度发生的亏损,准予向以后年度结转,用以后年度的所得弥补,但结转年限最长不得超过5年。自2018年1月1日起,当年具备高新技术企业或科技型中小企业资格的企业,其具备资格年度之前5个年度发生的尚未弥补完的亏损,准予结转以后年度弥补,最长结转年限由5年延长至10年。受疫情影响较大的困难行业企业(包括交通运输、餐饮、住宿、旅游行业企业)和电影行业企业2020年度发生的亏损,最长结转年限由5年延长至8年。自2020年1月1日起,国家鼓励的线宽小于130纳米(含)的集成电路生产企业,属于国家鼓励的集成电路生产企业清单年度之前5个纳税年度发生的尚未弥补完的亏损,准予向以后年度结转,总结转年限最长不得超过10年。

(11) 纳税人享受减税、免税待遇的,在减税、免税期间应当按照规定办理纳税申报,填写申报表及其附表上的优惠栏目。

(12) 对重大税收违法失信案件当事人不适用告知承诺制,重大税收违法失信案件当事人履行相关法定义务,经实施检查的税务机关确认,在公布期届满后可以适用告知承诺制;其他纳税人存在曾作出虚假承诺情形的,在纠正违法违规行为或者履行相关法定义务之前不适用告知承诺制。

(四) 居民企业(核定征收)的企业所得税年度申报

申请条件:按照《企业所得税核定征收办法》缴纳企业所得税的居民企业年度终了之日起5个月内或在年度中间终止经营活动的自实际终止经营之日起60日内,依照税收法律、法规、规章及其他有关企业所得税的规定,向税务机关填报"中华人民共和国企业所得税月(季)度预缴和年度纳税申报表(B类,2018年版)"及其他相关资料,向税务机关进行企业所得税年度申报。实行核定定额征收企业所得税的纳税人,不进行汇算清缴。

设定依据:

(1)《中华人民共和国税收征收管理法》第二十五条第一款;

(2)《中华人民共和国企业所得税法》第一条、第五十四条。

办理材料:详见表4-32。

表4-32　　居民企业(核定征收)企业所得税年度申报材料

序号	材料名称	数量	备注
1	中华人民共和国企业所得税月(季)度预缴和年度纳税申报表(B类,2018年版)	2份	
有以下情形的,还应提供相应材料			
适用情形	材料名称	数量	备注
适用《中华人民共和国企业所得税法》第四十五条情形或者需要适用《特别纳税调整实施办法(试行)》第八十四条规定的居民企业	受控外国企业信息报告表	1份	

纳税人注意事项:

(1) 纳税人对报送材料的真实性和合法性承担责任。

(2) 文书表单可在各省税务局官方网站"下载中心"栏目查询下载或到办税服务厅领取。

(3)税务机关提供"最多跑一次"服务。纳税人在资料完整且符合法定受理条件的前提下,最多只需跑一次税务机关。

(4)纳税人使用符合电子签名法规定条件的电子签名,与手写签名或者盖章具有同等法律效力。

(5)纳税人未按照规定的期限办理纳税申报和报送纳税资料的,将影响纳税信用评价结果,并依照《中华人民共和国税收征收管理法》有关规定承担相应的法律责任。

(6)小型微利企业在预缴时已享受优惠政策,但年度汇算清缴时超过规定标准的,应按规定补缴税款。

(7)纳税人享受减税、免税待遇的,在减税、免税期间应当按照规定办理纳税申报,填写申报表及其附表上的优惠栏目。

(五)清算企业的企业所得税申报

申请条件: 因解散、破产、重组等原因终止生产经营活动的纳税人,不再持续经营的纳税人,企业由法人转变为个人独资企业、合伙企业等非法人组织,或将登记注册地转移至中华人民共和国境外(包括港澳台地区),在办理注销登记前,以整个清算期间作为一个纳税年度,依法计算清算所得及其应纳所得税,自清算结束之日起15日内,填报"中华人民共和国企业清算所得税申报表"及其他相关资料,向税务机关进行申报。

设定依据:

(1)《中华人民共和国税收征收管理法》第二十五条第一款;

(2)《中华人民共和国企业所得税法》第一条、第五十三条第三款、第五十五条。

办理材料: 详见表4-33。

表4-33　　　　　清算企业的企业所得税申报材料

序号	材料名称	数量	备注
1	中华人民共和国企业清算所得税申报表	2份	
有以下情形的,还应提供相应材料			
适用情形	材料名称	数量	备注
企业由法人转变为个人独资企业、合伙企业等非法人组织,或将登记注册地转移至中华人民共和国境外(包括港澳台地区)	企业改变法律形式的市场监督管理部门或其他政府部门的批准文件复印件	1份	
	企业全部资产的计税基础以及评估机构出具的资产评估报告复印件	1份	
	企业债权、债务处理或归属情况说明复印件	1份	
被合并企业	企业合并的市场监督管理部门或其他政府部门的批准文件复印件	1份	
	企业全部资产和负债的计税基础以及评估机构出具的资产评估报告复印件	1份	
	被合并企业债务处理或归属情况说明复印件	1份	

续表

适用情形	材料名称	数量	备注
被分立企业	企业分立的市场监督管理部门或其他政府部门的批准文件复印件	1份	
	被分立企业全部资产的计税基础以及评估机构出具的资产评估报告复印件	1份	
	被分立企业债务处理或归属情况说明复印件	1份	

纳税人注意事项：

(1) 纳税人对报送材料的真实性和合法性承担责任。

(2) 文书表单可在各省税务局官方网站"下载中心"栏目查询下载或到办税服务厅领取。

(3) 税务机关提供"最多跑一次"服务。纳税人在资料完整且符合法定受理条件的前提下，最多只需跑一次税务机关。

(4) 纳税人使用符合电子签名法规定条件的电子签名，与手写签名或者盖章具有同等法律效力。

(5) 纳税人提供的各项资料为复印件的，均需注明"与原件一致"并签章。

(6) 纳税人未按照规定的期限办理纳税申报和报送纳税资料的，将影响纳税信用评价结果，并依照《中华人民共和国税收征收管理法》有关规定承担相应法律责任。

(7) 完成居民企业清算企业所得税申报后，可继续办理注销登记或清税申报等事宜。

(8) 企业应当在办理注销登记之前，就其清算所得向主管税务机关申报并依法缴纳企业所得税。境外注册中资控股居民企业需要申报办理注销税务登记的，应在注销税务登记前，就其清算所得向主管税务机关申报缴纳企业所得税。

(9) 进入清算期的企业应对清算事项，报主管税务机关备案。

（六）对采取实际利润额预缴以外的其他企业的企业所得税预缴方式的核定

申请条件：按照月度或者季度的实际利润额预缴企业所得税有困难的纳税人，可以向税务机关申请按照上一纳税年度应纳税所得额的月度或者季度平均额预缴，或者按照经税务机关认可的其他方法预缴企业所得税。

设定依据：《中华人民共和国企业所得税法实施条例》第一百二十七条。

办理材料：详见表4-34。

表4-34　　　　　其他企业的企业所得税预缴核定申请材料

序号	材料名称	数量	备注
1	企业所得税预缴方式（实际利润额以外）核定申请表	1份	
2	经办人身份证件原件	1份	查验后退回
3	按照月度或者季度的实际利润额预缴确有困难的证明材料	1份	

续表

有以下情形的,还应提供相应材料			
适用情形	材料名称	数量	备注
委托代理人办理	代理委托书	1份	
	代理人身份证件原件	1份	查验后退回

纳税人注意事项:
(1) 纳税人对报送材料的真实性和合法性承担责任。
(2) 文书表单可在各省税务局官方网站"下载中心"栏目查询下载或到办税服务厅领取。
(3) 纳税人使用符合电子签名法规定条件的电子签名,与手写签名或者盖章具有同等法律效力。
(4) 纳税人的预缴方法一经确定,该纳税年度内不得随意变更。
(5) 按月度预缴企业所得税的申请人应当于每年1月31日前提出申请;按季度预缴企业所得税的申请人应当于每年3月31日前提出申请。

三、企业所得税纳税申报表的组成

企业所得税纳税申报表由"中华人民共和国企业所得税年度纳税申报表(A类)2017版"及其附表、"中华人民共和国企业所得税月(季)度预缴纳税申报表(A类)"及其附表、"中华人民共和国企业所得税月(季)度预缴和年度纳税申报表(B类)2018版"、"中华人民共和国企业清算所得税申报表"、"企业所得税预缴方式(实际利润额以外)核定申请表"等构成。

跨地区经营汇总纳税企业的分支机构,使用"企业所得税月(季)度预缴纳税申报表(A类)"和"企业所得税汇总纳税分支机构所得税分配表"进行年度企业所得税汇算清缴申报。

(一)"企业所得税年度纳税申报表(A类)"及其附表

"企业所得税年度纳税申报表(A类)"适用于实行查账征收方式的企业所得税纳税人在年度申报企业所得税时使用。

企业所得税年度纳税申报表共37张,具体为基础信息表1张、主表1张、收入费用明细表6张、纳税调整表13张、亏损弥补表1张、税收优惠表9张、境外所得抵免表4张、汇总纳税表2张(详见表4-35)。

表4-35　　　　　　　　企业所得税年度纳税申报表填报表单

表单编号	表单名称	选择填报情况	
		填报	不填报
A000000	企业基础信息表	√	×
A100000	中华人民共和国企业所得税年度纳税申报表(A类)	√	×
A101010	一般企业收入明细表	□	□
A101020	金融企业收入明细表	□	□

续表

表单编号	表单名称	选择填报情况	
		填报	不填报
A102010	一般企业成本支出明细表	☐	☐
A102020	金融企业支出明细表	☐	☐
A103000	事业单位、民间非营利组织收入、支出明细表	☐	☐
A104000	期间费用明细表	☐	☐
A105000	纳税调整项目明细表	☐	☐
A105010	视同销售和房地产开发企业特定业务纳税调整明细表	☐	☐
A105020	未按权责发生制确认收入纳税调整明细表	☐	☐
A105030	投资收益纳税调整明细表	☐	☐
A105040	专项用途财政性资金纳税调整明细表	☐	☐
A105050	职工薪酬纳税调整明细表	☐	☐
A105060	广告费和业务宣传费跨年度纳税调整明细表	☐	☐
A105070	捐赠支出及纳税调整明细表	☐	☐
A105080	资产折旧、摊销及纳税调整明细表	☐	☐
A105090	资产损失税前扣除及纳税调整明细表	☐	☐
A105100	企业重组及递延纳税事项纳税调整明细表	☐	☐
A105110	政策性搬迁纳税调整明细表	☐	☐
A105120	贷款损失准备金及纳税调整明细表	☐	☐
A106000	企业所得税弥补亏损明细表	☐	☐
A107010	免税、减计收入及加计扣除优惠明细表	☐	☐
A107011	符合条件的居民企业之间的股息、红利等权益性投资收益优惠明细表	☐	☐
A107012	研发费用加计扣除优惠明细表	☐	☐
A107020	所得减免优惠明细表	☐	☐
A107030	抵扣应纳税所得额明细表	☐	☐
A107040	减免所得税优惠明细表	☐	☐
A107041	高新技术企业优惠情况及明细表	☐	☐

续表

表单编号	表单名称	选择填报情况	
		填报	不填报
A107042	软件、集成电路企业优惠情况及明细表	☐	☐
A107050	税额抵免优惠明细表	☐	☐
A108000	境外所得税收抵免明细表	☐	☐
A108010	境外所得纳税调整后所得明细表	☐	☐
A108020	境外分支机构弥补亏损明细表	☐	☐
A108030	跨年度结转抵免境外所得税明细表	☐	☐
A109000	跨地区经营汇总纳税企业年度分摊企业所得税明细表	☐	☐
A109010	企业所得税汇总纳税分支机构所得税分配表	☐	☐

说明：企业应当根据实际情况选择需要填表的表单。

附表分一级附表和二级附表。其中：

一级附表15张，分别是：

收入费用明细表6张：(1)一般企业收入明细表(A101010)；(2)金融企业收入明细表(A101020)；(3)一般企业成本支出明细表(A102010)；(4)金融企业支出明细表(A102020)；(5)事业单位、民间非营利组织收入、支出明细表(A103000)；(6)期间费用明细表(A104000)。

纳税调整表1张，即纳税调整项目明细表(A105000)。

弥补亏损表1张，即企业所得税弥补亏损明细表(A106000)。

税收优惠表5张：(1)免税、减计收入及加计扣除优惠明细表(A107010)；(2)所得减免优惠明细表(A107020)；(3)抵扣应纳税所得额明细表(A107030)；(4)减免所得税优惠明细表(A107040)；(5)税额抵免优惠明细表(A107050)。

境外所得抵免表1张，即境外所得税收抵免明细表(A108000)。

汇总纳税表1张，即跨地区经营汇总纳税企业年度分摊企业所得税明细表(A109000)。

二级附表20张，分别是：

纳税调整类12张：(1)视同销售和房地产开发企业特定业务纳税调整明细表(A105010)；(2)未按权责发生制确认收入纳税调整明细表(A105020)；(3)投资收益纳税调整明细表(A105030)；(4)专项用途财政性资金纳税调整明细表(A105040)；(5)职工薪酬纳税调整明细表(A105050)；(6)广告费和业务宣传费跨年度纳税调整明细表(A105060)；(7)捐赠支出纳税调整明细表(A105070)；(8)资产折旧、摊销情况及纳税调整明细表(A105080)；(9)资产损失税前扣除及纳税调整明细表(A105090)；(10)企业重组及递延纳税事项纳税调整明细表(A105100)；(11)政策性搬迁纳税调整明细表(A105110)；(12)贷款损失准备金及纳税调整明细表(A105120)。

税收优惠类4张：(1)符合条件的居民企业之间的股息、红利等权益性投资收益优惠明细表(A107011)；(2)研发费用加计扣除优惠明细表(A107012)；(3)高新技术企业优惠情况及明细表(A107041);(4)软件、集成电路企业优惠情况及明细表(A107042)。

境外抵免3张:(1)境外所得纳税调整后所得明细表(A108010);(2)境外分支机构弥补亏损明细表(A108020);(3)跨年度结转抵免境外所得税明细表(A108030)。

汇总纳税1张,即企业所得税汇总纳税分支机构所得税分配表(A109010)。

(二)"企业所得税月(季)度预缴纳税申报表(A类)"

"企业所得税月(季)度预缴纳税申报表(A类)"适用于实行查账征收的企业所得税纳税人在月(季)度预缴企业所得税时使用。跨地区经营汇总纳税企业的分支机构年度汇算清缴申报也适用本表。

"企业所得税月(季)度预缴纳税申报表(A类)"共21行,包括按照实际利润额预缴、按照上一纳税年度应纳税所得额的平均额预缴和按照税务机关确定的其他方法预缴三个部分,以及总分机构纳税人预缴。纳税人预缴所得税的方法一经确定,不得随意变更。其计算公式为:

$$月(季)预缴所得税额 = 月(季)应纳税所得额 \times 所得税税率$$
$$或者 = 上一纳税年度应纳税所得额 \times 1/12(或 1/4) \times 所得税税率$$

(三)"企业所得税月(季)度预缴和年度纳税申报表(B类)"

"企业所得税月(季)度预缴和年度纳税申报表(B类)"适用于实行核定征收企业所得税的纳税人在预缴月份、季度企业所得税和年度汇算清缴企业所得税时使用。实行核定应税所得率方式的企业所得税的纳税人,年度汇算清缴申报也使用本表。

"企业所得税月(季)度预缴和年度纳税申报表(B类)"共17行,分为按照收入总额核定应纳税所得额、按成本费用核定应纳税所得额和核定应纳税额三种核定计算方式,适用不同的纳税人。

企业所得税纳税申报思政案例请扫二维码。

思政案例(三)

四、企业所得税纳税申报案例

(一)企业所得税年度纳税申报案例

"企业所得税年度纳税申报表(A类)"采用的是以间接法为基础的表样设计,包括利润总额计算、应纳税所得额计算和应纳税额计算三部分。在编制时,以利润表为起点,将会计利润按税法规定调整为应纳税所得额,进而计算应纳所得税额。具体计算步骤如下:

(1)应纳税所得额=会计利润总额-境外所得±纳税调整额-免税、减计收入及加计扣除+境外应税所得抵减境内亏损-所得减免-抵扣应纳税所得额-弥补以前年度亏损

(2)应纳所得税额=应纳税所得额×税率

(3)应纳税额=应纳所得税额-减免所得税额-抵免所得税额

(4)实际应纳所得税额=应纳税额+境外所得应纳所得税额-境外所得抵免所得税额

(5)本年应补(退)的所得税额=实际应纳所得税额-本年累计实际已预缴的所得税额

【例4-12】长春市甲汽车股份有限公司为生产性增值税一般纳税人,拥有在册职工600人,资产总额为60 000 000元,地处长春市高新区硅谷大街1135号,纳税人识别码为220104771719794×××,法定代表人为王大鹏;在交通银行长春卫星广场支行开户,账号是

22011686900187121××××，电话为85189××××，主管税务机关为长春市税务局。会计主管：王芳；经办人：李红（身份证号为22010419860501××××）。

2023年1月1日至12月31日该公司的会计资料反映的生产经营情况如下：

（1）产品销售收入总额64 340 000元；销售材料、下脚料、废料等的收入1 138 000元。

（2）国债投资3 000 000元，取得国债利息收入300 000元；金融债券投资1 000 000元，取得金融债券利息收入100 000元。

（3）短期投资（股票A）340 000元，全部转让取得所得345 000元，支付转让税费1 400元，取得转让投资收益3 600元。

（4）对深圳B生产性外商投资企业（纳税人识别号91110000671702××××）投资5 000 000元，占被投资企业所有者权益的比例为30%，从B企业分回税后利润600 000元，B企业所得税税率为25%。

（5）对美国某企业投资6 000 000元，占被投资企业所有者权益的比例为40%，从该企业分回税后利润1 200 000元，美国所得税税率为40%；在英国取得特许权使用费收益800 000元，该国预提所得税税率为20%。

（6）产品销售成本42 000 000元，其他业务成本994 500元。

（7）销售税金及附加1 054 284.62元。

（8）销售费用11 424 803.20元。其中展览费487 450元（其中，国际商会组织的在国际会展中心举办的产品展览会费用216 000元，本单位组织的在国贸大厦举办的产品展览会费用271 450.00元）；产品广告费10 050 000元（其中，在中央电视台做产品广告支付5 680 000元，在吉林电视台做产品广告支付4 350 000元）；在《中国税务》杂志做产品广告支付20 000元。

（9）管理费用8 826 214.26元，其中，计入管理费用中的销售税金80 860元；业务招待费402 524元；差旅费120 300元；交通费102 367元；社会保险缴款785 000元，劳动保护费344 623元；管理用固定资产折旧费300 000元；发生1项新产品研究开发费用400 000元（其中，研发活动直接消耗的材料费用200 000元、燃料费用60 000元、动力费用400 000元，从事研发的在职人员费用100 000元）；存货发生坏账损失230 000元。

（10）财务费用830 000元，其中，年初向工商银行借款10 000 000元，用于生产经营，年利率为5%；年初向万达贸易公司借款2 000 000元，用于生产经营，年利率为10%；另支付逾期归还银行贷款的罚息130 000元。

（11）实发工资总额12 844 308元，其中，生产工人工资2 722 468元，车间管理人员工资4 508 600元，销售人员工资778 380元，行政管理人员工资4 754 000元，福利部门人员工资48 480元，工会人员工资32 380元。本年实际发生职工福利费1 798 203.12元，职工工会经费256 886.16元，职工教育经费1 027 544.64元（上述有关人员工资及三项经费已计入管理费用）。

（12）固定资产情况如下：厂房上年原值5 000 000元，当年折旧250 000元；办公楼上年原值6 000 000元，当年折旧300 000元；生产用机器设备A上年原值6 800 000元，当年折旧680 000元；当年增加生产用设备B 600 000元，当年折旧50 000元。会计折旧方法与税收折旧方法相同，都采用直线法折旧，会计折旧年限的估计也符合税法的规定，房屋20年，机器设备10年。

（13）本期实际发生坏账损失230 000元（应收A公司货款因其破产而无法收回，到期日是2018年10月31日），通过注册税务师财产损失鉴证，经税务机关审批后准予核销。

(14) 营业外支出 605 600 元,其中,通过民政局向四川灾区捐款 150 000 元,通过当地希望工程基金会向贵州某希望小学捐款 300 000 元,通过中国红十字会向福建灾区捐款 50 000 元;缴纳税收滞纳金 45 600 元;支付另一企业合同违约金 60 000 元。

(15) 2021 年发生亏损 208 800 元,2022 年已弥补亏损 128 500 元,上年度未弥补的亏损 80 300 元。

(16) 本年度已预缴企业所得税累计为 20 000 元。

【要求】 年终汇算清缴企业所得税,并计算填列企业所得税年度纳税申报表(A 类)及其附表。

【解析】

第一步,年终汇算清缴所得税的分析计算过程。

利润总额的计算：

1. 营业收入(详见附表 A101010)

营业收入＝主营业务收入＋其他业务收入＝64 340 000＋1 138 000＝65 478 000(元)

"营业收入"：填报纳税人主要经营业务和其他经营业务取得的收入总额。根据国家统一会计制度确认"主营业务收入"和"其他业务收入"的数额。附表 A101010 第 1 行"营业收入合计"金额作为计算业务招待费、广告费和业务宣传费支出扣除限额的计算基数。

2. 营业成本(详见附表 A102010)

营业成本＝主营业务成本＋其他业务成本＝42 000 000＋994 500＝42 994 500(元)

"营业成本"：填报纳税人主要经营业务和其他经营业务发生的成本总额。本行根据"主营业务成本"和"其他业务成本"的数额填报。

3. 税金及附加(1 054 284.62 元)

"税金及附加"：填报纳税人经营活动发生的增值税、消费税、城市维护建设税、资源税、土地增值税和教育费附加等相关税费。本行应根据"税金及附加"科目的数额计算填报。

4. 期间费用(详见附表 A104000)

期间费用＝销售费用＋管理费用＋财务费用＝11 424 803.20＋8 826 214.26＋830 000.00
　　　　＝21 081 017.46(元)

"销售费用"：填报纳税人在销售商品和材料、提供劳务的过程中发生的各种费用。

"管理费用"：填报纳税人为组织和管理企业生产经营发生的管理费用。

"财务费用"：填报纳税人为筹集生产经营所需资金等发生的筹资费用。

5. 投资收益

投资收益＝国债利息收入＋金融债券利息收入＋B 企业分回利润＋短期投资(股票)
　　　　＋境外投资应税所得额
　　　　＝300 000＋100 000＋600 000＋3 600＋1 200 000＋800 000＝3 003 600(元)

"投资收益"：填报纳税人以各种方式对外投资确认所取得的收益或发生的损失。本行根据企业"投资收益"科目的数额计算填报。

6. 营业外支出(详见附表 A102010)

罚款支出＝45 600＋60 000＝105 600(元)

捐赠支出＝150 000＋300 000＋50 000＝500 000(元)

营业外支出合计＝105 600＋500 000＝605 600(元)

"营业外支出"：填报纳税人发生的与其经营活动无直接关系的各项支出的金额。一般企业纳税人通过"一般企业成本支出明细表"(A102010)填报。

7. 利润总额

利润总额合计＝营业收入－营业成本－税金及附加－销售费用－管理费用－财务费用
　　　　　　＋投资收益－营业外支出
　　　　　　＝65 478 000－42 994 500－1 054 284.62－11 424 803.20－8 826 214.26
　　　　　　　－830 000＋3 003 600－605 600
　　　　　　＝2 746 197.92(元)

应纳税所得额的计算：

1. 境外所得(详见附表 A108010)

从美国取得所得＝1 200 000(元)

从英国取得所得＝800 000(元)

境外所得合计＝1 200 000＋800 000＝2 000 000(元)

"境外所得"填报纳税人发生的分国(地区)别取得的境外税后所得计入利润总额的金额。

注意：

境外所得的纳税调整包括两个方面：减项为主表第 14 行"减：境外所得"，填报纳税人发生的分国(地区)别取得的境外所得计入利润总额的金额。金额应等于 A108010 第 10 行第 14 列"境外税前所得"合计数减去第 11 列境外"间接负担的所得税额"合计数的差额。加项为第 18 行"加：境外应税所得抵减境内亏损"。主表"利润总额"在"减：境外所得""加：纳税调整增加额""减：纳税调整减少额""减：免税、减计收入及加计扣除"后为负数的，需把已从利润总额中减去的境外应税所得拉回来抵减该亏损，产生的纳税调整通过主表第 18 行填报，为正数时,本行填零。

2. 纳税调整增加额(详见附表 A105000)

填报纳税人会计处理与税收规定不一致，进行纳税调整增加的金额。本行通过"纳税调整项目明细表"(A105000)中"调增金额"列计算填报。

(1) 投资收益纳税调整额(详见附表 A105030)

纳税人根据税法、《国家税务总局关于贯彻落实企业所得税法若干税收问题的通知》(国税函〔2010〕79 号)等相关规定，以及国家统一企业会计制度，填报投资收益的会计处理、税法规定，以及纳税调整情况。发生持有期间投资收益，并按税法规定为减免税收入的(如国债利息收入等)以及处置投资项目按税法规定确认为损失的此处不作调整。因此，此处无须调整。

持有收益的账载金额＝长期股权投资＋长期债券投资
　　　　　　　　＝600 000＋300 000＋100 000
　　　　　　　　＝1 000 000(元)

持有收益的税收金额＝长期股权投资＋长期债券投资
　　　　　　　　＝600 000＋300 000＋100 000
　　　　　　　　＝1 000 000(元)

(2) 职工薪酬及三项经费纳税调整额(详见附表 A105050)

职工薪酬纳税调整额：《中华人民共和国企业所得税法实施条例》(以下简称《企业所得税法实施条例》)第三十四条规定，企业发生的合理的工资薪金支出，准予扣除。由于纳税人是按国家统一会计制度计入成本费用的职工工资、奖金、津贴和补贴，因此，此处无须调整。

职工福利费、职工工会经费、职工教育经费纳税调整额：《企业所得税法实施条例》第四十条、第四十一条和第四十二条分别规定：企业发生的职工福利费支出，不超过工资薪金总额

14%的部分,准予扣除。企业拨缴的工会经费,不超过工资薪金总额2%的部分,准予扣除。根据财税〔2018〕51号《关于企业职工教育经费税前扣除政策的通知》的规定,自2018年1月1日起,企业发生的职工教育经费支出,不超过工资薪金总额8%的部分,准予扣除;超过部分,准予在以后纳税年度结转扣除。

三项经费的实际账载金额分别为:职工福利费1 798 203.12元,职工工会经费256 886.16元,职工教育经费1 027 544.64元;而按实发工资总额和规定的比例计提的职工福利费为1 798 203.12元,职工工会经费为256 886.16元,职工教育经费为1 027 544.64元。因此,此处无须调整。

(3) 业务招待费纳税调整额

《企业所得税法实施条例》第四十三条规定,企业发生的与生产经营活动有关的业务招待费支出,按照发生额的60%扣除,但最高不得超过当年销售(营业)收入的5‰。

业务招待费最高扣除标准=销售(营业)收入×5‰=65 478 000×5‰=327 390(元)

因为实际发生额的60%=402 524.00×60%=241 514.40(元)<327 390(元),所以税前可以扣除的业务招待费为241 514.40元。

应调增应纳税所得额=402 524-241 514.40=161 009.60(元)

(4) 广告费和业务宣传费支出纳税调整额(详见附表A105060)

《企业所得税法实施条例》第四十三条规定,企业发生的符合条件的广告费和业务宣传费支出,除国务院财政、税务主管部门另有规定外,不超过当年销售(营业)收入15%的部分,准予扣除;超过部分,准予在以后纳税年度结转扣除。

广告费扣除标准=销售(营业)收入净额×15%=65 478 000×15%=9 821 700(元)

由于实际广告费为10 050 000元,大于扣除标准,因此,应调增应纳税所得额=10 050 000-9 821 700=228 300(元)。

(5) 捐赠支出纳税调整额(详见附表A105070)

《企业所得税法实施条例》第五十三条规定,企业发生的公益性捐赠支出,不超过年度利润总额12%的部分,准予扣除。

根据财税〔2018〕15号《关于公益性捐赠支出企业所得税税前结转扣除有关政策的通知》,企业通过公益性社会组织或者县级(含县级)以上人民政府及其组成部门和直属机构,用于慈善活动、公益事业的捐赠支出,在年度利润总额12%以内的部分,准予在计算应纳税所得额时扣除;超过年度利润总额12%的部分,准予结转以后3年内在计算应纳税所得额时扣除。

企业实际发生的所有捐赠账载金额=150 000+300 000+50 000=500 000(元)

公益性捐赠扣除标准=会计利润×12%=2 746 197.92×12%=329 543.75(元)

应调增应纳税所得额=500 000-329 543.75=170 456.25(元)

(6) 利息支出纳税调整额

《企业所得税法实施条例》第三十八条规定,企业在生产经营活动中发生的下列利息支出,准予扣除:① 非金融企业向金融企业借款的利息支出、金融企业的各项存款利息支出和同业拆借利息支出、企业经批准发行债券的利息支出;② 非金融企业向非金融企业借款的利息支出,不超过按照金融企业同期同类贷款利率计算的数额的部分。

全年利息账载金额=10 000 000×5%+2 000 000×10%+130 000=830 000(元)

准予扣除的利息支出=10 000 000×5%+2 000 000×5%+130 000=730 000(元)

利息支出纳税调整额=830 000-730 000=100 000(元)

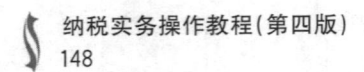

(7) 罚款、罚金或滞纳金纳税调整额

各项税收的滞纳金、行政性罚款和罚金不得税前扣除,但支付另一企业合同违约金不属于行政性罚款,可以税前扣除,无须填列纳税调整项目明细表。因此,只需直接调增应纳税所得额 45 600 元。

(8) 资产折旧、摊销纳税调整额(详见附表 A105080)

根据税法及相关规定,以及国家统一企业会计制度,计算填报资产折旧、摊销的会计处理、税法规定,以及纳税调整情况,固定资产折旧根据固定资产用途不同分别记入"生产成本""制造费用"和"管理费用"等账户。

资产账载金额合计＝11 000 000＋7 400 000＝18 400 000(元)

本年折旧、摊销额合计＝550 000＋730 000＝1 280 000(元)

由于会计折旧方法与税收折旧方法相同,因此,资产账载金额与资产计税基础相同,账载金额的本年折旧、摊销额与按税收一般规定计算的本年折旧、摊销额也相同,因此,本期纳税调整额为 0。

(9) 资产损失纳税调整额(详见附表 A105090)

本期实际发生坏账损失 230 000 元,经税务机关批准可以税前扣除,因此,此项无须调整。

(10) 纳税调整增加额合计

纳税调整增加额合计＝业务招待费支出＋广告费和业务宣传费支出＋捐赠支出＋利息支出＋税收滞纳金

＝161 009.60＋228 300.00＋170 456.25＋100 000＋45 600

＝705 365.85(元)

填报纳税人实际发生的成本费用金额大于税收规定标准,应进行纳税调整增加所得的金额,比如,纳税人未在收入总额中反映的收入项目或者不应在扣除项目中反映的支出项目,以及超出税收规定的扣除标准的支出金额。

来源于附表 A105000 纳税调整项目明细表中"调增金额"的"合计"。

3. 纳税调整减少额(详见附表 A105000)

填报纳税人会计处理与税收规定不一致,进行纳税调整减少的金额。本行通过"纳税调整项目明细表"(A105000)"调减金额"列计算填报。

此项没有调减金额。

4. 免税、减计收入及加计扣除(详见附表 A107010)

填报纳税人享受的本年发生的免税收入、减计收入和加计扣除优惠情况。

(1) 免税收入

免税收入包括国债利息收入 300 000 元和符合条件的居民企业之间的股息、红利等权益性投资收益(详见附表 A107011)600 000 元,合计 900 000 元。

(2) 加计扣除(详见附表 A107012)

财政部、税务总局发布的《关于进一步完善研发费用税前加计扣除政策的公告》(财政部 税务总局公告 2023 年第 7 号)规定,企业开展研发活动中实际发生的研发费用,未形成无形资产计入当期损益的,在按规定据实扣除的基础上,自 2023 年 1 月 1 日起,再按照实际发生额的 100%在税前加计扣除;形成无形资产的,自 2023 年 1 月 1 日起,按照无形资产成本的 200%在税前摊销。

加计扣除额＝400 000×100%＝400 000(元)

(3) 免税、减计收入及加计扣除合计＝900 000＋400 000＝1 300 000(元)

5. 纳税调整后所得

填报纳税人经过纳税调整、税收优惠、境外所得计算后的所得额。经过调整后的应纳税所得额,金额等于主表"第13－14＋15－16－17＋18＝19行"。当本行为负数时,即为可结转以后年度弥补的亏损额;若为正数,则应继续计算应纳税所得额。

纳税调整后所得＝利润总额－境外所得＋纳税调整增加额－纳税调整减少额－免税、减计收入及加计扣除＋境外应税所得抵减境内亏损

＝2 746 197.92－2 000 000＋705 365.85－1 300 000＝151 563.77(元)

6. 弥补以前年度亏损(详见附表A106000)

纳税人发生年度亏损的,可以用下一纳税年度的所得弥补;下一纳税年度的所得不足弥补的,可以逐年延续弥补,但是延续弥补期限最长不得超过5年。5年内不论是盈利或亏损,都作为实际弥补期限计算。

由于纳税调整后所得为151 563.77元,因此,应弥补以前年度亏损为80 300元。

填报纳税人按税法规定可在税前弥补的以前年度亏损额。金额等于"企业所得税弥补亏损明细表"(附表A106000)第6行第10列。但不得超过主表第19行"纳税调整后所得"。

7. 应纳税所得额

金额等于主表第19行减第20行、减第21行、减第22行的计算结果,本行不得为负数。

应纳税所得额＝151 563.77－80 300.00＝71 263.77(元)

注意事项:若主表第19行或者按照上述行次顺序计算结果,本行为负数,则本行金额填0。

应纳税额的计算

1. 应纳所得税额

金额等于主表第23行乘以第24行。

应纳所得税额＝71 263.77×25％＝17 815.94(元)

2. 应纳税额

金额等于主表第25行减第26行、减第27行。

由于应纳税额之前的第26行"减免所得税额"和第27行"抵免所得税额"本题无填报项目,因此,应纳税额的金额还是17 815.94元。

3. 境外所得应纳所得税额、境外所得抵免所得税额(详见附表A108000)

境外所得应纳所得税额是按照我国《企业所得税法实施条例》及其有关政策规定所应征收的企业所得税。应补税的境外投资收益的抵免税额,即税额扣除。税额扣除是避免国际间对同一所得重复征税的一项重要措施,我国税法实行限额扣除,采用分国(地区)不分项计算,其计算公式为:

境外所得税税款扣除限额＝境内、境外所得按税法计算的应纳税总额
×(来源于某国外的所得÷境内、境外所得总额)

企业已在境外缴纳的所得税额小于抵免限额的,"境外所得抵免所得税额"按其在境外实际缴纳的所得税额填列;大于抵免限额的,按抵免限额填列,超过抵免限额的部分,可以在以后5个年度内,用每年度抵免限额抵免当年应抵税额后的余额进行抵补。

注意事项:可用境外所得弥补境内亏损的纳税人,其境外所得应纳税额公式中"境外应纳

税所得额"项目和境外所得税税款扣除限额公式中"来源于某外国的所得"项目为境外所得,不含抵减境内亏损部分。

(1) 来源于美国所得的抵免税额

来源于美国的所得=1 200 000÷(1-40%)=2 000 000(元)

美国扣除限额=2 000 000×25%=500 000(元)

在美国已纳税款=1 200 000÷(1-40%)×40%=800 000(元)

在美国缴纳的所得税为 800 000 元,高于扣除限额 500 000 元,应按限额 500 000 元扣除,其超过扣除限额的部分 300 000 元不能扣除,但可用以后年度税额扣除的余额补扣。

(2) 来源于英国所得的抵免税额

来源于英国的所得=800 000÷(1-20%)=1 000 000(元)

英国扣除限额=(1 000 000-0)×25%=250 000(元)

在英国已纳税款=800 000÷(1-20%)×20%=200 000(元)

在英国缴纳的所得税为 200 000 元,低于扣除限额 250 000 元,可全额扣除。

(3) 境外所得应纳所得税额=500 000+250 000=750 000(元)

(4) 境外所得抵免税额=500 000+200 000=700 000(元)

"境外所得应纳所得税额":填报纳税人来源于中国境外的应纳税所得额(若分得的所得为税后利润,则应还原计算),按税法规定的税率(居民企业 25%)计算的应纳所得税额金额等于附表 A108000"境外所得税收抵免明细表"中第 9 列的"合计数"。

"境外所得抵免所得税额":填报纳税人来源于中国境外的所得,依照税法规定计算的应纳所得税额即抵免限额。附表 A108000"境外所得税收抵免明细表"中第 19 列的"合计数"。

4. 实际应纳所得税额

填报纳税人当期的实际应纳所得税额金额等于主表第 28 行加第 31 行减第 32 行。

实际应纳所得税额=应纳税额+境外所得应纳所得税额-境外所得抵免所得税额
=17 815.94+750 000-700 000=67 815.94(元)

5. 本年应补(退)的所得税额

本年应补(退)的所得税额=实际应纳所得税额-本年累计实际已预缴的所得税额
=67 815.94-20 000=47 815.94(元)

综上所述,甲汽车股份有限公司根据企业所得税法的相关规定,在年度终了后 5 个月内进行汇算清缴,应补缴所得税额 47 815.94 元。

第二步:根据纳税申报的要求填列企业所得税年度纳税申报表及其附表。

表 4-36　　　　　　　　企业所得税年度纳税申报表封面

中华人民共和国企业所得税年度纳税申报表
(A类,2017年版)

税款所属期间:2023 年 1 月 1 日至 2023 年 12 月 31 日

纳税人识别号: | 2 | 2 | 0 | 1 | 0 | 4 | 7 | 7 | 1 | 7 | 1 | 9 | 7 | 9 | 4 | × | × | × |

(纳税人统一社会信用代码)

纳税人名称:长春市甲汽车股份有限公司

金额单位:人民币元(列至角分)

谨声明:此纳税申报表是根据国家税收法律法规及相关规定填报的,是真实的、可靠的、完整的。

纳税人(签章):长春市甲汽车股份有限公司

2024 年 3 月 12 日

经办人:李红	受理人:
经办人身份证号:22010419860501××××	受理税务机关(章):
代理机构签章:	受理日期:　　年　　月　　日

国家税务总局监制

表单说明

"中华人民共和国企业所得税年度纳税申报表(A类,2017年版)"(以下简称申报表)适用于实行查账征收企业所得税的居民企业纳税人(以下简称纳税人)填报。有关项目填报说明如下:

1."税款所属期间":正常经营的纳税人,填报公历当年 1 月 1 日至 12 月 31 日;纳税人年度中间开业的,填报实际生产经营之日至当年 12 月 31 日;纳税人年度中间发生合并、分立、破产、停业等情况的,填报公历当年 1 月 1 日至实际停业或法院裁定并宣告破产之日;纳税人年度中间开业且年度中间又发生合并、分立、破产、停业等情况的,填报实际生产经营之日至实际停业或法院裁定并宣告破产之日。

2."纳税人识别号(纳税人统一社会信用代码)":填报有关部门核发的统一社会信用代码。未取得统一社会信用代码的,填报税务机关核发的纳税人识别号。

3."纳税人名称":填报营业执照、税务登记证等证件载明的纳税人名称。

4."填报日期":填报纳税人申报当日日期。

5.纳税人聘请机构代理申报的,加盖代理机构公章。

表 4-37　　　　　　　　企业所得税年度纳税申报基础信息表

A000000

基本经营情况（必填项目）			
101 纳税申报企业类型（填写代码）	100	102 分支机构就地纳税比例（%）	
103 资产总额（填写平均值，单位：万元）	6 000	104 从业人数（填写平均值，单位：人）	600
105 所属国民经济行业（填写代码）	C37	106 从事国家限制或禁止行业	□是 ☑否
107 适用会计准则或会计制度（填写代码）	110	108 采用一般企业财务报表格式（2019年版）	☑是 □否
109 小型微利企业	□是 ☑否	110 上市公司	是（□境内 □境外） ☑否
有关涉税事项情况（存在或者发生下列事项时必填）			
201 从事股权投资业务	☑是	202 存在境外关联交易	☑是
203 境外所得信息	203-1 选择采用的境外所得抵免方式	☑分国（地区）不分项　□不分国（地区）不分项	
	203-2 新增境外直接投资信息	□是（产业类别：□旅游业　□现代服务业　□高新技术产业）	
204 有限合伙制创业投资企业的法人合伙人	□是	205 创业投资企业	□是
206 技术先进型服务企业类型（填写代码）		207 非营利组织	□是
208 软件、集成电路企业类型（填写代码）		209 集成电路生产项目类型	□130纳米　□65纳米　□28纳米
210 科技型中小企业	210-1 ＿年（申报所属期年度）入库编号1	210-2 入库时间1	
	210-3 ＿年（所属期下一年度）入库编号2	210-4 入库时间2	
211 高新技术企业申报所属期年度有效的高新技术企业证书	211-1 证书编号1	211-2 发证时间1	
	211-3 证书编号2	211-4 发证时间2	
212 重组事项税务处理方式	□一般性　□特殊性	213 重组交易类型（填写代码）	
214 重组当事方类型（填写代码）		215 政策性搬迁开始时间	＿年＿月
216 发生政策性搬迁且停止生产经营无所得年度	□是	217 政策性搬迁损失分期扣除年度	□是

续表

218 发生非货币性资产对外投资递延纳税事项	☐ 是	219 非货币性资产对外投资转让所得递延纳税年度	☐ 是
220 发生技术成果投资入股递延纳税事项	☐ 是	221 技术成果投资入股递延纳税年度	☐ 是
222 发生资产（股权）划转特殊性税务处理事项	☐ 是	223 债务重组所得递延纳税年度	☐ 是
224 研发支出辅助账样式	☐ 2015 版　☐ 2021 版　☐ 自行设计		

主要股东及分红情况（必填项目）

股东名称	证件种类	证件号码	投资比例（%）	当年（决议日）分配的股息、红利等权益性投资收益金额	国籍（注册地址）
其余股东合计	—	—			—

表 4-38　中华人民共和国企业所得税年度纳税申报表（A 类）

A100000　　　　　　　　　　　　　　　　　　　　　　　　　　　金额单位：元（列至角分）

行次	类别	项目	金额
1	利润总额计算	一、营业收入（填写 A101010\101020\103000）	65 478 000.00
2		减：营业成本（填写 A102010\102020\103000）	42 994 500.00
3		减：税金及附加	1 054 284.62
4		减：销售费用（填写 A104000）	11 424 803.20
5		减：管理费用（填写 A104000）	8 826 214.26
6		减：财务费用（填写 A104000）	830 000.00
7		减：资产减值损失	0.00
8		加：公允价值变动收益	0.00
9		加：投资收益	3 003 600.00
10		二、营业利润（1-2-3-4-5-6-7+8+9）	3 351 797.92
11		加：营业外收入（填写 A101010\101020\103000）	0.00

续表

行次	类别	项　　目	金　　额
12	利润总额计算	减：营业外支出(填写 A102010\102020\103000)	605 600.00
13		三、利润总额(10+11－12)	2 746 197.92
14	应纳税所得额计算	减：境外所得(填写 A108010)	2 000 000.00
15		加：纳税调整增加额(填写 A105000)	705 365.85
16		减：纳税调整减少额(填写 A105000)	0.00
17		减：免税、减计收入及加计扣除(填写 A107010)	1 300 000.00
18		加：境外应税所得抵减境内亏损(填写 A108000)	0.00
19		四、纳税调整后所得(13－14+15－16－17+18)	151 563.77
20		减：所得减免(填写 A107020)	0.00
21		减：弥补以前年度亏损(填写 A106000)	80 300.00
22		减：抵扣应纳税所得额(填写 A107030)	0.00
23		五、应纳税所得额(19－20－21－22)	71 263.77
24	应纳税额计算	税率(25%)	25%
25		六、应纳所得税额(23×24)	17 815.94
26		减：减免所得税额(填写 A107040)	0.00
27		减：抵免所得税额(填写 A107050)	0.00
28		七、应纳税额(25－26－27)	17 815.94
29		加：境外所得应纳所得税额(填写 A108000)	750 000.00
30		减：境外所得抵免所得税额(填写 A108000)	700 000.00
31		八、实际应纳所得税额(28+29－30)	67 815.94
32		减：本年累计实际已缴纳的所得税额	20 000.00
33		九、本年应补(退)所得税额(31－32)	47 815.94
34		其中：总机构分摊本年应补(退)所得税额(填写 A109000)	0.00
35		财政集中分配本年应补(退)所得税额(填写 A109000)	0.00
36		总机构主体生产经营部门分摊本年应补(退)所得税额(填写 A109000)	0.00

续表

行次	类别	项　　目	金　　额
37	实际应纳税额计算	减：民族自治地区企业所得税地方分享部分：（□ 免征　□ 减征：减征幅度__%）	0.00
38		十、本年实际应补(退)所得税额(33—37)	47 815.94

填报说明

本表为企业所得税年度纳税申报表主表，企业应该根据《中华人民共和国企业所得税法》及其实施条例（以下简称税法）、相关税收政策，以及国家统一会计制度（企业会计准则、小企业会计准则、企业会计制度、事业单位会计准则和民间非营利组织会计制度等）的规定，计算填报纳税人利润总额、应纳税所得额和应纳税额等有关项目。

企业在计算应纳税所得额及应纳所得税时，企业会计处理与税收规定不一致的，应当按照税收规定计算。税收规定不明确的，在没有明确规定之前，暂按国家统一会计制度计算。

一、有关项目填报说明

（一）表体项目

本表是在纳税人会计利润总额的基础上，加减纳税调整等金额后计算出"纳税调整后所得"。会计与税法的差异（包括收入类、扣除类、资产类等差异）通过"纳税调整项目明细表"（A105000）集中填报。

本表包括利润总额计算、应纳税所得额计算、应纳税额计算三个部分。

（1）"利润总额计算"中的项目，按照国家统一会计制度规定计算填报。实行企业会计准则、小企业会计准则、企业会计制度、分行业会计制度纳税人其数据直接取自利润表；实行事业单位会计准则的纳税人其数据取自收入支出表；实行民间非营利组织会计制度纳税人其数据取自业务活动表；实行其他国家统一会计制度的纳税人，根据本表项目进行分析填报。

（2）"应纳税所得额计算"和"应纳税额计算"中的项目，除根据主表逻辑关系计算的外，通过附表相应栏次填报。

（二）行次说明

（1）第1—13行参照国家统一会计制度规定填写。本部分未设"研发费用""其他收益""资产处置收益"等项目，对于已执行《财政部关于修订印发2019年度一般企业财务报表格式的通知》（财会〔2019〕6号）的纳税人，在"利润表"中归集的"研发费用"通过"期间费用明细表"（A104000）第19行"十九、研究费用"的管理费用相应列次填报；在"利润表"中归集的"其他收益""资产处置收益""信用减值　损失""净敞口套期收益"项目则无须填报，同时第10行"二、营业利润"不执行"第10行＝第1－2－3－4－5－6－7＋8＋9行"的表内关系，按照"利润表"中"营业利润"项目直接填报。

（2）第2行"营业成本"项目：填报纳税人主要经营业务和其他经营业务发生的成本总额。本行根据"主营业务成本"和"其他业务成本"的数额填报。一般企业纳税人根据"一般企业成本支出明细表"（A102010）填报；金融企业纳税人根据"金融企业支出明细表"（A102020）填报；事业单位、社会团体、民办非企业单位、非营利组织等纳税人，根据"事业单位、民间非营利组织收入、支出明细表"（A103000）填报。

（3）第3行"税金及附加"：填报纳税人经营活动发生的消费税、城市维护建设税、资源税、土地增值税和教育费附加等相关税费。本行根据纳税人相关会计科目填报。纳税人在其他会计科目核算的税金不得重复填报。

（4）第4行"销售费用"：填报纳税人在销售商品和材料、提供劳务的过程中发生的各种费用。本行根据"期间费用明细表"（A104000）中对应的"销售费用"填报。

（5）第5行"管理费用"：填报纳税人为组织和管理企业生产经营发生的管理费用。本行根据"期间费用明细表"（A104000）中对应的"管理费用"填报。

(6) 第 6 行"财务费用"：填报纳税人为筹集生产经营所需资金等发生的筹资费用。本行根据"期间费用明细表"（A104000）中对应的"财务费用"填报。

(7) 第 7 行"资产减值损失"：填报纳税人计提各项资产准备发生的减值损失。本行根据企业"资产减值损失"科目上的数额填报。实行其他会计制度的比照填报。

(8) 第 8 行"公允价值变动收益"：填报纳税人在初始确认时划分为以公允价值计量且其变动计入当期损益的金融资产或金融负债（包括交易性金融资产或负债,直接指定为以公允价值计量且其变动计入当期损益的金融资产或金融负债），以及采用公允价值模式计量的投资性房地产、衍生工具和套期业务中公允价值变动形成的应计入当期损益的利得或损失。本行根据企业"公允价值变动损益"科目的数额填报,损失以"—"号填列。

(9) 第 9 行"投资收益"：填报纳税人以各种方式对外投资确认所取得的收益或发生的损失。根据企业"投资收益"科目的数额计算填报,实行事业单位会计准则的纳税人根据"其他收入"科目中的投资收益金额分析填报,损失以"—"号填列。实行其他会计制度的纳税人比照填报。

(10) 第 10 行"营业利润"：填报纳税人当期的营业利润。根据上述项目计算填报。已执行《财政部关于修订印发 2019 年度一般企业财务报表格式的通知》（财会〔2019〕6 号）和《财政部关于修订印发 2018 年度金融企业财务报表格式的通知》（财会〔2018〕36 号）的纳税人,根据"利润表"对应项目填列,不执行本行计算规则。

(11) 第 11 行"营业外收入"：填报纳税人取得的与其经营活动无直接关系的各项收入的金额。一般企业纳税人根据"一般企业收入明细表"（A101010）填报；金融企业纳税人根据"金融企业收入明细表"（A101020）填报；实行事业单位会计准则或民间非营利组织会计制度的纳税人根据"事业单位、民间非营利组织收入、支出明细表"（A103000）填报。

(12) 第 12 行"营业外支出"：填报纳税人发生的与其经营活动无直接关系的各项支出的金额。一般企业纳税人根据"一般企业成本支出明细表"（A102010）填报；金融企业纳税人根据"金融企业支出明细表"（A102020）填报；实行事业单位会计准则或民间非营利组织会计制度的纳税人根据"事业单位、民间非营利组织收入、支出明细表"（A103000）填报。

(13) 第 13 行"利润总额"：填报纳税人当期的利润总额。根据上述项目计算填列。

(14) 第 14 行"境外所得"：填报纳税人取得的境外所得且已计入利润总额的金额。本行根据"境外所得纳税调整后所得明细表"（A108010）填报。

(15) 第 15 行"纳税调整增加额"：填报纳税人会计处理与税收规定不一致,进行纳税调整增加的金额。本行根据"纳税调整项目明细表"（A105000）中"调增金额"列填报。

(16) 第 16 行"纳税调整减少额"：填报纳税人会计处理与税收规定不一致,进行纳税调整减少的金额。本行根据"纳税调整项目明细表"（A105000）中"调减金额"列填报。

(17) 第 17 行"免税、减计收入及加计扣除"：填报属于税收规定免税收入、减计收入、加计扣除金额。本行根据"免税、减计收入及加计扣除优惠明细表"（A107010）填报。

(18) 第 18 行"境外应税所得抵减境内亏损"：当纳税人选择不用境外所得抵减境内亏损时,填报 0；当纳税人选择用境外所得抵减境内亏损时,填报境外所得抵减当年度境内亏损的金额,用境外所得弥补以前年度境内亏损的,填报"境外所得税收抵免明细表"（A108000）。

(19) 第 19 行"纳税调整后所得"：填报纳税人经过纳税调整、税收优惠、境外所得计算后的所得额。

(20) 第 20 行"所得减免"：填报属于税收规定所得减免金额。本行根据"所得减免优惠明细表"（A107020）填报。

(21) 第 21 行"弥补以前年度亏损"：填报纳税人按照税收规定可在税前弥补的以前年度亏损数额,本行根据"企业所得税弥补亏损明细表"（A106000）填报。

(22) 第 22 行"抵扣应纳税所得额"：填报根据税收规定应抵扣的应纳税所得额。本行根据"抵扣应纳税所得额明细表"（A107030）填报。

(23) 第 23 行"应纳税所得额"：金额等于本表"第 19—20—21—22 行"的计算结果。本行不得为负数。

按照上述行次顺序计算结果本行为负数,本行金额填零。

(24) 第24行"税率":填报税收规定的税率25%。

(25) 第25行"应纳所得税额":金额等于本表第23行乘以第24行的计算结果。

(26) 第26行"减免所得税额":填报纳税人按税收规定实际减免的企业所得税额。本行根据"减免所得税优惠明细表"(A107040)填报。

(27) 第27行"抵免所得税额":填报企业当年的应纳所得税额中抵免的金额。本行根据"税额抵免优惠明细表"(A107050)填报。

(28) 第28行"应纳税额":金额等于本表"第25-26-27行"的计算结果。

(29) 第29行"境外所得应纳所得税额":填报纳税人来源于中国境外的所得,按照我国税收规定计算的应纳所得税额。本行根据"境外所得税收抵免明细表"(A108000)填报。

(30) 第30行"境外所得抵免所得税额":填报纳税人来源于中国境外所得依照中国境外税收法律以及相关规定应缴纳并实际缴纳(包括视同已实际缴纳)的企业所得税性质的税款(准予抵免税款)。本行根据"境外所得税收抵免明细表"(A108000)填报。

(31) 第31行"实际应纳所得税额":填报纳税人当期的实际应纳所得税额。金额等于本表第28行加第29行减第30行的计算结果。

(32) 第32行"本年累计实际已缴纳的所得税额":填报纳税人按照税收规定本纳税年度已在月(季)度累计预缴的所得税额,包括按照税收规定的特定业务已预缴(征)的所得税额,建筑企业总机构直接管理的跨地区设立的项目部按规定向项目所在地主管税务机关预缴的所得税额。

(33) 第33行"本年应补(退)的所得税额":填报纳税人当期应补(退)的所得税额。金额等于本表第31行减第32行的计算结果。

(34) 第34行"总机构分摊本年应补(退)所得税额":填报汇总纳税的总机构按照税收规定在总机构所在地分摊本年应补(退)所得税额。本行根据"跨地区经营汇总纳税企业年度分摊企业所得税明细表"(A109000)填报。

(35) 第35行"财政集中分配本年应补(退)所得税额":填报汇总纳税的总机构按照税收规定财政集中分配本年应补(退)所得税款。本行根据"跨地区经营汇总纳税企业年度分摊企业所得税明细表"(A109000)填报。

(36) 第36行"总机构主体生产经营部门分摊本年应补(退)所得税额":填报汇总纳税的总机构所属的具有主体生产经营职能的部门按照税收规定应分摊的本年应补(退)所得税额。本行根据"跨地区经营汇总纳税企业年度分摊企业所得税明细表"(A109000)填报。

(37) 第37行"减:民族自治地区企业所得税地方分享部分:(□ 免征　□ 减征:减征幅度__%)":根据《中华人民共和国企业所得税法》《中华人民共和国民族区域自治法》《财政部　国家税务总局关于贯彻落实国务院关于实施企业所得税过渡优惠政策有关问题的通知》(财税〔2008〕21号)等规定,实行民族区域自治的自治区、自治州、自治县的自治机关对本民族自治地方的企业应缴纳的企业所得税中属于地方分享的部分,可以决定减征或免征,自治州、自治县决定减征或者免征的,须报省、自治区、直辖市人民政府批准。

纳税人填报该行次时,根据享受政策的类型选择"免征"或"减征",二者必选其一。选择"免征"是指免征企业所得税税收地方分享部分;选择"减征:减征幅度_____%"是指减征企业所得税税收地方分享部分。此时需填写"减征幅度",减征幅度填写范围为1至100,表示企业所得税税收地方分享部分的减征比例。例如,地方分享部分减半征收,则选择"减征",并在"减征幅度"后填写"50%"。

企业类型为"非跨地区经营企业"的,本行填报"实际应纳所得税额"×40%×减征幅度-本年度预缴申报累计已减免的地方分享部分减免金额的余额。企业类型为"跨地区经营汇总纳税企业总机构"的,本行填报"跨地区经营汇总纳税企业年度分摊企业所得税明细表"(A109000)第20行"总机构因民族地方优惠调整分配金额"的金额。

(38) 第38行"十、本年实际应补(退)所得税额":填报纳税人当期实际应补(退)的所得税额。企业类型为"非跨地区经营企业"的,本行填报第33行减第37行的金额。企业类型为"跨地区经营汇总纳税企业总机构"的,本行填报"跨地区经营汇总纳税企业年度分摊企业所得税明细表"(A109000)第21行"八、总机构本年实际应补(退)所得税额"的金额。

二、表内、表间关系

(一) 表内关系

1. 第10行=第1−2−3−4−5−6−7+8+9行
2. 第13行=第10+11−12行
3. 第19行=第13−14+15−16−17+18行
4. 第23行=第19−20−21−22行
5. 第25行=第23×24行
6. 第28行=第25−26−27行
7. 第31行=第28+29−30行
8. 第33行=第31−32行
9. 企业类型为"非跨地区经营企业"的,第38行=第33−37行

(二) 表间关系

1. 第1行=表A101010第1行或表A101020第1行或表A103000第2+3+4+5+6行或表A103000第11+12+13+14+15行
2. 第2行=表A102010第1行或表A102020第1行或表A103000第19+20+21+22行或表A103000第25+26+27行
3. 第4行=表A104000第26行第1列
4. 第5行=表A104000第26行第3列
5. 第6行=表A104000第26行第5列
6. 第9行=表A103000第8行或者第16行(仅限于填报表A103000的纳税人,其他纳税人根据财务核算情况自行填写)
7. 第11行=表A101010第16行或表A101020第35行或表A103000第9行或第17行
8. 第12行=表A102010第16行或表A102020第33行或表A103000第23行或第28行
9. 第14行=表A108010第14列合计−第11列合计
10. 第15行=表A105000第45行第3列
11. 第16行=表A105000第45行第4列
12. 第17行=表A107010第31行
13. 第18行

(1) 当A100000第13−14+15−16−17行≥0,第18行=0;

(2) 当A100000第13−14+15−16−17<0且表A108000第5列合计行≥0,表A108000第6列合计行>0时,第18行=表A108000第5列合计行与表A100000第13−14+15−16−17行绝对值的孰小值;

(3) 当A100000第13−14+15−16−17<0且表A108000第5列合计行≥0,表A108000第6列合计行=0时,第18行=0。

14. 第20行

当第19行≤0时,第20行=0;

当第19行>0时,

(1) 第19行≥表A107020合计行第11列,第20行=表A107020合计行第11列;
(2) 第19行<表A107020合计行第11列,第20行=第19行。

15. 第21行=表A106000第11行第10列
16. 第22行=表A107030第15行第1列
17. 第26行=表A107040第33行
18. 第27行=表A107050第7行第11列

19. 第 29 行＝表 A108000 合计行第 9 列
20. 第 30 行＝表 A108000 合计行第 19 列
21. 第 34 行＝表 A109000 第 12＋16 行
22. 第 35 行＝表 A109000 第 13 行
23. 第 36 行＝表 A109000 第 15 行
24. 企业类型为"跨地区经营汇总纳税企业总机构"的，第 37 行＝表 A109000 第 20 行
25. 企业类型为"跨地区经营汇总纳税企业总机构"的，第 38 行＝表 A109000 第 21 行

表 4－38(a)　　企业所得税年度纳税申报表附表：A101010 一般企业收入明细表

金额单位：元(列至角分)

行　次	项　　目	金　　额
1	一、营业收入(2＋9)	65 478 000.00
2	（一）主营业务收入(3＋5＋6＋7＋8)	64 340 000.00
3	1. 销售商品收入	64 340 000.00
4	其中：非货币性资产交换收入	
5	2. 提供劳务收入	
6	3. 建造合同收入	
7	4. 让渡资产使用权收入	
8	5. 其他	
9	（二）其他业务收入(10＋12＋13＋14＋15)	1 138 000.00
10	1. 销售材料收入	1 138 000.00
11	其中：非货币性资产交换收入	
12	2. 出租固定资产收入	
13	3. 出租无形资产收入	
14	4. 出租包装物和商品收入	
15	5. 其他	
16	二、营业外收入(17＋18＋19＋20＋21＋22＋23＋24＋25＋26)	
17	（一）非流动资产处置利得	
18	（二）非货币性资产交换利得	
19	（三）债务重组利得	
20	（四）政府补助利得	
21	（五）盘盈利得	

续表

行次	项目	金额
22	（六）捐赠利得	
23	（七）罚没利得	
24	（八）确实无法偿付的应付款项	
25	（九）汇兑收益	
26	（十）其他	

填表说明请扫二维码。

A101010 一般企业收入明细表填表说明

表 4-38(b) 企业所得税年度纳税申报表附表：A102010 一般企业成本支出明细表

金额单位：元（列至角分）

行次	项目	金额
1	一、营业成本(2+9)	42 994 500.00
2	（一）主营业务成本(3+5+6+7+8)	42 000 000.00
3	1. 销售商品成本	42 000 000.00
4	其中：非货币性资产交换成本	
5	2. 提供劳务成本	
6	3. 建造合同成本	
7	4. 让渡资产使用权成本	
8	5. 其他	
9	（二）其他业务成本(10+12+13+14+15)	994 500.00
10	1. 材料销售成本	994 500.00
11	其中：非货币性资产交换成本	
12	2. 出租固定资产成本	
13	3. 出租无形资产成本	

续表

行次	项目	金额
14	4.包装物出租成本	
15	5.其他	
16	二、营业外支出(17+18+19+20+21+22+23+24+25+26)	605 600.00
17	(一)非流动资产处置损失	
18	(二)非货币性资产交换损失	
19	(三)债务重组损失	
20	(四)非常损失	
21	(五)捐赠支出	500 000.00
22	(六)赞助支出	
23	(七)罚没支出	105 600.00
24	(八)坏账损失	
25	(九)无法收回的债券股权投资损失	
26	(十)其他	

填表说明请扫二维码。

A102010 一般企业成本支出明细表填表说明

表4-38(c)　企业所得税年度纳税申报表附表：A104000 期间费用明细表　　金额单位：元(列至角分)

行次	项目	销售费用	其中：境外支付	管理费用	其中：境外支付	财务费用	其中：境外支付
		1	2	3	4	5	6
1	一、职工薪酬		*		*	*	*
2	二、劳务费					*	*
3	三、咨询顾问费					*	*

续表

行次	项　目	销售费用	其中：境外支付	管理费用	其中：境外支付	财务费用	其中：境外支付
		1	2	3	4	5	6
4	四、业务招待费		*	402 524.00	*	*	*
5	五、广告费和业务宣传费	10 050 000.00	*		*	*	*
6	六、佣金和手续费						
7	七、资产折旧摊销费		*	300 000.00	*	*	*
8	八、财产损耗、盘亏及毁损损失		*	230 000.00	*	*	*
9	九、办公费		*				
10	十、董事会费		*				
11	十一、租赁费					*	*
12	十二、诉讼费		*		*	*	*
13	十三、差旅费		*	120 300.00	*	*	*
14	十四、保险费			785 000.00	*	*	*
15	十五、运输、仓储费					*	*
16	十六、修理费					*	*
17	十七、包装费		*		*	*	*
18	十八、技术转让费					*	*
19	十九、研究费用			400 000.00		*	*
20	二十、各项税费		*	80 860.00		*	*
21	二十一、利息收支	*	*	*	*	830 000.00	
22	二十二、汇兑差额	*	*	*	*		
23	二十三、现金折扣	*	*	*	*		*
24	二十四、党组织工作经费	*	*		*	*	*
25	二十五、其他	1 374 803.20		6 507 530.00			
26	合计(1+2+3+…+25)	11 424 803.20		8 826 214.26		830 000.00	

填表说明请扫二维码。

A104000 期间费用明细表填表说明

表 4-38(d)　　企业所得税年度纳税申报表附表：A105000 纳税调整项目明细表　金额单位：元(列至角分)

行次	项　目	账载金额	税收金额	调增金额	调减金额
		1	2	3	4
1	一、收入类调整项目(2+3+…+8+10+11)	*	*		
2	(一)视同销售收入(填写 A105010)	*	*		*
3	(二)未按权责发生制原则确认的收入(填写 A105020)				
4	(三)投资收益(填写 A105030)	1 000 000.00	1 000 000.00		
5	(四)按权益法核算长期股权投资对初始投资成本调整确认收益	*	*	*	
6	(五)交易性金融资产初始投资调整	*	*		*
7	(六)公允价值变动净损益		*		
8	(七)不征税收入	*	*		
9	其中：专项用途财政性资金(填写 A105040)	*	*		
10	(八)销售折扣、折让和退回				
11	(九)其他				
12	二、扣除类调整项目(13+14+…+24+26+27+28+29+30)	*	*		
13	(一)视同销售成本(填写 A105010)	*		*	
14	(二)职工薪酬(填写 A105050)	15 926 941.92	15 926 941.92		
15	(三)业务招待费支出	402 524.00	241 514.40	161 009.60	*
16	(四)广告费和业务宣传费支出(填写 A105060)	*	*	228 300.00	

续表

行次	项 目	账载金额 1	税收金额 2	调增金额 3	调减金额 4
17	(五)捐赠支出(填写 A105070)	500 000.00	329 543.75	170 456.25	*
18	(六)利息支出	830 000.00	730 000.00	100 000.00	
19	(七)罚金、罚款和被没收财物的损失		*		*
20	(八)税收滞纳金、加收利息	45 600.00	*	45 600.00	*
21	(九)赞助支出		*		*
22	(十)与未实现融资收益相关在当期确认的财务费用				
23	(十一)佣金和手续费支出(保险企业填写 A105060)				*
24	(十二)不征税收入用于支出所形成的费用	*	*		*
25	其中:专项用途财政性资金用于支出所形成的费用(填写 A105040)	*	*		
26	(十三)跨期扣除项目				
27	(十四)与取得收入无关的支出		*		*
28	(十五)境外所得分摊的共同支出		*	*	
29	(十六)党组织工作经费				
30	(十六)其他				
31	三、资产类调整项目(32+33+34+35)	*	*		
32	(一)资产折旧、摊销(填写 A105080)	1 280 000.00	1 280 000.00	0.00	
33	(二)资产减值准备金		*		
34	(三)资产损失(填写 A105090)	230 000.00	230 000.00		
35	(四)其他			0.00	
36	四、特殊事项调整项目(37+38+…+43)	*	*		
37	(一)企业重组及递延纳税事项(填写 A105100)				

续表

行次	项 目	账载金额	税收金额	调增金额	调减金额
		1	2	3	4
38	（二）政策性搬迁（填写 A105110）	*	*		
39	（三）特殊行业准备金（39.1＋39.2＋39.4＋39.5＋39.6＋39.7）				
39.1	1. 保险公司保险保障基金				
39.2	2. 保险公司准备金				
39.3	其中：已发生未报案未决赔款准备金				
39.4	3. 证券行业准备金				
39.5	4. 期货行业准备金				
39.6	5. 中小企业融资（信用）担保机构准备金				
39.7	6. 金融企业、小额贷款公司准备金（填写 A105120）	*	*		
40	（四）房地产开发企业特定业务计算的纳税调整额（填写 A105010）	*			
41	（五）有限合伙企业法人合伙方应分得的应纳税所得额				
42	（六）发行永续债利息支出				
43	（七）其他	*	*		
44	五、特别纳税调整应税所得	*	*		
45	六、其他	*	*		
46	合计（1＋12＋31＋36＋44＋45）	*	*	705 365.85	0.00

填表说明请扫二维码。

A105000 纳税调整项目明细表填表说明

表 4-38(e) 企业所得税年度纳税申报表附表：A105030 投资收益纳税调整明细表

金额单位：元（列至角分）

行次	项目	持有收益			处置收益						纳税调整金额 11(3+10)
		账载金额 1	税收金额 2	纳税调整金额 3(2−1)	会计确认的处置收入 4	税收计算的处置收入 5	处置投资的账面价值 6	处置投资的计税基础 7	会计确认的处置所得或损失 8(4−6)	税收计算的处置所得 9(5−7)	纳税调整金额 10(9−8)	
1	一、交易性金融资产											
2	二、可供出售金融资产											
3	三、持有至到期投资											
4	四、衍生工具											
5	五、交易性金融负债											
6	六、长期股权投资	600 000.00	600 000.00	0.00								0.00
7	七、短期投资				343 600.00	343 600.00	340 000.00	340 000.00	3 600.00	3 600.00	0.00	0.00
8	八、长期债券投资	400 000.00	400 000.00									
9	九、其他											
10	合计(1+2+3+4+5+6+7+8+9)	1 000 000.00	1 000 000.00	0.00	343 600.00	343 600.00	340 000.00	340 000.00	3 600.00	3 600.00	0.00	0.00

填表说明扫二维码。

A105030 投资收益纳税调整明细表填表说明

表 4-38(f)　企业所得税年度纳税申报表附表：A105050 职工薪酬支出及纳税调整明细表

金额单位：元（列至角分）

行次	项目	账载金额 1	实际发生额 2	税收规定扣除率 3	以前年度累计结转扣除额 4	税收金额 5	纳税调整金额 6(1−5)	累计结转以后年度扣除额 7(2+4−5)
1	一、工资薪金支出	12 844 308.00	12 844 308.00	*	*	12 844 308.00	0.00	*
2	其中：股权激励			*	*			*
3	二、职工福利费支出	1 798 203.12	1 798 203.12	14%	*	1 798 203.12	0.00	*
4	三、职工教育经费支出	1 027 544.64	1 027 544.64	8%		1 027 544.64	0.00	*
5	其中：按税收规定比例扣除的职工教育经费	1 027 544.64	1 027 544.64		*	1 027 544.64		*
6	按税收规定全额扣除的职工培训费用				*			*
7	四、工会经费支出	256 886.16	256 886.16	2%	*	256 886.16	0.00	*
8	五、各类基本社会保障性缴款			*	*			*
9	六、住房公积金			*	*			*
10	七、补充养老保险			*	*			*
11	八、补充医疗保险			*	*			*
12	九、其他			*	*			*
13	合计(1+3+4+7+8+9+10+11+12)	15 926 941.92	15 926 941.92	*	*	15 926 941.92	0.00	*

填表说明请扫二维码。

A105050 职工薪酬支出及纳税调整明细表填表说明

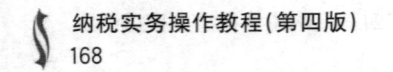

表 4-38(g)　企业所得税年度纳税申报表附表：A105060 广告费和业务宣传费等跨年度纳税调整明细表

金额单位：元(列至角分)

行次	项　目	广告费和业务宣传费	保险企业手续费及佣金支出
		1	2
1	一、本年支出	10 050 000.00	
2	减：不允许扣除的支出	0.00	
3	二、本年符合条件的支出(1-2)	10 050 000.00	
4	三、本年计算扣除限额的基数	65 478 000.00	
5	乘：税收规定扣除率	15%	
6	四、本企业计算的扣除限额(4×5)	9 821 700.00	
7	五、本年结转以后年度扣除额 　(3＞6,本行=3-6;3≤6,本行=0)	228 300.00	
8	加：以前年度累计结转扣除额	0.00	
9	减：本年扣除的以前年度结转额 　[3＞6,本行=0;3≤6,本行=8 与(6-3)孰小值]	0.00	
10	六、按照分摊协议归集至其他关联方的金额 　(10≤3 与 6 孰小值)	0.00	*
11	按照分摊协议从其他关联方归集至本企业的金额	0.00	*
12	七、本年支出纳税调整金额 　(3＞6,本行=2+3-6+10-11; 　3≤6,本行=2+10-11-9)	228 300.00	
13	八、累计结转以后年度扣除额(7+8-9)	228 300.00	

填表说明请扫二维码。

A105060 广告费和业务宣传费等跨年度纳税调整明细表填表说明

表4-38(h)

企业所得税年度纳税申报表附表：A105070 捐赠支出及纳税调整明细表

金额单位：元（列至角分）

行次	项目	账载金额 1	以前年度结转可扣除的捐赠额 2	按税收规定计算的扣除限额 3	税收金额 4	纳税调增金额 5	纳税调减金额 6	可结转以后年度扣除的捐赠额 7
1	一、非公益性捐赠		*	*	*	*	*	*
2	二、限额扣除的公益性捐赠(3+4+5+6)	500 000.00	*	329 543.75	329 543.75	170 456.25	*	170 456.25
3	前三年度（　年）	*	*	*	*	*	*	*
4	前二年度（　年）	*	*	*	*	*	*	*
5	前一年度（　年）		*	*	*	*	*	*
6	本年（2023年）	500 000.00	*	329 543.75	329 543.75	170 456.25	*	170 456.25
7	三、全额扣除的公益性捐赠		*	*	*	*	*	*
8	1.		*	*	*	*	*	*
9	2.		*	*	*	*	*	*
10	3.		*	*	*	*	*	*
11	合计(1+2+7)	500 000.00	*	329 543.75	329 543.75	170 456.25	*	170 456.25
附列资料	2015年度至本年度发生的公益性扶贫捐赠合计金额							

填表说明请扫二维码。

A105070 捐赠支出及纳税调整明细表填表说明

表4-38(i) 企业所得税年度纳税申报表附表：A105080 资产折旧、摊销及纳税调整明细表

金额单位：元（列至角分）

行次	项目	账载金额		税收金额					纳税调整金额
		资产原值	本年折旧、摊销额	累计折旧、摊销额	资产计税基础	税收折旧、摊销额	享受加速折旧政策的资产按税收一般规定计算的折旧、摊销额	加速折旧、摊销统计额	累计折旧、摊销额	
		1	2	3	4	5	6	7(5-6)	8	9(2-5)
1	一、固定资产(2+3+4+5+6+7)	18 400 000.00	1 280 000.00		18 400 000.00	1 280 000.00	*	*	*	0.00
2	（一）房屋、建筑物	11 000 000.00	550 000.00		11 000 000.00	550 000.00	*	*		0.00
3	（二）飞机、火车、轮船、机器、机械和其他生产设备	7 400 000.00	730 000.00		7 400 000.00	730 000.00	*	*		0.00
4	（三）与生产经营活动有关的器具、工具、家具等						*	*		
5	（四）飞机、火车、轮船以外的运输工具						*	*		
6	（五）电子设备						*	*		
7	（六）其他									
8	其中：享受固定资产加速折旧及一次性扣除政策的资产	（一）重要行业固定资产加速折旧（不含一次性扣除）								*
9		（二）其他行业研发设备加速折旧								*
10		（三）特定地区企业固定资产加速折旧(10.1+10.2)								*
10.1		1.海南自由贸易港企业固定资产加速折旧								*
10.2		2.其他特定地区企业固定资产加速折旧额大于一般折旧额的部分								*

续表

行次	项目	账载金额 资产原值 1	账载金额 本年折旧、摊销额 2	账载金额 累计折旧、摊销额 3	税收金额 资产计税基础 4	税收金额 税收折旧、摊销额 5	税收金额 享受加速折旧政策的资产按税收一般规定计算的折旧、摊销额 6	税收金额 加速折旧、摊销统计额 7(5−6)	税收金额 累计折旧、摊销额 8	纳税调整金额 9(2−5)
11	（四）500万元以下设备器具一次性扣除(11.1+11.2)									*
12	（五）疫情防控重点保障物资生产企业单价500万元以上设备一次性扣除(12.1+12.2+12.3+12.4)									*
13	其中：享受固定资产加速折旧及一次性扣除政策的资产加速折旧额大于一般折旧额的部分 （六）特定地区企业固定资产一次性扣除(13.1+13.2)									*
13.1	1.海南自由贸易港企业固定资产一次性扣除									*
13.2	2.其他特定地区企业固定资产一次性扣除									*
14	（七）技术进步、更新换代固定资产加速折旧									*
15	（八）常年强震动、高腐蚀固定资产加速折旧									*
16	（九）外购软件加速折旧									*
17	（十）集成电路企业生产设备加速折旧									*

续表

		账载金额		税收金额				
行次	项目	资产原值	本年折旧、摊销额	累计折旧、摊销额	资产计税基础	税收折旧、摊销额	享受加速折旧政策的资产按税收一般规定计算的折旧、摊销额	加速折旧、摊销统计额	累计折旧、摊销额	纳税调整金额
		1	2	3	4	5	6	7(5-6)	8	9(2-5)
18	二、生产性生物资产(19+20)						*	*		
19	(一)林木类						*	*		
20	(二)畜类						*	*		
21	三、无形资产(22+23+24+25+26+27+28+29)						*	*		
22	所有无形资产 (一)专利权						*	*		
23	(二)商标权						*	*		
24	(三)著作权						*	*		
25	(四)土地使用权						*	*		
26	(五)非专利技术						*	*		
27	(六)特许权使用费						*	*		
28	(七)软件						*	*		
29	(八)其他						*	*		

续表

行次	项目	账载金额			税收金额				纳税调整金额
		资产原值	本年折旧、摊销额	累计折旧、摊销额	资产计税基础	税收折旧、摊销额	享受加速折旧政策的资产按税收一般规定计算的折旧、摊销额	加速折旧、摊销统计额	累计折旧、摊销额
		1	2	3	4	5	6	7(5−6)	8	9(2−5)
30	(一)企业外购软件加速摊销									*
31	(二)特定地区企业无形资产加速摊销(31.1+31.2)									*
31.1	1.海南自由贸易港企业无形资产加速摊销									*
31.2	2.其他特定地区企业无形资产加速摊销									*
32	(三)特定地区企业无形资产一次性摊销额大于一般摊销额的部分(32.1+32.2)									*
32.1	1.海南自由贸易港企业无形资产一次性摊销									*
32.2	2.其他特定地区企业无形资产一次性摊销									*
33	四、长期待摊费用(34+35+36+37+38)					*	*			
34	(一)已足额提取折旧的固定资产的改建支出					*	*			

续表

行次	项目	账载金额			税收金额				纳税调整金额
		资产原值	本年折旧、摊销额	累计折旧、摊销额	资产计税基础	税收折旧、摊销额	享受加速折旧政策的资产按税收一般规定计算的折旧、摊销额	加速折旧、摊销统计额	累计折旧、摊销额
		1	2	3	4	5	6	7(5−6)	8	9(2−5)
35	(二)租入固定资产的改建支出						*	*		
36	(三)固定资产的大修理支出						*	*		
37	(四)开办费						*	*		
38	(五)其他						*	*		
39	五、油气勘探投资						*	*		
40	六、油气开发投资						*	*		
41	合计(1+18+21+33+39+40)	18 400 000.00	1 280 000.00		18 400 000.00	1 280 000.00	*			0.00
附列资料	全民所有制企业公司制改制资产评估增值政策资产									

A105080 资产折旧、摊销及纳税调整明细表表填说明

填表说明请扫二维码。

表4-38(j) 企业所得税年度纳税申报表附表：A105090 资产损失税前扣除及纳税调整明细表

金额单位：元（列至角分）

行次	项目	资产损失直接计入本年损益金额 1	资产损失准备金核销金额 2	资产处置收入 3	赔偿收入 4	资产计税基础 5	资产损失的税收金额 6(5-3-4)	纳税调整金额 7
1	一、现金及银行存款损失		*					
2	二、应收及预付款项坏账损失	230 000.00				230 000.00	230 000.00	0.00
3	其中：逾期3年以上的应收款项损失	230 000.00				230 000.00	230 000.00	0.00
4	逾期1年以上的小额应收款项损失							
5	三、存货损失							
6	其中：存货盘亏、报废、损毁、变质或被盗损失							
7	四、固定资产损失							
8	其中：固定资产盘亏、丢失、报废、损毁或被盗损失							
9	五、无形资产损失							
10	其中：无形资产转让损失							
11	无形资产被替代超过法律保护期限形成的损失		*					
12	六、在建工程损失							
13	其中：在建工程停建、报废损失		*					
14	七、生产性生物资产损失							
15	其中：生产性生物资产盘亏、非正常死亡、被盗、丢失等产生的损失							
16	八、债权性投资损失（17+23）							
17	（一）金融企业债权性投资损失（18+22）							

续表

行次	项 目	资产损失直接计入本年损益金额 1	资产损失准备金核销金额 2	资产处置收入 3	赔偿收入 4	资产计税基础 5	资产损失的税收金额 6(5-3-4)	纳税调整金额 7
18	1. 贷款损失							
19	其中：符合条件的涉农和中小企业贷款损失							
20	其中：单户贷款余额300万（含）以下的贷款损失							
21	单户贷款余额300万元至1 000万元（含）的贷款损失							
22	2. 其他债权性投资损失							
23	（二）非金融企业债权性投资损失							
24	九、股权（权益）性投资损失							
25	其中：股权转让损失							
26	十、通过各种交易场所、市场买卖债券、股票、期货、基金以及金融衍生产品等发生的损失							
27	十一、打包出售资产损失							
28	十二、其他资产损失							
29	合计(1+2+5+7+9+12+14+16+24+26+27+28)	230 000.00				230 000.00	230 000.00	0.00
30	其中：分支机构留存备查的资产损失							

填表说明请扫二维码。

A105090 资产损失税前扣除及纳税调整明细表填表说明

表 4-38(k)

企业所得税年度纳税申报表附表：A106000 企业所得税弥补亏损明细表

金额单位：元（列至角分）

行次	项目	年度	当年境内所得额 1	分立转出的亏损额 3	合并、分立转入的亏损额 可弥补年限5年 4	合并、分立转入的亏损额 可弥补年限8年 5	合并、分立转入的亏损额 可弥补年限10年 6	弥补亏损企业类型 7	当年亏损额 8	当年待弥补的亏损额 9	用本年度所得额弥补的以前年度亏损额 使用境内所得弥补 10	用本年度所得额弥补的以前年度亏损额 使用境外所得弥补 11	当年可结转以后年度弥补的亏损额 12
1	前十年度												
2	前九年度												
3	前八年度												
4	前七年度												
5	前六年度												
6	前五年度												
7	前四年度												
8	前三年度												
9	前二年度	2021	−208 800.00					100	−208 800.00	128 500.00	0.00		128 500.00
10	前一年度	2022	128 500.00					100	128 500.00	80 300.00	128 500.00		80 300.00
11	本年度	2023	151 563.77					100	151 563.77	0.00	80 300.00		0.00
12	可结转以后年度弥补的亏损额合计												208 800.00

填表说明请扫二维码。

A106000 企业所得税弥补亏损明细表填表说明

表 4-38(1)　企业所得税年度纳税申报表附表：A107010 免税、减计收入及加计扣除优惠明细表　　金额单位：元(列至角分)

行次	项　　目	金　　额
1	一、免税收入(2+3+9+…+16)	900 000.00
2	(一)国债利息收入免征企业所得税	300 000.00
3	(二)符合条件的居民企业之间的股息、红利等权益性投资收益免征企业所得税(4+5+6+7+8)	600 000.00
4	1. 一般股息红利等权益性投资收益免征企业所得税(填写 A107011)	600 000.00
5	2. 内地居民企业通过沪港通投资且连续持有 H 股满 12 个月取得的股息红利所得免征企业所得税(填写 A107011)	
6	3. 内地居民企业通过深港通投资且连续持有 H 股满 12 个月取得的股息红利所得免征企业所得税(填写 A107011)	
7	4. 居民企业持有创新企业 CDR 取得的股息红利所得免征企业所得税(填写 A107011)	
8	5. 符合条件的永续债利息收入免征企业所得税(填写 A107011)	
9	(三)符合条件的非营利组织的收入免征企业所得税	
10	(四)中国清洁发展机制基金取得的收入免征企业所得税	
11	(五)投资者从证券投资基金分配中取得的收入免征企业所得税	
12	(六)取得的地方政府债券利息收入免征企业所得税	
13	(七)中国保险保障基金有限责任公司取得的保险保障基金等收入免征企业所得税	
14	(八)中国奥委会取得北京冬奥组委支付的收入免征企业所得税	
15	(九)中国残奥委会取得北京冬奥组委分期支付的收入免征企业所得税	
16	(十)其他	
17	二、减计收入(18+19+23+24)	
18	(一)综合利用资源生产产品取得的收入在计算应纳税所得额时减计收入	
19	(二)金融、保险等机构取得的涉农利息、保费减计收入(20+21+22)	

续表

行次	项目	金额
20	1. 金融机构取得的涉农贷款利息收入在计算应纳税所得额时减计收入	
21	2. 保险机构取得的涉农保费收入在计算应纳税所得额时减计收入	
22	3. 小额贷款公司取得的农户小额贷款利息收入在计算应纳税所得额时减计收入	
23	(三)取得铁路债券利息收入减半征收企业所得税	
24	(四)其他(24.1+24.2)	
24.1	1. 取得的社区家庭服务收入在计算应纳税所得额时减计收入	
24.2	2. 其他	
25	三、加计扣除(26+27+28+29+30)	400 000.00
26	(一)开发新技术、新产品、新工艺发生的研究开发费用加计扣除(填写A107012)	400 000.00
27	(二)科技型中小企业开发新技术、新产品、新工艺发生的研究开发费用加计扣除(填写 A107012)	
28	(三)企业为获得创新性、创意性、突破性的产品进行创意设计活动而发生的相关费用加计扣除(加计扣除比例____%)	
29	(四)安置残疾人员所支付的工资加计扣除	
30	(五)其他	
31	合计(1+17+25)	1 300 000.00

填表说明请扫二维码。

A107010 免税、减计收入及加计扣除优惠明细表填表说明

表 4-38(m) 企业所得税年度纳税申报表附表：A107011 符合条件的居民企业之间的股息、红利等权益性投资收益优惠明细表

金额单位：元（列至角分）

行次	被投资企业	被投资企业统一社会信用代码（纳税人识别号）	投资性质	投资成本	投资比例	被投资企业利润分配确认金额		被投资企业清算确认金额			撤回或减少投资确认金额					合计
						被投资企业做出利润分配或转股决定的时间	依决定归属于本公司的股息、红利等权益性投资收益金额	分得的被投资企业清算剩余资产	被清算企业累计未分配利润和累计盈余公积应享有部分	应确认的股息所得	从被投资企业撤回或减少投资取得的资产	减少投资比例	收回初始投资成本	取得资产中超过收回初始投资成本部分	撤回或减少投资应享有被投资企业累计未分配利润和累计盈余公积	应确认的股息所得	
	1	2	3	4	5	6	7	8	9	10(8与9孰小)	11	12	13(4×12)	14(11−13)	15	16(14与15孰小)	17(7+10+16)
1	B企业	911100000671702×××	直接投资	5 000 000.00	30%	2022年12月	600 000.00										600 000.00
2																	
3																	
4																	
5																	
6																	
7																	
8	合计																600 000.00
9	其中：直接投资或非H股投票投资																600 000.00
10	股票投资——沪港通H股																
11	股票投资——深港通H股																
12	创新企业CDR																
13	永续债																

填表说明请扫二维码。

A107011 符合条件的居民企业之间的股息、红利等权益性投资收益优惠明细表填表说明

表4-38(n)　企业所得税年度纳税申报表附表：A107012 研发费用加计扣除优惠明细表　　金额单位：元(列至角分)

行次	项　目	金额(数量)
1	本年可享受研发费用加计扣除项目数量	
2	一、自主研发、合作研发、集中研发(3+7+16+19+23+34)	400 000.00
3	(一)人员人工费用(4+5+6)	100 000.00
4	1.直接从事研发活动人员工资薪金	100 000.00
5	2.直接从事研发活动人员"五险一金"	
6	3.外聘研发人员的劳务费用	
7	(二)直接投入费用(8+9+10+11+12+13+14+15)	300 000.00
8	1.研发活动直接消耗材料费用	200 000.00
9	2.研发活动直接消耗燃料费用	60 000.00
10	3.研发活动直接消耗动力费用	40 000.00
11	4.用于中间试验和产品试制的模具、工艺装备开发及制造费	
12	5.用于不构成固定资产的样品、样机及一般测试手段购置费	
13	6.用于试制产品的检验费	
14	7.用于研发活动的仪器、设备的运行维护、调整、检验、维修等费用	
15	8.通过经营租赁方式租入的用于研发活动的仪器、设备租赁费	
16	(三)折旧费用(17+18)	
17	1.用于研发活动的仪器的折旧费	
18	2.用于研发活动的设备的折旧费	

续表

行次	项　目	金额(数量)
19	（四）无形资产摊销(20＋21＋22)	
20	1. 用于研发活动的软件的摊销费用	
21	2. 用于研发活动的专利权的摊销费用	
22	3. 用于研发活动的非专利技术(包括许可证、专有技术、设计和计算方法等)的摊销费用	
23	（五）新产品设计费等(24＋25＋26＋27)	
24	1. 新产品设计费	
25	2. 新工艺规程制定费	
26	3. 新药研制的临床试验费	
27	4. 勘探开发技术的现场试验费	
28	（六）其他相关费用(29＋30＋31＋32＋33)	
29	1. 技术图书资料费、资料翻译费、专家咨询费、高新科技研发保险费	
30	2. 研发成果的检索、分析、评议、论证、鉴定、评审、评估、验收费用	
31	3. 知识产权的申请费、注册费、代理费	
32	4. 职工福利费、补充养老保险费、补充医疗保险费	
33	5. 差旅费、会议费	
34	（七）经限额调整后的其他相关费用	
35	二、委托研发(36＋37＋39)	
36	（一）委托境内机构或个人进行研发活动所发生的费用	
37	（二）委托境外机构进行研发活动发生的费用	
38	其中：允许加计扣除的委托境外机构进行研发活动发生的费用	
39	（三）委托境外个人进行研发活动发生的费用	
40	三、年度研发费用小计(2＋36×80％＋38)	400 000.00

续表

行次	项　目	金额(数量)
41	（一）本年费用化金额	400 000.00
42	（二）本年资本化金额	
43	四、本年形成无形资产摊销额	
44	五、以前年度形成无形资产本年摊销额	
45	六、允许扣除的研发费用合计(41＋43＋44)	400 000.00
46	减：特殊收入部分	0.00
47	七、允许扣除的研发费用抵减特殊收入后的金额(45－46)	400 000.00
48	减：当年销售研发活动直接形成产品(包括组成部分)对应的材料部分	0.00
49	减：以前年度销售研发活动直接形成产品(包括组成部分)对应材料部分结转金额	0.00
50	八、加计扣除比例(％)	100%
51	九、本年研发费用加计扣除总额(47－48－49)×50	400 000.00
52	十、销售研发活动直接形成产品(包括组成部分)对应材料部分结转以后年度扣减金额(当47－48－49≥0,本行＝0;当47－48－49<0,本行＝47－48－49 的绝对值)	0.00

填报说明请扫二维码。

A107012 研发费用加计扣除优惠明细表填报说明

表 4-38(o) 企业所得税年度纳税申报表附表：A108000 境外所得税收抵免明细表

金额单位：元（列至角分）

行次	国家(地区)	境外税前所得	境外所得纳税调整后所得	弥补境外以前年度亏损	境外应纳税所得额	抵减境内亏损	抵减境内亏损后的境外应纳税所得额	税率	境外所得应纳税额	境外所得可抵免税额	境外所得抵免限额	本年可抵免境外所得税额	未超过境外所得税抵免限额的余额	本年可抵免以前年度未抵免境外所得税额	按简易办法计算				境外所得抵免所得税额合计
															按低于12.5%的实际税率计算的抵免额	按12.5%计算的抵免额	按25%计算的抵免额	小计	
		2	3	4	5(3-4)	6	7(5-6)	8	9(7×8)	10	11	12	13(11-12)	14	15	16	17	18(15+16+17)	19(12+14+18)
1	美国	2 000 000.00	2 000 000.00	0.00	2 000 000.00	0.00	2 000 000.00	25%	500 000.00	800 000.00	500 000.00	500 000.00	0.00					0.00	500 000.00
2	英国	1 000 000.00	1 000 000.00	0.00	1 000 000.00	0.00	1 000 000.00	25%	250 000.00	200 000.00	250 000.00	200 000.00	50 000.00	0.00				0.00	200 000.00
3																			
4																			
5																			
6																			
7																			
8																			
9																			
10	合计	3 000 000.00	3 000 000.00	0.00	3 000 000.00	0.00	3 000 000.00		750 000.00	1 000 000.00	750 000.00	700 000.00	50 000.00	0.00				0.00	700 000.00

填表说明请扫二维码。

A108000 境外所得税收抵免明细表填表说明

表4-38(p) 企业所得税年度纳税申报表附表：A108010 境外所得纳税调整后所得明细表

金额单位：元（列至角分）

行次	国家(地区)	分支机构营业利润所得	股息红利等权益性投资所得	利息所得	租金所得	特许权使用费所得	财产转让所得	其他所得	小计	直接缴纳的所得税额	同被负担的所得税额	享受税收饶抵免税额	小计	境外税前所得	境外分支机构收入与支出纳税调整额	境外分支机构调整弥补的有关成本费用	境外所得调整对应的相关成本费用支出	境外所得纳税调整后所得	营业利润	新设境外分支机构所得 调整分摊扣除的有关成本费用	纳税调整额	纳税调整后所得	新增境外直接投资收益对应的股息所得	新增境外直接投资相对应的股息所得税额	境外享受免税政策的所得小计
		1	2	3	4	5	6	7	8	9(2+…+8)	10	11	12	13(10+11+12)	14(9+10+11)	15	16	17	18(14+15−16−17)	19	20	21	22(19−20+21)	23	24	25	26(22+24)
1	美国		1 200 000.00							1 200 000.00	800 000.00			800 000.00	2 000 000.00				2 000 000.00							
2	英国					800 000.00				800 000.00	200 000.00			200 000.00	1 000 000.00				1 000 000.00							
3																											
4																											
5																											
6																											
7																											
8																											
9																											
10	合计		1 200 000.00			800 000.00				2 000 000.00	1 000 000.00			1 000 000.00	3 000 000.00				3 000 000.00							

填表说明请扫二维码。

A108010 境外所得纳税调整后所得明细表填表说明

【例 4－13】 长春欣元食品有限公司属增值税一般纳税人，拥有职工人数 80 人，资产价值合计 5 000 万元，纳税人识别号为 220107789103396××××；经营地址为长春市沿街路×××号；法定代表人为李大鹏；开户银行为中国农业银行长春市分行；账号为 22011688800044449××××；主管税务机关为长春市税务局。会计主管为赵新（身份证号：22014119760101××××）。

该企业主要从事食品的加工与销售，2023 年度当年相关生产、经营资料如下：

1. 收入相关资料

（1）营业收入产品销售收入 68 000 000 元；

（2）其他业务收入出租包装物收入（含逾期包装物押金）52 000 元。

（3）营业外收入处置固定资产净收益 75 000 元；出售无形资产收益 200 000 元；接受外单位捐赠的原材料一批，增值税专用发票上注明的价格是 500 000 元，进项税额 85 000 元。

（4）投资国债 500 000 元，取得国债利息收入 25 000 元；投资金融债券 600 000 元，取得利息收入 48 000 元。投资于韩国某公司 4 500 000 元，占该公司 25% 的股权，分回税后利润 200 000 元，韩国公司的所得税税率为 20%（税前利润为 250 000 元）。

2. 成本、税金、费用类资料

（1）产品销售成本 43 000 000 元，包装物出租成本 36 000 元。

（2）税金及附加 336 000 元。

（3）管理费用 3 200 000 元，其中，招待费支出 430 000 元，技术开发费 350 000 元（其中，直接从事研发活动人员的工资、薪金为 100 000 元，"五险一金"为 30 000 元；研发活动直接消耗材料 120 000 元，产品的检验费 80 000 元，仪器、设备的运行维护、调整、检验、维修等费用 20 000 元）。

（4）销售费用 2 800 000 元，其中，广告费支出 1 900 000 元。

（5）财务费用 987 000 元，其中，支付的非金融机构借款利息为 500 000 元（借款金额 5 000 000 元，借款期限 1 年，年利率 10%，银行同期利率 7%）。

（6）营业外支出：卫生管理部门罚款支出 85 000 元，向红十字会捐款 145 000 元。

3. 其他相关资料

全年职工工资总额 5 800 000 元，职工福利费 813 000 元，职工教育经费 469 000 元，职工工会经费 120 000 元。

1—12 月份已经预缴企业所得税 4 250 000 元。

【要求】 根据长春欣元食品有限公司 2023 年的财务资料，计算该企业的年度会计利润，并在此基础上编制该企业 2023 年度的企业所得税纳税申报表（见表 4－39、表 4－40、表 4－41 及其附表）。

【计算】

1. 年度利润总额的计算

（1）营业收入＝68 000 000＋52 000＝68 052 000（元）（见附表 A101010）

（2）营业成本＝43 000 000＋36 000＝43 036 000（元）（见附表 A102010）

（3）税金及附加＝336 000（元）

（4）销售费用＝2 800 000（元）（见附表 A104000）

（5）管理费用＝3 200 000（元）（见附表 A104000）

（6）财务费用＝987 000（元）（见附表 A104000）

（7）投资收益＝25 000＋48 000＋200 000＝273 000（元）

（8）营业利润＝68 052 000－43 036 000－336 000－2 800 000－3 200 000－987 000＋273 000
＝17 966 000（元）

(9) 营业外收入＝75 000＋200 000＋585 000＝860 000(元)
(10) 营业外支出＝85 000＋145 000＝230 000(元)(见附表 A102010)
(11) 利润总额＝17 966 000＋860 000－230 000＝18 596 000(元)

2. 应纳税所得额的计算

(1) 境外所得＝200 000(元)(见附表 A108010)

(2) 纳税调整增加额(见附表 A105000)

① 招待费支出：企业实际发生业务招待费 430 000 元，按照《企业所得税法》的规定为发生额的 60％与营业收入的 5‰中的较小者。430 000×60％＝258 000(元)，68 052 000×5‰＝340 260.00(元)，因此最高扣除限额＝258 000(元)，本例应调增应纳税所得额＝430 000－258 000＝172 000(元)。

② 工资及三项费用支出：全年职工工资总额 5 800 000 元，职工福利费、职工教育经费、职工工会经费分别按工资总额的 14％、8％、2％计提，超过部分不允许在本期扣除。(见附表 A105050)

允许扣除的职工福利费限额＝5 800 000×14％＝812 000(元)，允许扣除的职工教育经费限额＝5 800 000×8％＝464 000(元)，允许扣除的职工工会经费限额＝5 800 000×2％＝116 000(元)。

因此，本例应调增应纳税所得额＝813 000＋469 000＋120 000－812 000－464 000－116 000＝10 000(元)。

③ 广告费支出：《企业所得税法》规定，广告费与业务宣传费的扣除限额为营业收入的 15％，超过部分准予结转以后纳税年度扣除。68 052 000×15％＝10 207 800(元)＞1 900 000(元)，因此没有超出扣除限额，无须调整。

④ 利息支出：支付非金融机构借款利息为 500 000 元(借款金额 5 000 000 元，借款期限 1 年，年利率 10％，银行同期利率 7％)，按《企业所得税法》规定可扣除的利息＝500 000×7％＝350 000(元)，因此，应调增应纳税所得额＝500 000－350 000＝150 000(元)。

⑤ 罚款支出按照《企业所得税法》的规定，行政罚款不得扣除，因此，应调增应纳税所得额为 85 000 元。

⑥ 捐赠支出按照《企业所得税法》的规定，企业实际发生的公益性捐赠支出，在年度利润总额 12％以内的部分，准予在计算应纳税所得额时扣除。

145 000＜18 596 000×12％＝22 331 520(元)，因此，没有超过扣除限额，无须调整。

纳税调整增加额合计＝172 000＋10 000＋150 000＋85 000＝417 000(元)

(3) 免税、减计收入及加计扣除＝25 000＋350 000＝375 000(元)(详见附表 A107010)

(4) 纳税调整后所得＝18 596 000－200 000＋417 000－375 000＝18 438 000(元)

(5) 境内应纳税所得额＝18 438 000(元)

3. 应纳税额的计算

(1) 境内应纳所得税额＝18 438 000×25％＝4 609 500(元)

(2) 境外所得应纳所得税额：

来自韩国的应税所得＝200 000÷(1－20％)＝250 000(元)，由于韩国的企业所得税率低于我国的，因此，在韩国已纳税额允许全额抵扣。

境外已纳税额＝250 000×20％＝50 000(元)

境外所得应纳所得税额＝250 000×25％＝62 500(元)

境外所得抵免所得税额＝50 000(元)

(3) 境内外实际应纳所得税额＝4 609 500＋62 500－50 000＝4 622 000(元)

(4) 本年累计实际已预缴的所得税额 4 250 000 元

(5) 本年应补(退)所得税额＝4 622 000－4 250 000＝372 000(元)

【填表】

表 4－39　　　　　　　　　　企业所得税年度纳税申报表封面

中华人民共和国企业所得税年度纳税申报表

(A 类,2017 年版)

税款所属期间：2023 年 1 月 1 日至 2023 年 12 月 31 日

纳税人识别号：2 2 0 1 0 7 7 8 9 1 0 3 3 9 × × × ×

(纳税人统一社会信用代码)

纳税人名称：长春欣元食品有限公司

金额单位：人民币元(列至角分)

谨声明：此纳税申报表是根据国家税收法律及相关规定填报的，是真实的、可靠的、完整的。

纳税人(签章)：长春欣元食品有限公司

2024 年 3 月 12 日

经办人：赵新	受理人：
经办人身份证号：2201419760101××××	受理税务机关(章)：
代理机构签章：	受理日期：　年　月　日

国家税务总局监制

表 4－40　　　　　　　　　　企业所得税年度纳税申报基础信息表

A000000

基本经营情况(必填项目)			
101 纳税申报企业类型(填写代码)	100	102 分支机构就地纳税比例(％)	
103 资产总额(填写平均值,单位：万元)	5 000	104 从业人数(填写平均值,单位：人)	80
105 所属国民经济行业(填写代码)	C14	106 从事国家限制或禁止行业	□是　☑否
107 适用会计准则或会计制度(填写代码)	110	108 采用一般企业财务报表格式(2019 年版)	☑是　□否
109 小型微利企业	□是　☑否	110 上市公司	是(□境内　□境外)　☑否

续表

有关涉税事项情况(存在或者发生下列事项时必填)			
201 从事股权投资业务		☑是	202 存在境外关联交易	☑是
203 境外所得信息	203-1 选择采用的境外所得抵免方式	☑分国(地区)不分项 □不分国(地区)不分项	
	203-2 新增境外直接投资信息	□是(产业类别:□旅游业 □现代服务业 □高新技术产业)	
204 有限合伙制创业投资企业的法人合伙人		□是	205 创业投资企业	□是
206 技术先进型服务企业类型(填写代码)			207 非营利组织	□是
208 软件、集成电路企业类型(填写代码)			209 集成电路生产项目类型	□130纳米 □65纳米 □28纳米
210 科技型中小企业	210-1 __年(申报所属期年度)入库编号1		210-2 入库时间1	
	210-3 __年(所属期下一年度)入库编号2		210-4 入库时间2	
211 高新技术企业申报所属期年度有效的高新技术企业证书	211-1 证书编号1		211-2 发证时间1	
	211-3 证书编号2		211-4 发证时间2	
212 重组事项税务处理方式		□一般性 □特殊性	213 重组交易类型(填写代码)	
214 重组当事方类型(填写代码)			215 政策性搬迁开始时间	__年__月
216 发生政策性搬迁且停止生产经营无所得年度		□是	217 政策性搬迁损失分期扣除年度	□是
218 发生非货币性资产对外投资递延纳税事项		□是	219 非货币性资产对外投资转让所得递延纳税年度	□是
220 发生技术成果投资入股递延纳税事项		□是	221 技术成果投资入股递延纳税年度	□是
222 发生资产(股权)划转特殊性税务处理事项		□是	223 债务重组所得递延纳税年度	□是
224 研发支出辅助账样式		□2015版 □2021版 □自行设计	

主要股东及分红情况(必填项目)					
股东名称	证件种类	证件号码	投资比例(%)	当年(决议日)分配的股息、红利等权益性投资收益金额	国籍(注册地址)

续表

股东名称	证件种类	证件号码	投资比例(%)	当年(决议日)分配的股息、红利等权益性投资收益金额	国籍(注册地址)
其余股东合计	—		—		—

表4-41　　　　　中华人民共和国企业所得税年度纳税申报表(A类)

A100000　　　　　　　　　　　　　　　　　　　　　　　　　金额单位：元(列至角分)

行次	类别	项目	金额
1	利润总额计算	一、营业收入(填写A101010)	68 052 000.00
2		减：营业成本(填写A102010)	43 036 000.00
3		税金及附加	336 000.00
4		销售费用(填写A104000)	2 800 000.00
5		管理费用(填写A104000)	3 200 000.00
6		财务费用(填写A104000)	987 000.00
7		资产减值损失	0.00
8		加：公允价值变动收益	0.00
9		投资收益	273 000.00
10		二、营业利润(1-2-3-4-5-6-7+8+9)	17 966 000.00
11		加：营业外收入	860 000.00
12		减：营业外支出(填写A102010)	230 000.00
13		三、利润总额(10+11-12)	18 596 000.00

续表

行次	类别	项　　目	金　　额
14	应纳税所得额计算	减：境外所得（填写 A108010）	200 000.00
15		加：纳税调整增加额（填写 A105000）	417 000.00
16		减：纳税调整减少额（填写 A105000）	0.00
17		减：免税、减计收入及加计扣除（填写 A107010）	375 000.00
18		加：境外应税所得抵减境内亏损（填写 A108000）	0.00
19		四、纳税调整后所得（13－14＋15－16－17＋18）	18 438 000.00
20		减：所得减免（填写 A107020）	0.00
21		减：抵扣应纳税所得额（填写 A107030）	0.00
22		减：弥补以前年度亏损（填写 A106000）	0.00
23		五、应纳税所得额（19－20－21－22）	18 438 000.00
24	应纳税额计算	税率（25％）	25％
25		六、应纳所得税额（23×24）	4 609 500.00
26		减：减免所得税额（填写 A107040）	0.00
27		减：抵免所得税额（填写 A107050）	0.00
28		七、应纳税额（25－26－27）	4 609 500.00
29		加：境外所得应纳所得税额（填写 A108000）	62 500.00
30		减：境外所得抵免所得税额（填写 A108000）	50 000.00
31		八、实际应纳所得税额（28＋29－30）	4 622 000.00
32		减：本年累计实际已预缴的所得税额	4 250 000.00
33		九、本年应补（退）所得税额（31－32）	372 000.00
34		其中：总机构分摊本年应补（退）所得税额（填写 A109000）	0.00
35		财政集中分配本年应补（退）所得税额（填写 A109000）	0.00
36		总机构主体生产经营部门分摊本年应补（退）所得税额（填写 A109000）	0.00
37	实际应纳税额计算	减：民族自治地区企业所得税地方分享部分：□ 免征　□ 减征：减征幅度__％）	0.00
38		十、本年实际应补（退）所得税额（33－37）	372 000.00

表 4-41(a)　　企业所得税年度纳税申报表附表：A101010 一般企业收入明细表　金额单位：元(列至角分)

行次	项　目	金　额
1	一、营业收入(2+9)	68 052 000.00
2	（一）主营业务收入(3+5+6+7+8)	68 000 000.00
3	1. 销售商品收入	68 000 000.00
4	其中：非货币性资产交换收入	
5	2. 提供劳务收入	
6	3. 建造合同收入	
7	4. 让渡资产使用权收入	
8	5. 其他	
9	（二）其他业务收入(10+12+13+14+15)	52 000.00
10	1. 销售材料收入	
11	其中：非货币性资产交换收入	
12	2. 出租固定资产收入	
13	3. 出租无形资产收入	
14	4. 出租包装物和商品收入	52 000.00
15	5. 其他	
16	二、营业外收入(17+18+19+20+21+22+23+24+25+26)	860 000.00
17	（一）非流动资产处置利得	275 000.00
18	（二）非货币性资产交换利得	
19	（三）债务重组利得	
20	（四）政府补助利得	
21	（五）盘盈利得	
22	（六）捐赠利得	585 000.00
23	（七）罚没利得	
24	（八）确实无法偿付的应付款项	
25	（九）汇兑收益	
26	（十）其他	

表 4-41(b)　企业所得税年度纳税申报表附表：A101020 一般企业成本支出明细表　金额单位：元(列至角分)

行次	项　目	金　额
1	一、营业成本(2+9)	43 036 000.00
2	（一）主营业务成本(3+5+6+7+8)	43 000 000.00
3	1. 销售商品成本	43 000 000.00
4	其中：非货币性资产交换成本	
5	2. 提供劳务成本	
6	3. 建造合同成本	
7	4. 让渡资产使用权成本	
8	5. 其他	
9	（二）其他业务成本(10+12+13+14+15)	36 000.00
10	1. 材料销售成本	
11	其中：非货币性资产交换成本	
12	2. 出租固定资产成本	
13	3. 出租无形资产成本	
14	4. 包装物出租成本	36 000.00
15	5. 其他	
16	二、营业外支出(17+18+19+20+21+22+23+24+25+26)	230 000.00
17	（一）非流动资产处置损失	
18	（二）非货币性资产交换损失	
19	（三）债务重组损失	
20	（四）非常损失	
21	（五）捐赠支出	145 000.00
22	（六）赞助支出	
23	（七）罚没支出	85 000.00
24	（八）坏账损失	
25	（九）无法收回的债券股权投资损失	
26	（十）其他	

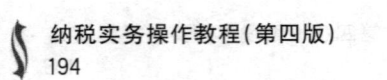

表 4-41(c)　　企业所得税年度纳税申报表附表：A104000 期间费用明细表　　金额单位：元(列至角分)

行次	项　目	销售费用	其中：境外支付	管理费用	其中：境外支付	财务费用	其中：境外支付
		1	2	3	4	5	6
1	一、职工薪酬		*		*	*	*
2	二、劳务费					*	*
3	三、咨询顾问费					*	*
4	四、业务招待费		*	430 000.00	*	*	*
5	五、广告费和业务宣传费	1 900 000.00		*	*	*	*
6	六、佣金和手续费						
7	七、资产折旧摊销费			*		*	*
8	八、财产损耗、盘亏及毁损损失			*	*	*	*
9	九、办公费			*	*	*	*
10	十、董事会费			*	*	*	*
11	十一、租赁费					*	
12	十二、诉讼费			*	*	*	*
13	十三、差旅费						
14	十四、保险费			*	*	*	*
15	十五、运输、仓储费					*	
16	十六、修理费					*	
17	十七、包装费		*		*	*	
18	十八、技术转让费					*	*
19	十九、研究费用			350 000.00		*	
20	二十、各项税费		*		*	*	
21	二十一、利息收支	*	*	*	*	500 000.00	
22	二十二、汇兑差额	*	*	*	*		
23	二十三、现金折扣	*		*			*
24	二十四、党组织工作经费	*	*		*	*	*
25	二十五、其他	900 000.00		2 420 000.00		487 000.00	
26	合计(1+2+3+…+25)	2 800 000.00		3 200 000.00		987 000.00	

表 4-41(d)　　企业所得税年度纳税申报表附表：A105000 纳税调整项目明细表　　金额单位：元(列至角分)

行次	项　目	账载金额 1	税收金额 2	调增金额 3	调减金额 4
1	一、收入类调整项目(2+3+…+8+10+11)	*	*		
2	(一)视同销售收入(填写 A105010)	*			*
3	(二)未按权责发生制原则确认的收入(填写 A105020)				
4	(三)投资收益(填写 A105030)				
5	(四)按权益法核算长期股权投资对初始投资成本调整确认收益	*	*	*	
6	(五)交易性金融资产初始投资调整	*	*		*
7	(六)公允价值变动净损益		*		
8	(七)不征税收入	*			
9	其中：专项用途财政性资金(填写 A105040)	*	*		
10	(八)销售折扣、折让和退回				
11	(九)其他				
12	二、扣除类调整项目(13+14+…+24+26+27+28+29+30)	*	*	417 000.00	
13	(一)视同销售成本(填写 A105010)	*		*	
14	(二)职工薪酬(填写 A105050)	7 202 000.00	7 192 000.00	10 000.00	
15	(三)业务招待费支出	430 000.00	258 000.00	172 000.00	*
16	(四)广告费和业务宣传费支出(填写 A105060)	*	*		
17	(五)捐赠支出(填写 A105070)	145 000.00	22 331 520.00	0.00	
18	(六)利息支出	500 000.00	350 000.00	150 000.00	
19	(七)罚金、罚款和被没收财物的损失	85 000.00	*	85 000.00	*
20	(八)税收滞纳金、加收利息		*		*
21	(九)赞助支出				*
22	(十)与未实现融资收益相关在当期确认的财务费用				

续表

行次	项　目	账载金额 1	税收金额 2	调增金额 3	调减金额 4
23	（十一）佣金和手续费支出（保险企业填写A105060）				
24	（十二）不征税收入用于支出所形成的费用	*	*		*
25	其中：专项用途财政性资金用于支出所形成的费用（填写A105040）	*	*		*
26	（十三）跨期扣除项目				
27	（十四）与取得收入无关的支出		*		*
28	（十五）境外所得分摊的共同支出	*			*
29	（十六）党组织工作经费				
30	（十七）其他				
31	三、资产类调整项目(32+33+34+35)	*	*		
32	（一）资产折旧、摊销（填写A105080）				
33	（二）资产减值准备金		*		
34	（三）资产损失（填写A105090）	*	*		
35	（四）其他				
36	四、特殊事项调整项目(37+38+…+43)	*	*		
37	（一）企业重组及递延纳税事项（填写A105100）				
38	（二）政策性搬迁（填写A105110）	*	*		
39	（三）特殊行业准备金(39.1+39.2+39.4+39.5+39.6+39.7)	*	*		
39.1	1. 保险公司保险保障基金				
39.2	2. 保险公司准备金				
39.3	其中：已发生未报案未决赔款准备金				
39.4	3. 证券行业准备金				
39.5	4. 期货行业准备金				
39.6	5. 中小企业融资(信用)担保机构准备金				
39.7	6. 金融企业、小额贷款公司准备金（填写A105120）	*	*		

续表

行次	项 目	账载金额	税收金额	调增金额	调减金额
		1	2	3	4
40	（四）房地产开发企业特定业务计算的纳税调整额（填写 A105010）	*			
41	（五）合伙企业法人合伙人应分得的应纳税所得额				
42	（六）发行永续债利息支出				
43	（七）其他	*	*		
44	五、特别纳税调整应税所得	*	*		
45	六、其他	*	*		
46	合计（1+12+31+36+44+45）	*	*	417 000.00	0.00

表 4-41(e) 企业所得税年度纳税申报表附表：A105050 职工薪酬支出及纳税调整明细表

金额单位：元（列至角分）

行次	项 目	账载金额	实际发生额	税收规定扣除率	以前年度累计结转扣除额	税收金额	纳税调整金额	累计结转以后年度扣除额
		1	2	3	4	5	6(1-5)	7(2+4-5)
1	一、工资薪金支出	5 800 000.00	5 800 000.00	*	*	5 800 000.00	0.00	*
2	其中：股权激励			*	*			*
3	二、职工福利费支出	813 000.00	813 000.00	14%	*	812 000.00	1 000.00	
4	三、职工教育经费支出	469 000.00	469 000.00	*		464 000.00	5 000.00	
5	其中：按税收规定比例扣除的职工教育经费	459 000.00	459 000.00	8%		464 000.00	5 000.00	
6	按税收规定全额扣除的职工培训费用				*			*
7	四、工会经费支出	120 000.00	120 000.00	2%	*	116 000.00	4 000.00	*
8	五、各类基本社会保障性缴款			*	*			*
9	六、住房公积金			*	*			*
10	七、补充养老保险			*	*			*

续表

行次	项目	账载金额	实际发生额	税收规定扣除率	以前年度累计结转扣除额	税收金额	纳税调整金额	累计结转以后年度扣除额
		1	2	3	4	5	6(1−5)	7(2+4−5)
11	八、补充医疗保险				*			*
12	九、其他			*				*
13	合计(1+3+4+7+8+9+10+11+12)	7 202 000.00	7 202 000.00	*		7 192 000.00	10 000.00	

表4−41(f) 企业所得税年度纳税申报表附表：A105060 广告费和业务宣传费等跨年度纳税调整明细表

金额单位：元(列至角分)

行次	项目	广告费和业务宣传费	保险企业手续费及佣金支出
		1	2
1	一、本年支出	1 900 000.00	
2	减：不允许扣除的支出	0.00	
3	二、本年符合条件的支出(1−2)	1 900 000.00	
4	三、本年计算扣除限额的基数	68 052 000.00	
5	乘：税收规定扣除率	15%	
6	四、本企业计算的扣除限额(4×5)	10 207 800.00	
7	五、本年结转以后年度扣除额 (3>6,本行=3−6;3≤6,本行=0)	0.00	
8	加：以前年度累计结转扣除额	0.00	
9	减：本年扣除的以前年度结转额 [3>6,本行=0;3≤6,本行=8 与(6−3)孰小值]	0.00	
10	六、按照分摊协议归集至其他关联方的金额(10≤3 与 6 孰小值)	0.00	*
11	按照分摊协议从其他关联方归集至本企业的金额	0.00	*
12	七、本年支出纳税调整金额 (3>6,本行=2+3−6+10−11;3≤6,本行=2+10−11−9)	0.00	
13	八、累计结转以后年度扣除额(7+8−9)	0.00	

第四章　纳税申报实务模拟演练

表4-41(g)　企业所得税年度纳税申报表附表：A105070 捐赠支出及纳税调整明细表

金额单位：元（列至角分）

行次	项目	账载金额 1	以前年度结转可扣除的捐赠额 2	按税收规定计算的扣除限额 3	税收金额 4	纳税调增金额 5	纳税调减金额 6	可结转以后年度扣除的捐赠额 7
1	一、非公益性捐赠		*	*	*	0.00	*	*
2	二、限额扣除的公益性捐赠(3+4+5+6)	145 000.00		2 231 520.00	2 231 520.00	*	*	0.00
3	前三年度（　　年）	*	*	*	*	*	*	*
4	前二年度（　　年）	*	*	*	*	*	*	*
5	前一年度（　　年）	*	*	*	*	*	*	*
6	本年(2023年)	145 000.00		2 231 520.00	2 231 520.00	0.00	*	0.00
7	三、全额扣除的公益性捐赠		*	*		*	*	*
8	1.		*	*	*	*	*	*
9	2.		*	*	*	*	*	*
10	3.		*	*	*	*	*	*
11	合计(1+2+7)	145 000.00		2 231 520.00	2 231 520.00	0.00	*	0.00
附列资料	2015年度至本年发生的公益性扶贫捐赠合计金额							*

表 4-41(h)　企业所得税年度纳税申报表附表：A107010 免税、减计收入及加计扣除优惠明细表

金额单位：元(列至角分)

行次	项目	金额
1	一、免税收入(2+3+9+…+16)	25 000.00
2	（一）国债利息收入免征企业所得税	25 000.00
3	（二）符合条件的居民企业之间的股息、红利等权益性投资收益免征企业所得税(4+5+6+7+8)	
4	1. 一般股息红利等权益性投资收益免征企业所得税(填写 A107011)	
5	2. 内地居民企业通过沪港通投资且连续持有 H 股满 12 个月取得的股息红利所得免征企业所得税(填写 A107011)	
6	3. 内地居民企业通过深港通投资且连续持有 H 股满 12 个月取得的股息红利所得免征企业所得税(填写 A107011)	
7	4. 居民企业持有创新企业 CDR 取得的股息红利所得免征企业所得税(填写 A107011)	
8	5. 符合条件的永续债利息收入免征企业所得税(填写 A107011)	
9	（三）符合条件的非营利组织的收入免征企业所得税	
10	（四）中国清洁发展机制基金取得的收入免征企业所得税	
11	（五）投资者从证券投资基金分配中取得的收入免征企业所得税	
12	（六）取得的地方政府债券利息收入免征企业所得税	
13	（七）中国保险保障基金有限责任公司取得的保险保障基金等收入免征企业所得税	
14	（八）中国奥委会取得北京冬奥组委支付的收入免征企业所得税	
15	（九）中国残奥委会取得北京冬奥组委分期支付的收入免征企业所得税	
16	（十）其他	
17	二、减计收入(18+19+23+24)	
18	（一）综合利用资源生产产品取得的收入在计算应纳税所得额时减计收入	
19	（二）金融、保险等机构取得的涉农利息、保费减计收入(20+21+22)	
20	1. 金融机构取得的涉农贷款利息收入在计算应纳税所得额时减计收入	
21	2. 保险机构取得的涉农保费收入在计算应纳税所得额时减计收入	

续表

行次	项目	金额
22	3. 小额贷款公司取得的农户小额贷款利息收入在计算应纳税所得额时减计收入	
23	（三）取得铁路债券利息收入减半征收企业所得税	
24	（四）其他(24.1+24.2)	
24.1	1. 取得的社区家庭服务收入在计算应纳税所得额时减计收入	
24.2	2. 其他	
25	三、加计扣除(26+27+28+29+30)	350 000.00
26	（一）开发新技术、新产品、新工艺发生的研究开发费用加计扣除(填写A107012)	350 000.00
27	（二）科技型中小企业开发新技术、新产品、新工艺发生的研究开发费用加计扣除(填写A107012)	
28	（三）企业为获得创新性、创意性、突破性的产品进行创意设计活动而发生的相关费用加计扣除(加计扣除比例____%)	
29	（四）安置残疾人员所支付的工资加计扣除	
30	（五）其他	
31	合计(1+17+25)	375 000.00

表4-41(i) 企业所得税年度纳税申报表附表：A107012 研发费用加计扣除优惠明细表

金额单位：元(列至角分)

行次	项目	金额(数量)
1	本年可享受研发费用加计扣除项目数量	
2	一、自主研发、合作研发、集中研发(3+7+16+19+23+34)	350 000.00
3	（一）人员人工费用(4+5+6)	130 000.00
4	1. 直接从事研发活动人员工资薪金	100 000.00
5	2. 直接从事研发活动人员"五险一金"	30 000.00
6	3. 外聘研发人员的劳务费用	
7	（二）直接投入费用(8+9+10+11+12+13+14+15)	220 000.00

续表

行次	项　　目	金额(数量)
8	1. 研发活动直接消耗材料费用	120 000.00
9	2. 研发活动直接消耗燃料费用	
10	3. 研发活动直接消耗动力费用	
11	4. 用于中间试验和产品试制的模具、工艺装备开发及制造费	
12	5. 用于不构成固定资产的样品、样机及一般测试手段购置费	
13	6. 用于试制产品的检验费	80 000.00
14	7. 用于研发活动的仪器、设备的运行维护、调整、检验、维修等费用	20 000.00
15	8. 通过经营租赁方式租入的用于研发活动的仪器、设备租赁费	
16	(三) 折旧费用(17＋18)	
17	1. 用于研发活动的仪器的折旧费	
18	2. 用于研发活动的设备的折旧费	
19	(四) 无形资产摊销(20＋21＋22)	
20	1. 用于研发活动的软件的摊销费用	
21	2. 用于研发活动的专利权的摊销费用	
22	3. 用于研发活动的非专利技术(包括许可证、专有技术、设计和计算方法等)的摊销费用	
23	(五) 新产品设计费等(24＋25＋26＋27)	
24	1. 新产品设计费	
25	2. 新工艺规程制定费	
26	3. 新药研制的临床试验费	
27	4. 勘探开发技术的现场试验费	
28	(六) 其他相关费用(29＋30＋31＋32＋33)	
29	1. 技术图书资料费、资料翻译费、专家咨询费、高新科技研发保险费	
30	2. 研发成果的检索、分析、评议、论证、鉴定、评审、评估、验收费用	

续表

行次	项目	金额(数量)
31	3. 知识产权的申请费、注册费、代理费	
32	4. 职工福利费、补充养老保险费、补充医疗保险费	
33	5. 差旅费、会议费	
34	（七）经限额调整后的其他相关费用	
35	二、委托研发(36+37+39)	
36	（一）委托境内机构或个人进行研发活动所发生的费用	
37	（二）委托境外机构进行研发活动发生的费用	
38	其中：允许加计扣除的委托境外机构进行研发活动发生的费用	
39	（三）委托境外个人进行研发活动发生的费用	
40	三、年度研发费用小计(2+36×80%+38)	350 000.00
41	（一）本年费用化金额	350 000.00
42	（二）本年资本化金额	
43	四、本年形成无形资产摊销额	
44	五、以前年度形成无形资产本年摊销额	
45	六、允许扣除的研发费用合计(41+43+44)	350 000.00
46	减：特殊收入部分	0.00
47	七、允许扣除的研发费用抵减特殊收入后的金额(45−46)	350 000.00
48	减：当年销售研发活动直接形成产品（包括组成部分）对应的材料部分	0.00
49	减：以前年度销售研发活动直接形成产品（包括组成部分）对应材料部分结转金额	0.00
50	八、加计扣除比例(%)	100%
51	九、本年研发费用加计扣除总额(47−48−49)×50	350 000.00
52	十、销售研发活动直接形成产品（包括组成部分）对应材料部分结转以后年度扣减金额(当47−48−49≥0，本行=0；当47−48−49<0，本行=47−48−49的绝对值)	0.00

表 4-41(j)

企业所得税年度纳税申报表附表：A108000 境外所得税抵免明细表

金额单位：元（列至角分）

行次	国家（地区）	境外税前所得	境外所得纳税调整后所得	弥补境外以前年度亏损	境外应纳税所得额	抵减境内亏损	抵减境内亏损后的境外应纳税所得额	税率	境外所得应纳税额	境外所得可抵免税额	境外所得抵免限额	本年可抵免境外所得税额	未超过境外所得抵免限额的余额	本年可抵免以前年度未抵免境外所得税额	按低于12.5%的实际税率计算的抵免额	按12.5%计算的抵免额	按25%计算的抵免额	小计	境外所得抵免所得税额合计
		1	2	3	4	5(3-4)	6	7(5-6)	8	9(7×8)	10	11	12	13(11-12)	14	15	16	17	18(15+16+17)	19(12+14+18)
1	韩国	250 000.00	250 000.00	0.00	250 000.00	0.00	250 000.00	25%	62 500.00	50 000.00	62 500.00	50 000.00	12 500.00	0.00				0.00	50 000.00
2																			
3																			
4																			
5																			
6																			
7																			
8																			
9																			
10	合计	250 000.00	250 000.00	0.00	250 000.00	0.00	250 000.00		62 500.00	50 000.00	62 500.00	50 000.00	12 500.00	0.00				0.00	50 000.00

表 4-41(k) 企业所得税年度纳税申报表附表：A108010 境外所得纳税调整后所得明细表

金额单位：元（列至角分）

行次	国家(地区)	分支机构营业利润所得	股息、红利等权益性投资所得	利息所得	租金所得	特许权使用费所得	财产转让所得	其他所得	小计	境外所得可抵免的所得税额				境外分支机构纳税调整后所得				境外所得纳税调整后所得	其中：新增境外直接投资所得					
										直接缴纳的所得税额	间接负担的所得税额	享受税收饶让抵免税额	小计	境外税前所得	境外分支机构收入与支出纳税调整额	境外分支机构调整摊扣除的有关成本费用	境外所得调整的相关成本费用支出	境外所得税调整后所得	新设境外分支机构所得				新增境外直接投资对应所得				境外享受免税政策的所得小计
																			调整分摊扣除的有关成本费用	纳税调整额	纳税调整后所得	境外所得税额	对应的股息所得	对应的股息身所得税额	境外享受免税政策的所得小计
		1	2	3	4	5	6	7	8	9(2+…+8)	10	11	12	13(10+11+12)	14(9+10+11)	15	16	17	18(14+15-16-17)	19	20	21	22(19-20+21)	23	24	25	26(22+24)
1	韩国		4 500 000.00						4 500 000.00	50 000.00			50 000.00	250 000.00				250 000.00								
2																											
3																											
4																											
5																											
6																											
7																											
8																											
9																											
10	合计		4 500 000.00						4 500 000.00	50 000.00			50 000.00	250 000.00				250 000.00								

(二)适用于查账征收方式预缴纳税申报案例

【例 4-14】 长春市奥威汽车备品销售有限公司地处长春市高新区硅谷大街1198号,2014年10月份开业,注册资金为2 200 000元,纳税人识别号为220104771719678×××,法定代表人为王宏;在交通银行长春卫星广场支行开户,账号是220100069001871214695,电话为85189669,经济类型为私营有限责任公司,行业类别属于汽车、摩托车及零配件批发,增值税税率为13%,拥有在册职工350人,资产总额为5 100万元。该公司采取查账征收方式预缴企业所得税,主管税务机关为长春市税务局,会计主管为陈大林(身份证号码220104000000000000)。

2023年10月1日至2023年12月31日会计资料反映的生产经营情况如下:
(1) 销售收入总额5 344 400元。
(2) 国债利息收入75 000元,金融债券利息收入25 000元。
(3) 产品销售成本2 333 000元,销售税金及附加92 200元。
(4) 销售费用58 800元,管理费用389 000元,财务费用100 000元,营业外支出280 000元。

【要求】 计算并填列该公司2023年第四季度企业所得税纳税申报表。

【解析】
营业收入=5 344 400+75 000+25 000=5 444 400(元)
营业成本=2 333 000+92 200+58 800+389 000+100 000+280 000
       =3 253 000(元)
利润总额=5 444 400-3 253 000=2 191 400(元)
免税收入=75 000(元)
应纳所得税额=(2 191 400-75 000)×25%=529 100(元)

【填表】

表4-42 A200000 中华人民共和国企业所得税月(季)度预缴纳税申报表(A类)

税款所属期间:2023年10月1日至2023年12月31日

纳税人识别号(统一社会信用代码): 2 2 0 1 0 4 7 7 1 7 1 9 6 7 8 × × ×

纳税人名称:长春市奥威汽车备品销售有限公司　　　金额单位:人民币元(列至角分)

预缴方式	☑ 按照实际利润额预缴　　□ 按照上一纳税年度应纳税所得额平均额预缴　　□ 按照税务机关确定的其他方法预缴 本栏按实际情况勾选,后两项属于行政许可,勾选前需先履行行政许可相关程序 ① 选择按实际利润额缴纳的,填报1~15行 ② 选择按上一年度平均额预缴的,填报9~13行、15行 ③ 选择按其他方法的,填报第15行
企业类型	☑ 一般企业　　□ 跨地区经营汇总纳税企业总机构　　□ 跨地区经营汇总纳税企业分支机构 本栏按实际情况填写,同一省(市、自治区)设立的不具法人资格但未按《跨区域经营汇总纳税企业所得税征收管理办法》征收管理的,按一般企业勾选。

预缴税款计算			
行次	项　　目		本年累计金额
1	营业收入		5 444 400.00
2	营业成本		3 253 000.00
3	利润总额		2 191 400.00

续表

行次	项 目	本年累计金额
4	加：特定业务计算的应纳税所得额(本行为从事房地产开发等特定业务的纳税人填报)	0
5	减：不征税收入	0
6	减：免税收入、减计收入、所得减免等优惠金额(填写 A201010)	75 000.00
7	减：固定资产加速折旧(扣除)调减额(填写 A201020)	
8	减：弥补以前年度亏损	
9	实际利润额(3+4-5-6-7-8)\按照上一纳税年度应纳税所得额平均额确定的应纳税所得额	2 116 400.00
10	税率(25%)	25%
11	应纳所得税额(9×10)	529 100.00
12	减：减免所得税额(填写 A201030)	
13	减：实际已缴纳所得税额	
14	减：特定业务预缴(征)所得税额(建安企业跨区域设立的项目部在项目所在地预缴的金额在本行填报)	
15	本期应补(退)所得税额(11-12-13-14)\税务机关确定的本期应纳所得税额	529 100.00
汇总纳税企业总分机构税款计算			
16	总机构填报	总机构本期分摊应补(退)所得税额(17+18+19)(跨省设立分支机构的,总机构按第 15 行的 50%填报,省内的按 60%填报)	0
17		其中：总机构分摊应补(退)所得税额(15×总机构分摊比例__%)	0
18		财政集中分配应补(退)所得税额(15×财政集中分配比例__%)	0
19		总机构具有主体生产经营职能的部门分摊所得税额(15×全部分支机构分摊比例__%×总机构具有主体生产经营职能部门分摊比例__%)	0
20	分支机构填报	分支机构本期分摊比例(分支机构根据总机构出具的本期《企业所得税分支机构所得税分配表》填报)	0
21		分支机构本期分摊应补(退)所得税额	0
附报信息(本栏为必填项)			
高新技术企业	□是 ☑否	科技型中小企业	□是 ☑否
技术入股递延纳税事项	□是 ☑否		
按季度填报信息(本栏为必填项)			
季初从业人数	350	季末从业人数	350
季初资产总额(万元)	5 100	季末资产总额(万元)	5 100
国家限制或禁止行业	□是 ☑否	小型微利企业	□是 ☑否

谨声明：本纳税申报表是根据国家税收法律法规及相关规定填报的,是真实的、可靠的、完整的。

纳税人(签章)：长春市奥威汽车备品销售有限公司　　　　2024 年 1 月 10 日

经办人：陈大林
经办人身份证号：220104000000000000
代理机构签章：
代理机构统一社会信用代码：

受理人：
受理税务机关(章)：
受理日期：　　年　月　日

国家税务总局监制

填报说明

一、适用范围

本表适用于实行查账征收企业所得税的居民企业纳税人(以下简称"纳税人")在月(季)度预缴纳税申报时填报。执行《跨地区经营汇总纳税企业所得税征收管理办法》(国家税务总局公告2012年第57号发布)的跨地区经营汇总纳税企业的分支机构,在年度纳税申报时填报本表。省(自治区、直辖市和计划单列市)税务机关对仅在本省(自治区、直辖市和计划单列市)内设立不具有法人资格分支机构的企业,参照《跨地区经营汇总纳税企业所得税征收管理办法》征收管理的,企业的分支机构在年度纳税申报时填报本表。

二、表头项目

(一) 税款所属期间

1. 月(季)度预缴纳税申报

正常情况填报税款所属期月(季)度第一日至税款所属月(季)度最后一日;年度中间开业的纳税人,在首次月(季)度预缴纳税申报时,填报开始经营之日至税款所属月(季)度最后一日,以后月(季)度预缴纳税申报时按照正常情况填报;年度中间终止经营活动的纳税人,在终止经营活动当期纳税申报时,填报税款所属期月(季)度第一日至终止经营活动之日,以后月(季)度预缴纳税申报表不再填报。

2. 年度纳税申报

填报税款所属年度1月1日至12月31日。

(二) 纳税人识别号(统一社会信用代码)

填报税务机关核发的纳税人识别号或有关部门核发的统一社会信用代码。

(三) 纳税人名称

填报营业执照、税务登记证等证件载明的纳税人名称。

三、有关项目填报说明

(一) 预缴方式

纳税人根据情况选择预缴方式。

"按照上一纳税年度应纳税所得额平均额预缴"和"按照税务机关确定的其他方法预缴"两种预缴方式属于税务行政许可事项,纳税人需要履行行政许可相关程序。

(二) 企业类型

纳税人根据情况选择企业类型。

纳税人为《跨地区经营汇总纳税企业所得税征收管理办法》规定的跨省、自治区、直辖市和计划单列市设立不具有法人资格分支机构的跨地区经营汇总纳税企业,总机构选择"跨地区经营汇总纳税企业总机构";仅在同一省(自治区、直辖市、计划单列市)内设立不具有法人资格分支机构的跨地区经营汇总纳税企业,并且总机构、分支机构参照《跨地区经营汇总纳税企业所得税征收管理办法》规定征收管理的,总机构选择"跨地区经营汇总纳税企业总机构"。

纳税人为《跨地区经营汇总纳税企业所得税征收管理办法》规定的跨省、自治区、直辖市和计划单列市设立不具有法人资格分支机构的跨地区经营汇总纳税企业,分支机构选择"跨地区经营汇总纳税企业分支机构";仅在同一省(自治区、直辖市、计划单列市)内设立不具有法人资格分支机构的跨地区经营汇总纳税企业,并且总机构、分支机构参照《跨地区经营汇总纳税企业所得税征收管理办法》规定征收管理的,分支机构选择"跨地区经营汇总纳税企业分支机构"。

上述企业以外的其他企业选择"一般企业"。

(三) 预缴税款计算

预缴方式选择"按照实际利润额预缴"的纳税人填报第1行至第15行,预缴方式选择"按照上一纳税年度应纳税所得额平均额预缴"的纳税人填报第9、10、11、12、13、15行,预缴方式选择"按照税务机关确定的其他方法预缴"的纳税人填报第15行。

(1) 第1行"营业收入":填报纳税人截至本税款所属期末,按照国家统一会计制度规定核算的本年累计营业收入。

如：以前年度已经开始经营且按季度预缴纳税申报的纳税人，第二季度预缴纳税申报时本行填报本年1月1日至6月30日期间的累计营业收入。

（2）第2行"营业成本"：填报纳税人截至本税款所属期末，按照国家统一会计制度规定核算的本年累计营业成本。

（3）第3行"利润总额"：填报纳税人截至本税款所属期末，按照国家统一会计制度规定核算的本年累计利润总额。

（4）第4行"特定业务计算的应纳税所得额"：从事房地产开发等特定业务的纳税人，填报按照税收规定计算的特定业务的应纳税所得额。房地产开发企业销售未完工开发产品取得的预售收入，按照税收规定的预计计税毛利率计算的预计毛利额填入此行。企业开发产品完工后，其未完工预售环节按照税收规定的预计计税毛利率计算的预计毛利额在汇算清缴时调整，月（季）度预缴纳税申报时不调整。本行填报金额不得小于本年上期申报金额。

（5）第5行"不征税收入"：填报纳税人已经计入本表"利润总额"行次但属于税收规定的不征税收入的本年累计金额。

（6）第6行"免税收入、减计收入、所得减免等优惠金额"：填报属于税收规定的免税收入、减计收入、所得减免等优惠的本年累计金额。

本行根据"免税收入、减计收入、所得减免等优惠明细表"（A201010）填报。

（7）第7行"固定资产加速折旧（扣除）调减额"：填报固定资产税收上享受加速折旧优惠计算的折旧额大于同期会计折旧额期间，发生纳税调减的本年累计金额。

本行根据"固定资产加速折旧（扣除）明细表"（A201020）填报。

（8）第8行"弥补以前年度亏损"：填报纳税人截至税款所属期末，按税收规定在企业所得税税前弥补的以前年度尚未弥补亏损的本年累计金额。根据《财政部 税务总局关于延长高新技术企业和科技型中小企业亏损结转年限的通知》（财税〔2018〕76号）的规定，自2018年1月1日起，当年具备高新技术企业或科技型中小企业资格的企业，其具备资格年度之前的5个年度发生的尚未弥补完的亏损，准予结转以后年度弥补，最长结转年限由5年延长至10年。

当本表第3+4-5-6-7行≤0时，本行=0。

（9）第9行"实际利润额\按照上一纳税年度应纳税所得额平均额确定的应纳税所得额"：预缴方式选择"按照实际利润额预缴"的纳税人，根据本表相关行次计算结果填报，第9行=第3+4-5-6-7-8行；预缴方式选择"按照上一纳税年度应纳税所得额平均额预缴"的纳税人，填报按照上一纳税年度应纳税所得额平均额计算的本年累计金额。

（10）第10行"税率（25%）"：填报25%。

（11）第11行"应纳所得税额"：根据相关行次计算结果填报。第11行=第9×10行，且第11行≥0。

（12）第12行"减免所得税额"：填报纳税人截至税款所属期末，按照税收规定享受的减免企业所得税的本年累计金额。

本行根据"减免所得税额明细表"（A201030）填报。

（13）第13行"实际已缴纳所得税额"：填报纳税人按照税收规定已在此前月（季）度申报预缴企业所得税的本年累计金额。

建筑企业总机构直接管理的跨地区设立的项目部，按照税收规定已经向项目所在地主管税务机关预缴企业所得税的金额不填本行，而是填入本表第14行。

（14）第14行"特定业务预缴（征）所得税额"：填报建筑企业总机构直接管理的跨地区设立的项目部，按照税收规定已经向项目所在地主管税务机关预缴企业所得税的本年累计金额。

本行本期填报金额不得小于本年上期申报的金额。

（15）第15行"本期应补（退）所得税额\税务机关确定的本期应纳所得税额"：按照不同预缴方式，分情况填报：

预缴方式选择"按照实际利润额预缴"以及"按照上一纳税年度应纳税所得额平均额预缴"的纳税人根据本表相关行次计算填报。第15行=第11-12-13-14行，当第11-12-13-14行<0时，本行填0。其中，

企业所得税收入全额归属中央且按比例就地预缴企业的分支机构,以及在同一省(自治区、直辖市、计划单列市)内的按比例就地预缴企业的分支机构,第15行=第11行×就地预缴比例-第12行×就地预缴比例-第13行-第14行,当第11行×就地预缴比例-第12行×就地预缴比例-第13行-第14行<0时,本行填0。

预缴方式选择"按照税务机关确定的其他方法预缴"的纳税人填报本期应纳企业所得税的金额。

(四)汇总纳税企业总分机构税款计算

企业类型选择"跨地区经营汇总纳税企业总机构"的纳税人填报第16、17、18、19行;企业类型选择"跨地区经营汇总纳税企业分支机构"的纳税人填报第20、21行。

(1)第16行"总机构本期分摊应补(退)所得税额":跨地区经营汇总纳税企业的总机构根据相关行次计算结果填报,第16行=第17+18+19行。

(2)第17行"总机构分摊应补(退)所得税额(15×总机构分摊比例__%)":根据相关行次计算结果填报,第17行=第15行×总机构分摊比例。其中:跨省、自治区、直辖市和计划单列市经营的汇总纳税企业"总机构分摊比例"填报25%,同一省(自治区、直辖市、计划单列市)内跨地区经营汇总纳税企业"总机构分摊比例"按照各省(自治区、直辖市、计划单列市)确定的总机构分摊比例填报。

(3)第18行"财政集中分配应补(退)所得税额(15×财政集中分配比例__%)":根据相关行次计算结果填报,第18行=第15行×财政集中分配比例。其中:跨省、自治区、直辖市和计划单列市经营的汇总纳税企业"财政集中分配比例"填报25%,同一省(自治区、直辖市、计划单列市)内跨地区经营汇总纳税企业"财政集中分配比例"按照各省(自治区、直辖市、计划单列市)确定的财政集中分配比例填报。

(4)第19行"总机构具有主体生产经营职能的部门分摊所得税额(15×全部分支机构分摊比例__%×总机构具有主体生产经营职能部门分摊比例__%)":根据相关行次计算结果填报,第19行=第15行×全部分支机构分摊比例×总机构具有主体生产经营职能部门分摊比例。其中:跨省、自治区、直辖市和计划单列市经营的汇总纳税企业"全部分支机构分摊比例"填报50%,同一省(自治区、直辖市、计划单列市)内跨地区经营汇总纳税企业"分支机构分摊比例"按照各省(自治区、直辖市、计划单列市)确定的分支机构分摊比例填报;"总机构具有主体生产经营部门分摊比例"按照设立的具有主体生产经营职能的部门在参与税款分摊的全部分支机构中的分摊比例填报。

(5)第20行"分支机构本期分摊比例":跨地区经营汇总纳税企业分支机构填报其总机构出具的本期"企业所得税汇总纳税分支机构所得税分配表"的"分配比例"列次中列示的本分支机构的分配比例。

(6)第21行"分支机构本期分摊应补(退)所得税额":跨地区经营汇总纳税企业分支机构填报其总机构出具的本期"企业所得税汇总纳税分支机构所得税分配表"的"分配所得税额"列次中列示的本分支机构应分摊的所得税额。

四、附报信息

企业类型选择"跨地区经营汇总纳税企业分支机构"的,不填报"附报信息"所有项目。

(一)高新技术企业

本栏次为必报项目。

根据《高新技术企业认定管理办法》《高新技术企业认定管理工作指引》等文件规定,符合条件的纳税人履行相关认定程序后取得"高新技术企业证书"。凡是取得"高新技术企业证书"且在有效期内的纳税人,选择"是";未取得"高新技术企业证书"或者"高新技术企业证书"不在有效期内的纳税人,选择"否"。

(二)科技型中小企业

本栏次为必报项目。

符合条件的纳税人可以按照《科技型中小企业评价办法》进行自主评价,并按照自愿原则到"全国科技型中小企业信息服务平台"填报企业信息,经公示无异议后纳入"全国科技型中小企业信息库"。凡是取得本年"科技型中小企业入库登记编号"且编号有效的纳税人,选择"是";未取得本年"科技型中小企业入库登记编号"或者已取得本年"科技型中小企业入库登记编号"但被科技管理部门撤销登记编号的纳税人,选择"否"。

(三)技术入股递延纳税事项

本栏次为必报项目。

根据《财政部 国家税务总局关于完善股权激励和技术入股有关所得税政策的通知》(财税〔2016〕101号)文件规定,企业以技术成果投资入股到境内居民企业,被投资企业支付的对价全部为股票(权)的,企业可以选择适用递延纳税优惠政策。本年内发生以技术成果投资入股且选择适用递延纳税优惠政策的纳税人,选择"是";本年内未发生以技术成果投资入股或者以技术成果投资入股但选择继续按现行有关税收政策执行的纳税人,选择"否"。

五、按季度填报信息

企业类型选择"跨地区经营汇总纳税企业分支机构"的,不填报"按季度填报信息"所有项目。本项下所有项目按季度填报。按月申报的纳税人,在季度最后一个属期的月份填报。

(一)季初从业人数、季末从业人数

本栏次为必报项目。

纳税人填报税款所属季度的季初和季末从业人员的数量。季度中间开业的纳税人,"季初从业人数"填报开业时从业人数。季度中间停止经营的纳税人,"季末从业人数"填报停止经营时从业人数。从业人数是指与企业建立劳动关系的职工人数和企业接受的劳务派遣用工人数之和。汇总纳税企业总机构填报包括分支机构在内的所有从业人数。

(二)季初资产总额(万元)、季末资产总额(万元)

本栏次为必报项目。

纳税人填报税款所属季度的季初和季末资产总额。季度中间开业的纳税人,"季初资产总额"填报开业时资产总额。季度中间停止经营的纳税人,"季末资产总额"填报停止经营时资产总额。填报单位为人民币万元,保留小数点后两位。

(三)国家限制或禁止行业

本栏次为必报项目。

纳税人从事行业为国家限制和禁止行业的,选择"是";其他选择"否"。

(四)小型微利企业

本栏次为必报项目。

本纳税年度截至本期末的从业人数季度平均值不超过 300 人、资产总额季度平均值不超过 5 000 万元、本表"国家限制或禁止行业"选择"否"且本期本表第 9 行"实际利润额\按照上一纳税年度应纳税所得额平均额确定的应纳税所得额"不超过 300 万元的纳税人,选择"是";否则选择"否"。计算方法如下:

季度平均值=(季初值+季末值)÷2

截至本期末季度平均值=截至本期末各季度平均值之和÷相应季度数

年度中间开业或者终止经营活动的,以其实际经营期计算上述指标。

六、表内表间关系

(一)表内关系

1. 预缴方式选择"按照实际利润额预缴"的纳税人,第 9 行=第 3+4-5-6-7-8 行。

2. 第 11 行=第 9×10 行。

3. 预缴方式选择"按照实际利润额预缴""按照上一纳税年度应纳税所得额平均额预缴"的纳税人,第 15 行=第 11-12-13-14 行。当第 11-12-13-14 行<0 时,第 15 行=0。

其中,企业所得税收入全额归属中央且按比例就地预缴企业的分支机构,以及在同一省(自治区、直辖市、计划单列市)内的按比例就地预缴企业的分支机构,第 15 行=第 11 行×就地预缴比例-第 12 行×就地预缴比例-第 13 行-第 14 行。当第 11 行×就地预缴比例-第 12 行×就地预缴比例-第 13 行-第 14 行<0 时,第 15 行=0。

4. 第 16 行=第 17+18+19 行。

5. 第 17 行=第 15 行×总机构分摊比例。

6. 第 18 行=第 15 行×财政集中分配比例。

7. 第 19 行=第 15 行×全部分支机构分摊比例×总机构具有主体生产经营职能部门分摊比例。

(二) 表间关系

1. 第 6 行＝表 A201010 第 41 行。
2. 第 7 行＝表 A201020 第 5 行第 5 列。
3. 第 12 行＝表 A201030 第 30 行。
4. 第 15 行＝表 A202000"应纳所得税额"栏次填报的金额。
5. 第 17 行＝表 A202000"总机构分摊所得税额"栏次填报的金额。
6. 第 18 行＝表 A202000"总机构财政集中分配所得税额"栏次填报的金额。
7. 第 19 行＝表 A202000"分支机构情况"中对应总机构独立生产经营部门行次的"分配所得税额"列次填报的金额。

表 4-42(a)　　中华人民共和国企业所得税月(季)度预缴纳税申报表(A 类)附表 1
A201010　　　　　免税收入、减计收入、所得减免等优惠明细表　　金额单位：元(列至角分)

行次	项　目	本年累计金额
1	一、免税收入(2＋3＋6＋7＋…＋15)	75 000.00
2	（一）国债利息收入免征企业所得税	75 000.00
3	（二）符合条件的居民企业之间的股息、红利等权益性投资收益免征企业所得税	
4	其中：内地居民企业通过沪港通投资且连续持有 H 股满 12 个月取得的股息红利所得免征企业所得税	
5	内地居民企业通过深港通投资且连续持有 H 股满 12 个月取得的股息红利所得免征企业所得税	
6	（三）符合条件的非营利组织的收入免征企业所得税	
7	（四）符合条件的非营利组织(科技企业孵化器)的收入免征企业所得税	
8	（五）符合条件的非营利组织(国家大学科技园)的收入免征企业所得税	
9	（六）中国清洁发展机制基金取得的收入免征企业所得税	
10	（七）投资者从证券投资基金分配中取得的收入免征企业所得税	
11	（八）取得的地方政府债券利息收入免征企业所得税	
12	（九）中国保险保障基金有限责任公司取得的保险保障基金等收入免征企业所得税	
13	（十）中国奥委会取得北京冬奥组委支付的收入免征企业所得税	
14	（十一）中国残奥委会取得北京冬奥组委分期支付的收入免征企业所得税	
15	（十二）其他	
16	二、减计收入(17＋18＋22＋23)	
17	（一）综合利用资源生产产品取得的收入在计算应纳税所得额时减计收入	

续表

行次	项 目	本年累计金额
18	(二)金融、保险等机构取得的涉农利息、保费减计收入(19+20+21)	
19	1.金融机构取得的涉农贷款利息收入在计算应纳税所得额时减计收入	
20	2.保险机构取得的涉农保费收入在计算应纳税所得额时减计收入	
21	3.小额贷款公司取得的农户小额贷款利息收入在计算应纳税所得额时减计收入	
22	(三)取得铁路债券利息收入减半征收企业所得税	
23	(四)其他	
24	三、加计扣除(25+26+27+28)	*
25	(一)开发新技术、新产品、新工艺发生的研究开发费用加计扣除	*
26	(二)科技型中小企业开发新技术、新产品、新工艺发生的研究开发费用加计扣除	*
27	(三)企业为获得创新性、创意性、突破性的产品进行创意设计活动而发生的相关费用加计扣除	*
28	(四)安置残疾人员所支付的工资加计扣除	*
29	四、所得减免(30+33+34+35+36+37+38+39+40)	
30	(一)从事农、林、牧、渔业项目的所得减免征收企业所得税(31+32)	
31	1.免税项目	
32	2.减半征收项目	
33	(二)从事国家重点扶持的公共基础设施项目投资经营的所得定期减免企业所得税	
34	(三)从事符合条件的环境保护、节能节水项目的所得定期减免企业所得税	
35	(四)符合条件的技术转让所得减免征收企业所得税	
36	(五)实施清洁发展机制项目的所得定期减免企业所得税	
37	(六)符合条件的节能服务公司实施合同能源管理项目的所得定期减免企业所得税	
38	(七)线宽小于130纳米的集成电路生产项目的所得减免企业所得税	
39	(八)线宽小于65纳米或投资额超过150亿元的集成电路生产项目的所得减免企业所得税	
40	(九)其他	
41	合计(1+16+24+29)	75 000.00

(三) 适用于核定征收方式预缴纳税申报案例

【例 4-15】 长春市××汽车备品销售有限公司属于小型企业，地处长春市绿园区东风大街 115 号，纳税人识别号为 220104783759778×××，经济类型为私营有限责任公司，行业类别属于汽车及零配件批发，采取核定征收方式预缴纳税，法定代表人为王彤，会计主管为陈圆圆(身份证号为 22010419981010××××)，职工人数 22 人，资产总额 500 万元。2023 年 4 月 10 日，该公司向其主管税务机关申报 2023 年第一季度取得收入总额 150 000 元，发生直接成本 120 000 元、其他费用 40 000 元，一季度亏损 10 000 元。经税务机关检查确认其成本、费用无误，但收入总额不能准确核算。假定当地税务机关核定的应税所得率为 20%。

【要求】 计算并填列该公司 2023 年第一季度企业所得税纳税申报表。

【解析】

成本费用总额=120 000+40 000=160 000(元)

应纳税所得额=160 000÷(1-20%)×20%=40 000(元)

该企业应纳税所得额不超过 300 万元，从业人数不超过 300 人，企业资产总额不超过 5 000 万元，属于小型微利企业。根据财政部 税务总局《关于小微企业和个体工商户所得税优惠政策的公告》(财政部 税务总局公告 2023 年第 6 号)通知，自 2023 年 1 月 1 日至 2024 年 12 月 31 日，对小型微利企业年应纳税所得额不超过 100 万元的部分，减按 25% 计入应纳税所得额，按 20% 的税率缴纳企业所得税。因此：

该企业一季度应纳所得税额=40 000×25%×20%=2 000(元)

【填表】

表 4-43　B100000 中华人民共和国企业所得税月(季)度预缴和年度纳税申报表(B 类)

税款所属期间：2023 年 1 月 1 日至 2023 年 3 月 31 日

纳税人识别号(统一社会信用代码)：| 2 | 2 | 0 | 1 | 0 | 4 | 7 | 8 | 3 | 7 | 5 | 9 | 7 | 7 | 8 | × | × | × |

纳税人名称：长春市××汽车备品销售有限公司　　　　　　　　金额单位：人民币元(列至角分)

核定征收方式	☐ 核定应税所得率(能核算收入总额的)　　☑ 核定应税所得率(能核算成本费用总额的) ☐ 核定应纳所得税额

按 季 度 填 报 信 息									
项　目	一季度		二季度		三季度		四季度		季度平均值
	季初	季末	季初	季末	季初	季末	季初	季末	
从业人数	22	22							
资产总额(万元)	500	500							
国家限制或禁止行业	☐ 是　☑ 否				小型微利企业	☑ 是　☐ 否			

按 年 度 填 报 信 息			
从业人数 (填写平均值)		资产总额(填写平均值，单位：万元)	
国家限制或禁止行业	☐ 是　☑ 否	小型微利企业	☑ 是　☐ 否

续表

行次	项目	本年累计金额
1	收入总额	
2	减：不征税收入	
3	减：免税收入(4+5+10+11)	
4	国债利息收入免征企业所得税	
5	符合条件的居民企业之间的股息、红利等权益性投资收益免征企业所得税(6+7.1+7.2+8+9)	
6	其中：一般股息红利等权益性投资收益免征企业所得税	
7.1	通过沪港通投资且连续持有H股满12个月取得的股息红利所得免征企业所得税	
7.2	通过深港通投资且连续持有H股满12个月取得的股息红利所得免征企业所得税	
8	居民企业持有创新企业CDR取得的股息红利所得免征企业所得税	
9	符合条件的居民企业之间属于股息、红利性质的永续债利息收入免征企业所得税	
10	投资者从证券投资基金分配中取得的收入免征企业所得税	
11	取得的地方政府债券利息收入免征企业所得税	
12	应税收入额(1-2-3)\成本费用总额	160 000.00
13	税务机关核定的应税所得率(%)	20%
14	应纳税所得额(第12×13行)\[第12行÷(1-第13行)×第13行]	40 000.00
15	税率(25%)	25%
16	应纳所得税额(14×15)	10 000.00
17	减：符合条件的小型微利企业减免企业所得税	8 000.00
18	减：实际已缴纳所得税额	
L19	减：符合条件的小型微利企业延缓缴纳所得税额(是否延缓缴纳所得税 □是 ☑否)	
19	本期应补(退)所得税额(16-17-18-L19)\税务机关核定本期应纳所得税额	2 000.00
20	民族自治地方的自治机关对本民族自治地方的企业应缴纳的企业所得税中属于地方分享的部分减征或免征(□免征　□减征：减征幅度__%)	
21	本期实际应补(退)所得税额	2 000.00

续表

谨声明：本纳税申报表是根据国家税收法律法规及相关规定填报的，是真实的、可靠的、完整的。
纳税人(签章)：长春市宏远汽车备品销售有限公司　2023年4月10日

经办人：陈圆圆 经办人身份证号：220104199810l0×××× 代理机构签章： 代理机构统一社会信用代码：	受理人： 受理税务机关(章)： 受理日期：　　年　月　日

国家税务总局监制

填报说明

一、适用范围

本表适用于实行核定征收企业所得税的居民企业纳税人(以下简称"纳税人")在月(季)度预缴纳税申报时填报。此外，实行核定应税所得率方式的纳税人在年度纳税申报时填报本表。

二、表头项目

(一)税款所属期间

1. 月(季)度预缴纳税申报

正常情况填报税款所属月(季)度第一日至税款所属期月(季)度最后一日；年度中间开业的纳税人，在首次月(季)度预缴纳税申报时，填报开始经营之日至税款所属月(季)度最后一日，以后月(季)度预缴纳税申报时按照正常情况填报。年度中间发生终止经营活动的纳税人，在终止经营活动当期纳税申报时，填报税款所属期月(季)度第一日至终止经营活动之日，以后月(季)度预缴纳税申报表不再填报。

2. 年度纳税申报

正常情况填报税款所属年度1月1日至12月31日；年度中间开业的纳税人，在首次年度纳税申报时，填报开始经营之日至当年12月31日，以后年度纳税申报时按照正常情况填报；年度中间终止经营活动的纳税人，在终止经营活动年度纳税申报时，填报当年1月1日至终止经营活动之日；年度中间开业且当年度中间终止经营活动的纳税人，填报开始经营之日至终止经营活动之日。

(二)纳税人识别号(统一社会信用代码)

填报税务机关核发的纳税人识别号或有关部门核发的统一社会信用代码。

(三)纳税人名称

填报营业执照、税务登记证等证件载明的纳税人名称。

三、有关项目填报说明

(一)核定征收方式

纳税人根据申报税款所属期税务机关核定的征收方式选择填报。

(二)按季度填报信息

本项下所有项目按季度填报。按月申报的纳税人，在季度最后一个属期的月份填报。实行核定应纳所得税额方式的纳税人仅填报"小型微利企业"选项。

1. 从业人数

纳税人填报第一季度至税款所属季度各季度的季初、季末、季度平均从业人员的数量。季度中间开业的纳税人，填报开业季度至税款所属季度各季度的季初、季末从业人员的数量，其中开业季度"季初"填报开业时从业人员的数量。季度中间停止经营的纳税人，填报第一季度至停止经营季度各季度的季初、季末从业人员的数量，其中停止经营季度"季末"填报停止经营时从业人员的数量。"季度平均值"填报截至本税款所属期末从业人员数量的季度平均值，计算方法如下：

$$各季度平均值=(季初值+季末值)\div 2$$

$$截至本税款所属期末季度平均值=\frac{截至本税款所属期末各季度平均值之和}{}\div 相应季度数$$

年度中间开业或者终止经营活动的,以其实际经营期计算上述指标。

从业人数是指与企业建立劳动关系的职工人数和企业接受的劳务派遣用工人数之和。汇总纳税企业总机构填报包括分支机构在内的所有从业人数。

2. 资产总额(万元)

纳税人填报第一季度至税款所属季度各季度的季初、季末、季度平均资产总额的金额。季度中间开业的纳税人,填报开业季度至税款所属季度各季度的季初、季末资产总额的金额,其中开业季度"季初"填报开业时资产总额的金额。季度中间停止经营的纳税人,填报第一季度至停止经营季度各季度的季初、季末资产总额的金额,其中停止经营季度"季末"填报停止经营时资产总额的金额。"季度平均值"填报截至本税款所属期末资产总额金额的季度平均值,计算方法如下:

$$各季度平均值=(季初值+季末值)\div 2$$

$$截至本税款所属期末季度平均值=\frac{截至本税款所属期末各季度平均值之和}{}\div 相应季度数$$

年度中间开业或者终止经营活动的,以其实际经营期计算上述指标。

填报单位为人民币万元,保留小数点后2位。

3. 国家限制或禁止行业

纳税人从事行业为国家限制或禁止行业的,选择"是";其他选择"否"。

4. 小型微利企业

本栏次为必报项目。

(1) 实行核定应税所得率方式的纳税人,本纳税年度截至本期末的从业人数季度平均值不超过300人、资产总额季度平均值不超过5 000万元、本表"国家限制或禁止行业"选择"否"且本期本表第14行"应纳税所得额"不超过300万元的,选择"是",否则选择"否"。

(2) 实行核定应纳所得税额方式的纳税人,由税务机关在核定应纳所得额时进行判断并告知纳税人,判断标准按照相关税收政策规定执行。

(三) 按年度填报信息

实行核定应税所得率方式的纳税人年度申报时填报本项,实行核定应纳所得税额方式的纳税人不填报。

1. "从业人数(填写平均值)":纳税人填报从业人数的全年季度平均值。从业人数是指与企业建立劳动关系的职工人数和企业接受的劳务派遣用工人数之和,计算方法如下:

$$各季度平均值=(季初值+季末值)\div 2$$
$$全年季度平均值=全年各季度平均值之和\div 4$$

年度中间开业或者终止经营活动的,以其实际经营期作为一个纳税年度确定上述相关指标。

2. "资产总额(填写平均值,单位:万元)":纳税人填报资产总额的全年季度平均值,单位为万元,保留小数点后2位。计算方法如下:

$$各季度平均值=(季初值+季末值)\div 2$$
$$全年季度平均值=全年各季度平均值之和\div 4$$

年度中间开业或者终止经营活动的,以其实际经营期作为一个纳税年度确定上述相关指标。

3. "国家限制或禁止行业":纳税人从事行业为国家限制或禁止行业的,选择"是";其他选择"否"。

4. "小型微利企业":纳税人符合小型微利企业普惠性所得税减免政策条件的,选择"是",其他选择"否"。

(四) 行次说明

核定征收方式选择"核定应税所得率(能核算收入总额的)"的纳税人填报第1行至第21行,核定征收方式选择"核定应税所得率（能核算成本费用总额的）"的纳税人填报第 12 行至第 21 行，核定征收方式选择"核定应纳所得税额"的纳税人填报第 L19 行、第 19 行至第 21 行。

1. 第 1 行"收入总额"：填报纳税人各项收入的本年累计金额。

2. 第 2 行"不征税收入"：填报纳税人已经计入本表"收入总额"行次但属于税收规定的不征税收入的本年累计金额。

3. 第 3 行"免税收入"：填报属于税收规定的免税收入优惠的本年累计金额。根据相关行次计算结果填报。本行＝第 4＋5＋10＋11 行。

4. 第 4 行"国债利息收入免征企业所得税"：填报根据《国家税务总局关于企业国债投资业务企业所得税处理问题的公告》（2011 年第 36 号）等相关税收政策规定，纳税人持有国务院财政部门发行的国债取得的利息收入。本行填报金额为本年累计金额。

5. 第 5 行"符合条件的居民企业之间的股息、红利等权益性投资收益免征企业所得税"：根据相关行次计算结果填报。本行填报第 6＋7.1＋7.2＋8＋9 行的合计金额。

6. 第 6 行"其中：一般股息红利等权益性投资收益免征企业所得税"：填报根据《中华人民共和国企业所得税法实施条例》第八十三条规定，纳税人取得的投资收益，不含持有 H 股、创新企业 CDR、永续债取得的投资收益。本行填报金额为本年累计金额。

7. 第 7.1 行"通过沪港通投资且连续持有 H 股满 12 个月取得的股息红利所得免征企业所得税"：填报根据《财政部 国家税务总局 证监会关于沪港股票市场交易互联互通机制试点有关税收政策的通知》（财税〔2014〕81 号）等相关税收政策规定，内地居民企业连续持有 H 股满 12 个月取得的股息红利所得。本行填报金额为本年累计金额。

8. 第 7.2 行"通过深港通投资且连续持有 H 股满 12 个月取得的股息红利所得免征企业所得税"：填报根据《财政部 国家税务总局 证监会关于深港股票市场交易互联互通机制试点有关税收政策的通知》（财税〔2016〕127 号）等相关税收政策规定，内地居民企业连续持有 H 股满 12 个月取得的股息红利所得。本行填报金额为本年累计金额。

9. 第 8 行"居民企业持有创新企业 CDR 取得的股息红利所得免征企业所得税"：填报根据《财政部 税务总局 证监会关于创新企业境内发行存托凭证试点阶段有关税收政策的公告》（2019 年第 52 号）等相关税收政策规定，居民企业持有创新企业 CDR 取得的股息红利所得。本行填报金额为本年累计金额。

10. 第 9 行"符合条件的居民企业之间属于股息、红利性质的永续债利息收入免征企业所得税"：填报根据《财政部 税务总局关于永续债企业所得税政策问题的公告》（2019 年第 64 号）等相关税收政策规定，居民企业取得的可以适用企业所得税法规定的居民企业之间的股息、红利等权益性投资收益免征企业所得税规定的永续债利息收入。本行填报金额为本年累计金额。

11. 第 10 行"投资者从证券投资基金分配中取得的收入免征企业所得税"：填报纳税人根据《财政部 国家税务总局关于企业所得税若干优惠政策的通知》（财税〔2008〕1 号）第二条第（二）项等相关税收政策规定，投资者从证券投资基金分配中取得的收入。本行填报金额为本年累计金额。

12. 第 11 行"取得的地方政府债券利息收入免征企业所得税"：填报根据《财政部 国家税务总局关于地方政府债券利息所得免征所得税问题的通知》（财税〔2011〕76 号）、《财政部 国家税务总局关于地方政府债券利息免征所得税问题的通知》（财税〔2013〕5 号）等相关税收政策规定，纳税人取得的 2009 年、2010 年和 2011 年发行的地方政府债券利息所得，2012 年及以后年度发行的地方政府债券利息收入。本行填报金额为本年累计金额。

13. 第 12 行"应税收入额\成本费用总额"：核定征收方式选择"核定应税所得率（能核算收入总额的）"的纳税人，本行＝第 1－2－3 行。核定征收方式选择"核定应税所得率（能核算成本费用总额的）"的纳税人，本行填报纳税人各项成本费用的本年累计金额。

14. 第 13 行"税务机关核定的应税所得率（%）"：填报税务机关核定的应税所得率。

15. 第 14 行"应纳税所得额"：根据相关行次计算结果填报。核定征收方式选择"核定应税所得率（能核算收入总额的）"的纳税人，本行＝第 12×13 行。核定征收方式选择"核定应税所得率（能核算成本费用总额的)"的纳税人,本行=第 12 行÷(1-第 13 行)×第 13 行。

16. 第 15 行"税率":填报 25%。

17. 第 16 行"应纳所得税额":根据相关行次计算填报。本行=第 14×15 行。

18. 第 17 行"符合条件的小型微利企业减免企业所得税":填报纳税人享受小型微利企业普惠性所得税减免政策减免企业所得税的金额。本行填报根据本表第 14 计算的减免企业所得税的本年累计金额。

19. 第 18 行"实际已缴纳所得税额":填报纳税人按照税收规定已在此前月(季)度预缴企业所得税的本年累计金额。

20. 第 L19 行"符合条件的小型微利企业延缓缴纳所得税额":根据《国家税务总局关于小型微利企业和个体工商户延缓缴纳 2020 年所得税有关事项的公告》(2020 年第 10 号),填报附合条件的小型微利企业纳税人按照税收规定可以延缓缴纳的所得税额。本行为临时行次,自 2021 年 1 月 1 日起,本行废止。

符合条件的小型微利企业纳税人,在 2020 年第 2 季度、第 3 季度预缴申报时,选择享受延缓缴纳所得税政策的,选择"是";选择不享受延缓缴纳所得税政策的,选择"否"。

"是否延缓缴纳所得税"选择"是"时,核定征收方式选择"核定应税所得率(能核算收入总额的)""核定应税所得率(能核算成本费用总额的)"的,第 L19 行=第 16-17-18 行。当第 16-17-18 行<0 时,本行填报 0。核定征收方式选择"核定应纳所得税额"的,本行填报本期应纳企业所得税金额与 2020 年度预缴申报已延缓缴纳企业所得税金额之和。

"是否延缓缴纳所得税"选择"否"时,本行填 0。

21. 第 19 行"本期应补(退)所得税额\税务机关核定本期应纳所得税额":核定征收方式选择"核定应税所得率(能核算收入总额的)""核定应税所得率(能核算成本费用总额的)"的纳税人,根据相关行次计算结果填报,本行=第 16-17-18-L19 行。月(季)度预缴纳税申报时,若第 16-17-18-L19 行<0,则本行填报 0。核定征收方式选择"核定应纳所得税额"的纳税人,在 2020 年第 2 季度、第 3 季度预缴申报时,若"是否延缓缴纳所得税"选择"是",则本行填 0;若"是否延缓缴纳所得税"选择"否",则本行填报本期应纳企业所得税金额与 2020 年度预缴申报已延缓缴纳企业所得税金额之和。在 2020 年第 4 季度预缴申报时,本行填报本期应纳企业所得税金额与 2020 年度预缴申报已延缓缴纳企业所得税金额之和。自 2021 年第 1 季度预缴申报起,本行填报本期应纳企业所得税的金额。

22. 第 20 行"民族自治地方的自治机关对本民族自治地方的企业应缴纳的企业所得税中属于地方分享的部分减征或免征(□ 免征 □减征:减征幅度__%)":根据《中华人民共和国企业所得税法》《中华人民共和国民族区域自治法》《财政部 国家税务总局关于贯彻落实国务院关于实施企业所得税过渡优惠政策有关问题的通知》(财税〔2008〕21 号)等规定,实行民族区域自治的自治区、自治州、自治县的自治机关对本民族自治地方的企业应缴纳的企业所得税中属于地方分享的部分,可以决定免征或减征,自治州、自治县决定减征或者免征的,须报省、自治区、直辖市人民政府批准。

纳税人填报该行次时,根据享受政策的类型选择"免征"或"减征",二者必选其一。选择"免征"是指免征企业所得税税收地方分享部分;选择"减征:减征幅度__%"是指减征企业所得税税收地方分享部分。此时需填写"减征幅度",减征幅度填写范围为 1 至 100,表示企业所得税税收地方分享部分的减征比例。例如:地方分享部分减半征收,则选择"减征",并在"减征幅度"后填写"50%"。

本行填报纳税人按照规定享受的民族自治地方的自治机关对本民族自治地方的企业应缴纳的企业所得税中属于地方分享的部分减征或免征额的本年累计金额。

23. 第 21 行"本期实际应补(退)所得税额":本行填报纳税人本期实际应补(退)所得税额。

四、表内关系

1. 第 3 行=第 4+5+10+11 行。
2. 核定征收方式选择为"核定应税所得率(能核算收入总额的)"的,第 12 行=第 1-2-3 行。
3. 核定征收方式选择为"核定应税所得率(能核算收入总额的)"的,第 14 行=第 12×13 行;核定征收方式选择为"核定应税所得率(能核算成本费用总额的)"的,第 14 行=第 12 行÷(1-第 13 行)×第 13 行。
4. 第 5 行=第 6+7.1+7.2+8+9 行。

5. 第16行=第14×15行。

6. "是否延缓缴纳所得税"选择"是"时,核定征收方式选择"核定应税所得率(能核算收入总额的)""核定应税所得率(能核算成本费用总额的)"的,第L19行=第16-17-18行。当第16-17-18行<0时,本行=0。

"是否延缓缴纳所得税"选择"否"时,第L19行=0。

7. "是否延缓缴纳所得税"选择"是"时,核定征收方式选择"核定应税所得率(能核算收入总额的)""核定应税所得率(能核算成本费用总额的)"的,第19行=第16-17-18-L19行。月(季)度预缴纳税申报时,若第16-17-18-L19行<0,则第19行=0。

8. 核定征收方式选择"核定应税所得率(能核算收入总额的)""核定应税所得率(能核算成本费用总额的)"的,享受"免征"优惠的,第20行=(第16-17-L19行)×40%;享受"减征"优惠的,第20行=(第16-17-L19行)×40%×减征幅度。

核定征收方式选择"核定应纳所得税额"的,享受"免征"优惠的,第20行=[核定的年度应纳所得税额÷(4或者12)×截止申报所属期的实际应申报属期数-本表第L19]×40%;享受"减征"优惠的,第20行=[核定的年度应纳所得税额÷(4或者12)×截止申报所属期的实际应申报属期数-本表第L19行]×40%×减征幅度。

9. 核定征收方式选择"核定应税所得率(能核算收入总额的)""核定应税所得率(能核算成本费用总额的)"的,第21行=第19-20行。当第19-20行<0时,本行=0。

核定征收方式选择"核定应纳所得税额"的:第21行=[核定的年度应纳所得税额÷(4或者12)×截止申报所属期的实际应申报属期数]-本表第L19行-本表第20行-截止上期本表第21行合计金额。当计算结果<0时,本行=0。

第十二节 个人所得税纳税申报实务模拟演练

个人所得税法,是指国家制定的用以调整个人所得税征收与缴纳之间权利及义务关系的法律规范。现行个人所得税的基本规范是于1980年9月10日经第五届全国人民代表大会第三次会议通过,并根据1993年10月31日第八届全国人民代表大会常务委员会第四次会议《关于修改〈中华人民共和国个人所得税法〉的决定》第一次修正和2018年8月31日第十三届全国人民代表大会常务委员会第五次会议《关于修改〈中华人民共和国个人所得税法〉的决定》第七次修正的《中华人民共和国个人所得税法》,以及在2018年12月18日根据中华人民共和国国务院令第707号第四次修订并于2019年1月1日施行的《中华人民共和国个人所得税法实施条例》。

个人所得税以所得人为纳税人,以支付所得的单位或者个人为扣缴义务人。目前我国已初步建立了分类与综合相结合的征收模式,采取扣缴纳税申报和自行纳税申报两种征纳办法。

一、个人所得税纳税申报操作规范

(一)扣缴纳税申报

个人所得税实行扣缴纳税申报的,扣缴义务人应当依法办理全员全额扣缴申报。

实行个人所得税全员全额扣缴申报的应税所得包括:(1)工资、薪金所得;(2)劳务报酬所得;(3)稿酬所得;(4)特许权使用费所得;(5)利息、股息、红利所得;(6)财产租赁所得;(7)财产转让所得;(8)偶然所得。

扣缴义务人首次向纳税人支付所得时,应当按照纳税人提供的纳税人识别号等基础信息,填写"个人所得税基础信息表(A表)",并于次月扣缴申报时向税务机关报送;扣缴义务人应当按照纳税人提供的信息计算税款、办理扣缴申报,不得擅自更改纳税人提供的信息。扣缴义务人每月或者每次预扣、代扣的税款,应当在次月15日内缴入国库,并向税务机关报送"个人所得税扣缴申报表"。

(1) 扣缴义务人向居民个人支付工资、薪金所得,劳务报酬所得,稿酬所得,特许权使用费所得时预扣预缴个人所得税。年度预扣预缴税额与年度应纳税额不一致的,由居民个人向主管税务机关办理综合所得年度汇算清缴,税款多退少补。

① 扣缴义务人向居民个人支付工资、薪金所得时,应当按照累计预扣法计算预扣税款,并按月办理扣缴申报。

具体计算公式如下:

本期应预扣预缴税额=(累计预扣预缴应纳税所得额×预扣率-速算扣除数)
　　　　　　　　　　-累计减免税额-累计已预扣预缴税额
累计预扣预缴应纳税所得额=累计收入-累计免税收入-累计减除费用
　　　　　　　　　　　　-累计专项扣除-累计专项附加扣除
　　　　　　　　　　　　-累计依法确定的其他扣除

其中:累计减除费用,按照5 000元/月乘以纳税人当年截至本月在本单位的任职受雇月份数计算。

上述公式中,计算居民个人工资、薪金所得适用3%至45%的七级超额累进预扣率。

② 扣缴义务人向居民个人支付劳务报酬所得、稿酬所得、特许权使用费所得,按次或者按月预扣预缴个人所得税。

具体预扣预缴方法如下:

劳务报酬所得、稿酬所得、特许权使用费所得以收入减除费用后的余额为收入额。其中,稿酬所得的收入额减按70%计算。

减除费用:劳务报酬所得、稿酬所得、特许权使用费所得每次收入不超过4 000元的,减除费用按800元计算;每次收入4 000元以上的,减除费用按20%计算。

应纳税所得额:劳务报酬所得、稿酬所得、特许权使用费所得,以每次收入额为预扣预缴应纳税所得额。劳务报酬所得适用20%至40%的三级超额累进预扣率,稿酬所得、特许权使用费所得适用20%的比例预扣率。

劳务报酬所得应预扣预缴税额=预扣预缴应纳税所得额×预扣率-速算扣除数
稿酬所得、特许权使用费所得应预扣预缴税额=预扣预缴应纳税所得额×20%

(2) 扣缴义务人向非居民个人支付工资、薪金所得,劳务报酬所得,稿酬所得和特许权使用费所得时,按月或者按次代扣代缴个人所得税。

具体代扣代缴方法如下:

非居民个人的工资、薪金所得,以每月收入额减除费用5 000元后的余额为应纳税所得额;劳务报酬所得、稿酬所得、特许权使用费所得,以每次收入额为应纳税所得额,适用按月换算后的非居民个人月度税率表计算应纳税额。其中,劳务报酬所得、稿酬所得、特许权使用费所得以收入减除20%的费用后的余额为收入额。稿酬所得的收入额减按70%计算。

非居民个人工资、薪金所得,劳务报酬所得,
稿酬所得,特许权使用费所得应纳税所得额 =应纳税所得额×税率-速算扣除数

非居民个人在一个纳税年度内税款扣缴方法保持不变,达到居民个人条件时,应当告知扣

缴义务人基础信息变化情况,年度终了后按照居民个人有关规定办理汇算清缴。

(3)扣缴义务人支付利息、股息、红利所得,财产租赁所得,财产转让所得或者偶然所得时,应当依法按次或者按月代扣代缴税款。

利息、股息、红利所得,以支付利息、股息、红利时取得的收入为一次;财产租赁所得,以一个月内取得的收入为一次;偶然所得,以每次取得该项收入为一次。

(二)自行纳税申报

纳税人首次办理自行申报或者个人基础信息发生变化的,应当报送"个人所得税基础信息表(B表)"。

1. 取得综合所得需要办理汇算清缴的纳税申报

取得综合所得且符合下列情形之一的纳税人,应当依法办理汇算清缴:

(1)从两处以上取得综合所得,且综合所得年收入额减除专项扣除后的余额超过6万元;

(2)取得劳务报酬所得、稿酬所得、特许权使用费所得中一项或者多项所得,且综合所得年收入额减除专项扣除的余额超过6万元;

(3)纳税年度内预缴税额低于应纳税额;

(4)纳税人申请退税。

需要办理汇算清缴的纳税人,应当在取得所得的次年3月1日至6月30日内,向任职、受雇单位所在地主管税务机关办理纳税申报,并报送"个人所得税年度自行纳税申报表"。纳税人有两处以上任职、受雇单位的,选择向其中一处任职、受雇单位所在地主管税务机关办理纳税申报;纳税人没有任职、受雇单位的,向户籍所在地或经常居住地主管税务机关办理纳税申报。

纳税人办理综合所得汇算清缴,应当准备与收入、专项扣除、专项附加扣除、依法确定的其他扣除、捐赠、享受税收优惠等相关的资料,并按规定留存备查或报送。

2. 取得经营所得的纳税申报

个体工商户业主、个人独资企业投资者、合伙企业个人合伙人、承包承租经营者个人以及其他从事生产、经营活动的个人取得经营所得,包括以下情形:

(1)个体工商户从事生产、经营活动取得的所得,个人独资企业投资人、合伙企业的个人合伙人来源于境内注册的个人独资企业、合伙企业生产、经营的所得;

(2)个人依法从事办学、医疗、咨询以及其他有偿服务活动取得的所得;

(3)个人对企业、事业单位承包经营、承租经营以及转包、转租取得的所得;

(4)个人从事其他生产、经营活动取得的所得。

纳税人取得经营所得,按年计算个人所得税,由纳税人在月度或季度终了后15日内,向经营管理所在地主管税务机关办理预缴纳税申报,并报送"个人所得税经营所得纳税申报表(A表)"。在取得所得的次年3月31日前,向经营管理所在地主管税务机关办理汇算清缴,并报送"个人所得税经营所得纳税申报表(B表)";从两处以上取得经营所得的,选择向其中一处经营管理所在地主管税务机关办理年度汇总申报,并报送"个人所得税经营所得纳税申报表(C表)"。

3. 取得应税所得,扣缴义务人未扣缴税款的纳税申报

纳税人取得应税所得,扣缴义务人未扣缴税款的,应当区别以下情形办理纳税申报:

(1)居民个人取得综合所得的,按照上述第1条规定办理。

(2)非居民个人取得工资、薪金所得,劳务报酬所得,稿酬所得,特许权使用费所得的,应当在取得所得的次年6月30日前,向扣缴义务人所在地主管税务机关办理纳税申报,并报送

"个人所得税自行纳税申报表(A表)"。有两个以上扣缴义务人均未扣缴税款的,选择向其中一处扣缴义务人所在地主管税务机关办理纳税申报。非居民个人在次年 6 月 30 日前离境(临时离境除外)的,应当在离境前办理纳税申报。

(3)纳税人取得利息、股息、红利所得,财产租赁所得,财产转让所得和偶然所得的,应当在取得所得的次年 6 月 30 日前,按相关规定向主管税务机关办理纳税申报,并报送"个人所得税自行纳税申报表(A表)"。

税务机关通知限期缴纳的,纳税人应当按照期限缴纳税款。

4. 取得境外所得的纳税申报

居民个人从中国境外取得所得的,应当在取得所得的次年 3 月 1 日至 6 月 30 日内,向中国境内任职、受雇单位所在地主管税务机关办理纳税申报;在中国境内没有任职、受雇单位的,向户籍所在地或中国境内经常居住地主管税务机关办理纳税申报;户籍所在地与中国境内经常居住地不一致的,选择其中一地主管税务机关办理纳税申报;在中国境内没有户籍的,向中国境内经常居住地主管税务机关办理纳税申报。

5. 因移居境外注销中国户籍的纳税申报

纳税人因移居境外注销中国户籍的,应当在申请注销中国户籍前,向户籍所在地主管税务机关办理纳税申报,进行税款清算。

(1)纳税人在注销户籍年度取得综合所得的,应当在注销户籍前,办理当年综合所得的汇算清缴,并报送"个人所得税年度自行纳税申报表"。尚未办理上一年度综合所得汇算清缴的,应当在办理注销户籍纳税申报时一并办理。

(2)纳税人在注销户籍年度取得经营所得的,应当在注销户籍前,办理当年经营所得的汇算清缴,并报送"个人所得税经营所得纳税申报表(B表)"。从两处以上取得经营所得的,还应当一并报送"个人所得税经营所得纳税申报表(C表)"。尚未办理上一年度经营所得汇算清缴的,应当在办理注销户籍纳税申报时一并办理。

(3)纳税人在注销户籍当年取得利息、股息、红利所得,财产租赁所得,财产转让所得和偶然所得的,应当在注销户籍前,申报当年上述所得的完税情况,并报送"个人所得税自行纳税申报表(A表)"。

(4)纳税人有未缴或者少缴税款的,应当在注销户籍前,结清欠缴或未缴的税款。纳税人存在分期缴税且未缴纳完毕的,应当在注销户籍前,结清尚未缴纳的税款。

(5)纳税人办理注销户籍纳税申报时,需要办理专项附加扣除、依法确定的其他扣除的,应当向税务机关报送"个人所得税专项附加扣除信息表""商业健康保险税前扣除情况明细表""个人税收递延型商业养老保险税前扣除情况明细表"等。

6. 非居民个人在中国境内从两处以上取得工资、薪金所得的纳税申报

非居民个人在中国境内从两处以上取得工资、薪金所得的,应当在取得所得的次月 15 日内,向其中一处任职、受雇单位所在地主管税务机关办理纳税申报,并报送"个人所得税自行纳税申报表(A表)"。

个人所得税纳税申报课程思政案例请扫二维码。

思政案例(四)

二、个人所得税纳税申报案例

(一) 申报纳税指南

1. 居民综合所得个人所得税年度自行申报

申请条件：居民个人取得工资、薪金所得、劳务报酬所得、稿酬所得、特许权使用费所得等综合所得且符合下列情形之一的纳税人，在取得所得的次年3月1日至6月30日内填报"个人所得税年度自行纳税申报表"及其他相关资料，办理年度汇算或者随年度汇算一并办理纳税申报：

(1) 从两处以上取得综合所得，且综合所得年收入额减除专项扣除后的余额超过6万元；

(2) 取得劳务报酬所得、稿酬所得、特许权使用费所得中一项或者多项所得，且综合所得年收入额减除专项扣除的余额超过6万元；

(3) 纳税年度内预缴税额低于应纳税额；

(4) 纳税人申请退税；

(5) 纳税人取得综合所得，扣缴义务人未扣缴税款的。

设定依据：

(1)《中华人民共和国税收征收管理法》第二十五条第一款；

(2)《中华人民共和国个人所得税法》第二条；

(3)《中华人民共和国个人所得税法实施条例》第二十五条。

办理材料：详见表4-44。

表4-44　　　　　居民综合所得个人所得税年度自行申报材料

序号	材料名称	数量	备注
1	个人所得税年度自行纳税申报表	2份	
有以下情形的，还应提供相应材料			
适用情形	材料名称	数量	备注
选择在汇算清缴申报时享受专项附加扣除的	个人所得税专项附加扣除信息表	1份	
有依法确定的其他扣除	"商业健康保险税前扣除情况明细表""个人税收递延型商业养老保险税前扣除情况明细表"等相关扣除资料	1份	
有对公益慈善事业的捐赠	个人所得税公益慈善捐赠扣除明细表	1份	
纳税人存在减免个人所得税情形	个人所得税减免税事项报告表	1份	
纳税人存在境外所得	境外所得个人所得税抵免明细表	1份	

纳税人注意事项：

(1) 纳税人对报送材料的真实性和合法性承担责任。

(2) 文书表单可在各省税务局官方网站"下载中心"栏目查询下载或到办税服务厅领取。

(3) 税务机关提供"最多跑一次"服务。纳税人在资料完整且符合法定受理条件的前提下，最多只需跑一次税务机关。

(4)纳税人未按照规定的期限办理纳税申报和报送纳税资料的,将影响纳税信用评价结果,并依照《中华人民共和国税收征收管理法》有关规定承担相应法律责任。

(5)享受子女教育、继续教育、住房贷款利息或者住房租金、赡养老人、3岁以下婴幼儿照护专项附加扣除的纳税人,自符合条件开始,可以向支付工资、薪金所得的扣缴义务人提供上述专项附加扣除有关信息办理扣除,也可以向汇算地主管税务机关办理年度汇算申报时扣除。纳税人未取得工资、薪金所得,仅取得劳务报酬所得、稿酬所得、特许权使用费所得需要享受专项附加扣除的,应当自行向汇算地主管税务机关报送"个人所得税专项附加扣除信息表",并在办理年度汇算申报时扣除。享受大病医疗专项附加扣除的纳税人,由其自行向汇算地主管税务机关办理年度汇算申报时扣除。

(6)纳税人因移居境外注销中国户籍的,且在注销户籍年度取得综合所得的,应当在注销户籍前,办理当年综合所得的年度汇算,并报送"个人所得税年度自行纳税申报表"。尚未办理上一年度综合所得年度汇算的,应当在办理注销户籍纳税申报时一并办理。

(7)纳税人办理注销户籍纳税申报时,需要办理专项附加扣除、依法确定的其他扣除的,应当向税务机关报送"个人所得税专项附加扣除信息表""商业健康保险税前扣除情况明细表""个人税收递延型商业养老保险税前扣除情况明细表"等。

(8)纳税人有未缴或者少缴税款的,应当在注销户籍前,结清欠缴或未缴的税款。纳税人存在分期缴税且未缴纳完毕的,应当在注销户籍前,结清尚未缴纳的税款。

(9)需要办理年度汇算的纳税人,向任职、受雇单位(含支付连续性劳务报酬并按累计预扣法预扣预缴个人所得税的单位)所在地主管税务机关办理纳税申报。纳税人有两处以上任职、受雇单位的,选择向其中一处任职、受雇单位所在地主管税务机关办理纳税申报;纳税人没有任职、受雇单位的,向户籍所在地、经常居住地或主要收入来源地主管税务机关办理纳税申报。

(10)纳税人办理综合所得汇算清缴,应当准备与收入、专项扣除、专项附加扣除、依法确定的其他扣除、捐赠、享受税收优惠等相关的资料,并按规定留存备查或报送。

2. 非居民个人所得税自行申报

申请条件:非居民纳税人按照税收法律法规和税收协定的有关规定,就其取得的境内个人所得向主管税务机关书面报送相关申报表。

设定依据:

(1)《中华人民共和国税收征收管理法》第二十五条第一款;

(2)《中华人民共和国个人所得税法》第二条。

办理材料:详见表4-45。

表4-45 非居民个人所得税自行申报材料

序号	材料名称	数量	备注
1	个人所得税自行纳税申报表(A表)	2份	
有以下情形的,还应提供相应材料			
适用情形	材料名称	数量	备注
纳税人存在减免个人所得税情形	个人所得税减免税事项报告表	1份	

纳税人注意事项：

(1) 纳税人对报送材料的真实性和合法性承担责任。

(2) 文书表单可在各省税务局官方网站"下载中心"栏目查询下载或到办税服务厅领取。

(3) 税务机关提供"最多跑一次"服务。纳税人在资料完整且符合法定受理条件的前提下，最多只需跑一次税务机关。

(4) 非居民个人指在中国境内无住所又不居住，或者无住所而一个纳税年度内在中国境内居住累计不满 183 天的个人。无住所个人一个纳税年度内在中国境内累计居住天数，按照个人在中国境内累计停留的天数计算。在中国境内停留的当天满 24 小时的，计入中国境内居住天数；在中国境内停留的当天不足 24 小时的，不计入中国境内居住天数。

(5) 非居民个人所得税自行申报的情形包括：

① 从中国境内取得应税所得没有扣缴义务人的；

② 从中国境内取得应税所得，扣缴义务人未扣缴税款的；

③ 从中国境内两处或两处以上取得工资、薪金所得的；

④ 国务院规定的其他情形。

(6) 非居民个人取得工资、薪金所得，劳务报酬所得，稿酬所得，特许权使用费所得，扣缴义务人未扣缴税款的，应当在取得所得的次年 6 月 30 日前，向扣缴义务人所在地主管税务机关办理纳税申报。有两个以上扣缴义务人均未扣缴税款的，选择向其中一处扣缴义务人所在地主管税务机关办理纳税申报。

(7) 非居民个人在中国境内从两处以上取得工资、薪金所得的，应当在取得所得的次月 15 日内，向其中一处任职、受雇单位所在地主管税务机关办理纳税申报。

(8) 非居民个人取得利息、股息、红利所得，财产租赁所得，财产转让所得和偶然所得的，扣缴义务人未扣缴税款的，应当在取得所得的次年 6 月 30 日前，按相关规定向主管税务机关办理纳税申报。税务机关通知限期缴纳的，纳税人应当按照期限缴纳税款。

(9) 非居民个人在次年 6 月 30 日前离境（临时离境除外）的，应当在离境前办理纳税申报。

(10) 符合税收优惠条件的纳税人，在减税、免税期间，应按规定办理纳税申报，填写申报表及其附表上的优惠栏目。

（二）居民个人取得综合所得的纳税申报案例

【例 4-16】 销售经理李昊为中国居民（身份证号为 22010419680124××××），2009 年 1 月起受雇于宏盛公司，2023 年 1—12 月每月在该公司取得工资、薪金收入 18 000 元，个人每月负担基本养老保险 800 元、基本医疗保险 200 元、失业保险 150 元、住房公积金 1 350 元，"三险一金"合计 2 500 元，此外，从 1 月份开始享受子女教育 2 000 元、赡养老人 3 000 元，专项附加扣除合计 5 000 元，无其他扣除，无免税收入，另外，2023 年 3 月取得稿酬收入 5 000 元，大华出版社扣缴了个人所得税；6 月取得劳务报酬收入 30 000 元，支付劳务单位建华集团扣缴了个人所得税；9 月取得特许权使用费 2 000 元，由所在公司扣缴了个人所得税。

【要求】 根据以上资料：

1. 分析计算李昊 2023 年取得各项综合所得应预扣预缴的个人所得税。

2. 分析计算李昊 2023 年度末汇算清缴应补退的个人所得税。

3. 根据上述计算结果填列个人所得税基础信息表（A 表），分别各扣缴单位填列个人所得税扣缴申报表和个人所得税年度自行纳税申报表。

【解析】
1. 2023年李昊应预扣预缴的个人所得税
（1）宏盛公司每月支付工资薪金所得应预扣预缴的个人所得税计算过程：
1月应预扣预缴税额＝(18 000－5 000－2 500－5 000)×3％＝165(元)
2月累计预扣预缴税额＝(18 000×2－5 000×2－2 500×2－5 000×2)×3％－165＝165(元)
3月累计预扣预缴税额＝(18 000×3－5 000×3－2 500×3－5 000×3)×3％－165×2＝165(元)
4月累计预扣预缴税额＝(18 000×4－5 000×4－2 500×4－5 000×4)×3％－165×3＝165(元)
5月累计预扣预缴税额＝(18 000×5－5 000×5－2 500×5－5 000×5)×3％－165×4＝165(元)
6月累计预扣预缴税额＝(18 000×6－5 000×6－2 500×6－5 000×6)×3％－165×5＝165(元)
7月累计预扣预缴税额＝(18 000×7－5 000×7－2 500×7－5 000×7)×10％－2 520－165×6＝340(元)
8月累计预扣预缴税额＝(18 000×8－5 000×8－2 500×8－5 000×8)×10％－2 520－165×6－340＝550(元)
9月累计预扣预缴税额＝(18 000×9－5 000×9－2 500×9－5 000×9)×10％－2 520－165×6－340－550＝550(元)
10月累计预扣预缴税额＝(18 000×10－5 000×10－2 500×10－5 000×10)×10％－2 520－165×6－340－550×2＝550(元)
11月累计预扣预缴税额＝(18 000×11－5 000×11－2 500×11－5 000×11)×10％－2 520－165×6－340－550×3＝550(元)
12月累计预扣预缴税额＝(18 000×12－5 000×12－2 500×12－5 000×12)×10％－2 520－165×6－340－550×4＝550(元)

列表见表4－46。

表4－46　　　　　工资薪金所得应预扣缴款的个人所得税　　　　　金额单位：人民币元

月 份	工资薪金收入	费用扣除标准	专项扣除	专项附加扣除	应纳税所得额	税率	速算扣除数	累计应纳税额	当月应纳税额
1月	18 000	5 000	2 500	5 000	5 500	3％	0	165	165
2月累计	36 000	10 000	5 000	10 000	11 000	3％	0	330	165
3月累计	54 000	15 000	7 500	15 000	16 500	3％	0	495	165
4月累计	72 000	20 000	10 000	20 000	22 000	3％	0	660	165
5月累计	90 000	25 000	12 500	25 000	27 500	3％	0	825	165

续表

月　份	工资薪金收入	费用扣除标准	专项扣除	专项附加扣除	应纳税所得额	税率	速算扣除数	累计应纳税额	当月应纳税额
6月累计	108 000	30 000	15 000	30 000	33 000	3%	0	990	165
7月累计	126 000	35 000	17 500	35 000	38 500	10%	2 520	1 330	340
8月累计	144 000	40 000	20 000	40 000	44 000	10%	2 520	1 880	550
9月累计	162 000	45 000	22 500	45 000	49 500	10%	2 520	2 430	550
10月累计	180 000	50 000	25 000	50 000	55 000	10%	2 520	2 980	550
11月累计	198 000	55 000	27 500	55 000	60 500	10%	2 520	3 530	550
12月累计	216 000	60 000	30 000	60 000	66 000	10%	2 520	4 080	550
2023年合计									4 080

(2) 李昊取得其他综合所得(劳务报酬、稿酬、特许权使用费所得)各扣缴单位应预扣预缴的个人所得税计算过程：

2023年3月取得稿酬所得时,大华出版社应预扣预缴的税额=5 000×(1-20%)×70%×20%=560(元)

2023年6月取得劳务报酬所得时,建华集团应预扣预缴的税额=30 000×(1-20%)×30%-2 000=5 200(元)

2023年9月取得特许权使用费所得时,宏盛公司应预扣预缴的税额=(2 000-800)×20%=240(元)

2. 李昊2023年度末汇算清缴应补退的个人所得税

汇算清缴应补退的个人所得税的计算过程：

(1) 全年收入额=18 000×12+5 000×(1-20%)×70%+30 000×(1-20%)+2 000×(1-20%)=244 400(元)

(2) 综合所得应纳税所得额=244 400-60 000-(2 500×12)-(5 000×12)=94 400(元)

(3) 应纳税额=94 400×10%-2 520=6 920(元)

(4) 预扣预缴税额=4 080+560+5 200+240=10 080(元)

(5) 年度汇算应补退税额=6 920-10 080=-3 160(元)

李昊2023年度末汇算清缴应退税额3 160(元)。

【填表】

说明：为方便计算对比,将李昊12个月工资、薪金所得预扣预缴的个人所得税情况汇总在一张表上(见书末插页表4-48)。

表 4-47

个人所得税基础信息表（A 表）
（适用于扣缴义务人填报）

扣缴义务人名称：宏盛公司

扣缴义务人纳税人识别号—统一社会信用代码：9 1 2 2 0 1 0 2 × × × × × × × × ×

序号	纳税人识别号	纳税人姓名	身份证件类型	身份证件号码	出生日期	国籍/地区	任职受雇从业信息			手机号码	联系方式			银行账户		投资信息		其他信息		华侨、港澳台、外籍个人信息（带*必填）				备注
							类型	职务	学历	任职受雇日期	离职日期		户籍所在地	经常居住地	联系地址	电子邮箱	开户银行	银行账号	投资额（元）	投资比例	是否残疾/孤老/烈属	残疾/烈属证号	*出生地	*性别	*首次入境时间	*预计离境时间	*涉税事由	
1	2	3	4	5	6	7	8	9	10	11	12	13	14	15	16	17	18	19	20	21	22	23	24	25	26	27	28	29
1	22010419680124××××	李昊	身份证	22010419680124××××	19680124	中国吉林	雇员	销售经理	大学本科	2009.01		1399999×××	吉林省长春市	吉林省长春市	人民大街*号	Lihao@163.com	九台农商银行	622935××××××××										

谨声明：本表是根据国家税收法律法规及相关规定填报的，是真实的、可靠的、完整的。

扣缴义务人（签章）：宏盛公司　　　　2023 年 1 月 6 日

经办人签字：张梅
经办人身份证件号码：22900519810213×××
代理机构签章：
代理机构统一社会信用代码：

受理人：张洁
受理税务机关（章）：朝阳税务分局
受理日期：2023 年 1 月 7 日

国家税务总局监制

表 4-49

个人所得税扣缴申报表 2

税款所属期：2023 年 3 月 1 日至 2023 年 3 月 31 日

扣缴义务人名称：大华出版社

扣缴义务人纳税人识别号（统一社会信用代码）：｜9｜1｜2｜1｜0｜6｜×｜×｜×｜×｜×｜×｜×｜×｜×｜

金额单位：人民币元

序号	姓名	身份证件类型	身份证件号码	纳税人识别号	是否为非居民个人	所得项目	收入额计算			减除费用	专项扣除				本月（次）情况 其他扣除						累计情况					累计专项附加扣除						准予扣除的捐赠额	减按计税比例	税款计算						备注
								收入	费用	免税收入		基本养老保险费	基本医疗保险费	失业保险费	住房公积金	年金	商业健康保险	税延养老保险	财产原值	允许扣除的税费	其他	累计收入额	累计减除费用	累计专项扣除	累计子女教育	累计赡养老人	住房贷款利息	住房租金	继续教育	累计其他扣除			应纳税所得额	税率/预扣率	速算扣除数	应纳税额	减免税额	已缴税额	应补/退税额	
1	2	3	4	5	6	7	8	9	10	11	12	13	14	15	16	17	18	19	20	21	22	23	24	25	26	27	28	29	30	31	32	33	34	35	36	37	38	39	40
1	李昊	居民身份证	22010419680124××××	22010419680124××××	否	稿酬所得	5 000	1 000	1 200																							2 800	20%	0	560			560	
合 计							5 000	1 000	1 200																							2 800			560			560	

谨声明：本表是根据国家税收法律法规及相关规定填报的，是真实的、可靠的、完整的。

经办人签字：李莉

经办人身份证件号码：220102197602218×××

代理机构签章：

代理机构统一社会信用代码：

受理人：赵虹亮

受理税务机关（章）：朝阳税务分局

受理日期：2023 年 4 月 7 日

扣缴义务人（签章）

2023 年 4 月 6 日

国家税务总局监制

第四章 纳税申报实务模拟演练

表 4-50

个人所得税扣缴申报表 3

税款所属期：2023 年 6 月 1 日至 2023 年 6 月 30 日

扣缴义务人名称：建华集团

扣缴义务人纳税人识别号（统一社会信用代码）：9 1 0 0 0 1 0 6 × × × × × × × × ×

金额单位：人民币元

序号	姓名	身份证件类型	身份证件号码	纳税人识别号	是否为非居民个人	所得项目	本月（次）情况													累计情况										减按计税比例	准予扣除的捐赠额	税款计算						备注
							收入额计算			减除费用	专项扣除					其他扣除				累计收入额	累计减除费用	累计专项扣除	累计专项附加扣除					累计其他扣除			应纳税所得额	税率/预扣率	速算扣除数	应纳税额	减免税额	已缴税额	应补/退税额	
							收入	免税收入	费用		基本养老保险费	基本医疗保险费	失业保险费	住房公积金	年金	商业健康保险	税延养老保险	财产原值	允许扣除的税费	其他				子女教育	赡养老人	住房贷款利息	住房租金	继续教育											
	2	3	4	5	6	7	8	9	10	11	12	13	14	15	16	17	18	19	20	21	22	23	24	25	26	27	28	29	30	31	32	33	34	35	36	37	38	39	40
1	李昊	居民身份证	22010419680124×××	22010419680124××××	否	劳务报酬	30 000	6 000																								24 000	30%	2 000	5 200			5 200	
合 计							30 000	6 000																								24 000			5 200			5 200	

谨声明：本表是根据国家税收法律法规及相关规定填报的，是真实的、可靠的、完整的。

经办人签字：赵梅

经办人身份证件号码：22010519681021××××

代理机构签章：

代理机构统一社会信用代码：

扣缴义务人（签章）：建华集团 2023 年 7 月 6 日

受理人：孟杰

受理税务机关（章）：南关税务分局

受理日期：2023 年 7 月 7 日

国家税务总局监制

表4-51 个人所得税扣缴申报表4

税款所属期：2023年9月1日至2023年9月30日

扣缴义务人名称：宏盛公司

扣缴义务人纳税人识别号(统一社会信用代码)：91220104196801242×××××

金额单位：人民币元(列至角分)

序号(月份)	姓名	身份证件类型	身份证件号码	纳税人识别号	是否为非居民个人	所得项目	本月(次)情况 — 收入额计算 — 收入	费用	免税收入	减除费用	专项扣除 — 基本养老保险费	基本医疗保险费	失业保险费	住房公积金	其他扣除 — 年金	商业健康保险	税延养老保险	财产原值	允许扣除的税费	其他	累计情况 — 累计收入额	累计减除费用	累计专项扣除	累计专项附加扣除 — 子女教育	赡养老人	住房贷款利息	住房租金	继续教育	累计其他扣除	减按计税比例	准予扣除的捐赠额	税款计算 — 应纳税所得额	税率/预扣率	速算扣除数	应纳税额	减免税额	已缴税额	应补/退税额	备注
1	2	3	4	5	6	7	8	9	10	11	12	13	14	15	16	17	18	19	20	21	22	23	24	25	26	27	28	29	30	31	32	33	34	35	36	37	38	39	40
1	李昊	居民身份证	220104196801 24××××	220104196801 24××××	否	特许权使用费	2 000	800																								1 200	20%	0	240			240	
合计							2 000	800																								1 200			240			240	

谨声明：本表是根据国家税收法律法规及相关规定填报的，是真实的、可靠的、完整的。

扣缴义务人(签章)：宏盛公司　2023年10月6日

表 4-52　　　　　　　　　　个人所得税年度自行纳税申报表

税款所属期：2023年1月1日至2023年12月31日

纳税人姓名：李昊

纳税人识别号：220104196801 24××××

金额单位：人民币元

项　目	行次	金　额
一、收入合计（1＝2＋3＋4＋5）	1	253 000
（一）工资、薪金所得	2	216 000
（二）劳务报酬所得	3	30 000
（三）稿酬所得	4	5 000
（四）特许权使用费所得	5	2 000
二、费用合计	6	7 400
三、免税收入合计	7	1 200
四、减除费用	8	60 000
五、专项扣除合计（9＝10＋11＋12＋13）	9	30 000
（一）基本养老保险费	10	9 600
（二）基本医疗保险费	11	2 400
（三）失业保险费	12	1 800
（四）住房公积金	13	16 200
六、专项附加扣除合计（14＝15＋16＋17＋18＋19＋20）	14	60 000
（一）子女教育	15	24 000
（二）继续教育	16	
（三）大病医疗	17	
（四）住房贷款利息	18	
（五）住房租金	19	
（六）赡养老人	20	36 000
七、其他扣除合计（21＝22＋23＋24＋25＋26）	21	
（一）年金	22	
（二）商业健康保险	23	
（三）税延养老保险	24	

续表

项　目	行　次	金　额
（四）允许扣除的税费	25	
（五）其他	26	
八、准予扣除的捐赠额	27	
九、应纳税所得额(28＝1－6－7－8－9－14－21－27)	28	94 400
十、税率(%)	29	10%
十一、速算扣除数	30	2 520
十二、应纳税额(31＝28×29－30)	31	6 920
十三、减免税额	32	
十四、已缴税额	33	10 080
十五、应补/退税额(34＝31－32－33)	34	－3 160

<table>
<tr><td colspan="4">无住所个人附报信息</td></tr>
<tr><td>在华停留天数</td><td></td><td>已在华停留年数</td><td></td></tr>
<tr><td colspan="4">谨声明：本表是根据国家税收法律法规及相关规定填报的，是真实的、可靠的、完整的。
纳税人签字：李昊　　　　　2024 年 3 月 8 日</td></tr>
<tr><td colspan="2">经办人签字：李昊
经办人身份证件号码：22010419680124××××
代理机构签章：
代理机构统一社会信用代码：</td><td colspan="2">受理人：张洁
受理税务机关(章)：朝阳税务分局
受理日期：2024 年 3 月 10 日</td></tr>
</table>

国家税务总局监制

填表说明

本表适用于居民个人取得境内综合所得，按税法规定进行个人所得税汇算清缴。居民个人取得综合所得需要办理汇算清缴的，应当在取得所得的次年 3 月 1 日至 6 月 30 日内，向主管税务机关办理汇算清缴，并报送本表。

本表各栏填写要求如下：

（一）表头项目

1. 税款所属期：填写纳税人取得所得应纳个人所得税款的所属期间，如 2023 年 1 月 1 日至 2023 年 12 月 31 日。

2. 纳税人姓名：填写自然人纳税人姓名。

3. 纳税人识别号：有中国公民身份号码的，填写中华人民共和国居民身份证上载明的"公民身份号码"；没有中国公民身份号码的，填写税务机关赋予的纳税人识别号。

（二）表内各行

1. 第 1 行"收入合计"：填写纳税人本年度取得综合所得的收入合计金额。第 1 行＝第 2＋3＋4＋5 行。

2. 第 2 行"工资、薪金所得"：填写本年度应当并入综合所得计税的工资、薪金收入总额。

3. 第 6 行"费用合计"：纳税人取得劳务报酬所得、稿酬所得、特许权使用费所得时，填写减除 20% 费用的合计金额。

4. 第 7 行"免税收入合计":填写本年度符合税法规定的免税收入合计金额。其中,税法规定"稿酬所得的收入额减按 70% 计算",对减计的 30% 部分,填入本行。

5. 第 8 行"减除费用":按税法规定的减除费用标准填写。

6. 第 9 行"专项扣除合计":填写按规定本年度可在税前扣除的基本养老保险费、基本医疗保险费、失业保险费、住房公积金的合计金额。

第 9 行=第 10+11+12+13 行。

7. 第 14 行"专项附加扣除合计":填写按规定本年度可在税前扣除的子女教育、继续教育、大病医疗、住房贷款利息或住房租金、赡养老人等专项附加扣除费用的合计金额。

第 14 行=第 15+16+17+18+19+20 行。

8. 第 21 行"其他扣除合计":填写按规定本年度可在税前扣除的年金、商业健康保险、税延养老保险、允许扣除的税费等其他扣除项目的合计金额。

第 21 行=第 22+23+24+25+26 行。

9. 第 27 行"准予扣除的捐赠额":填写按规定本年度准予在税前扣除的捐赠额的合计金额。

10. 第 28 行"应纳税所得额":根据相应行次计算填报。

第 28 行=第 1−6−7−8−9−14−21−27 行。

11. 第 29~30 行"税率""速算扣除数":填写按规定适用的税率和速算扣除数。

12. 第 31 行"应纳税额":按照相关行次计算填报。

第 31 行=第 28 行×第 29 行−第 30 行。

13. 第 32 行"减免税额":填写符合税法规定的可以减免的税额,并附报"个人所得税减免税事项报告表"。

14. 第 33 行"已缴税额":填写本年度内纳税人在中国境内已经缴纳或者被扣缴税款的合计金额。

15. 第 34 行"应补/退税额":根据相关行次计算填报。

第 34 行=第 31−32−33 行

(三)无住所个人附报信息:本栏由无住所个人填写。不是,则不填。

1. 在华停留天数:填写一个纳税年度内,无住所居民个人在中国境内停留的天数。

2. 已在华停留年数:填写无住所个人已在华连续停留的年份数。

(三)非居民个人取得综合所得的纳税申报案例

【例 4-17】 杰克森是美国公民,与我国签订不参保协议,不缴纳社会保险。2023 年 3 月,杰克森被聘为华图教育有限公司的临时员工,当月从公司取得工资薪金收入 20 000 元;此外,本月杰克森还为大桥外语提供私教服务,一次取得劳务报酬 10 000 元。

【要求】 根据以上资料:

1. 分析计算杰克森在 2023 年 3 月取得工资、薪金所得时,华图教育有限公司应代扣代缴的个人所得税。

2. 分析计算杰克森在 2023 年 3 月取得劳务报酬所得时,大桥外语应代扣代缴的个人所得税。

3. 根据上述计算结果,分别各扣缴单位填列个人所得税扣缴申报表。

【解析】

2023 年 3 月吉林华图教育有限公司应代扣代缴杰克森个人所得税:

(20 000−5 000)×20%−1 410=1 590(元)

2023 年 3 月大桥外语应代扣代缴杰克森个人所得税:

10 000×(1−20%)×10%−210=590(元)

【填表】

表 4-53

个人所得税扣缴申报表 5

税款所属期：2023 年 3 月 1 日至 2023 年 3 月 31 日

扣缴义务人名称：华图教育有限公司

扣缴义务人纳税人识别号（统一社会信用代码）：9 1 2 4 y 1 2 × × × × × × × ×

金额单位：人民币元

序号	姓名	身份证件类型	身份证件号码	纳税人识别号	是否为非居民个人	所得项目	收入额计算			减除费用	专项扣除					其他扣除						累计情况					累计专项附加扣除					减按计税比例	准予扣除的捐赠额	税款计算						备注
							收入	费用	免税收入		基本养老保险费	基本医疗保险费	失业保险费	住房公积金	年金	商业健康保险	税延养老保险	财产原值	允许扣除的税费	其他	累计收入额	累计减除费用	累计专项扣除	子女教育	赡养老人	住房贷款利息	住房租金	继续教育	累计其他扣除			应纳税所得额	税率/预扣率	速算扣除数	应纳税额	减免税额	已缴税额	应补/退税额	
1	2	3	4	5	6	7	8	9	10	11	12	13	14	15	16	17	18	19	20	21	22	23	24	25	26	27	28	29	30	31	32	33	34	35	36	37	38	39	40
1	杰克森	护照	340000×××	340000×××	是	工资薪金所得	20 000	5 000																								15 000	20%	1 410	1 590			1 590	
合计							20 000	5 000																								15 000			1 590			1 590	

谨声明：本表是根据国家税收法律法规及相关规定填报的，是真实的、可靠的、完整的。

扣缴义务人（签章）：华图教育有限公司

2023 年 4 月 6 日

经办人签字：王静	受理人：孙俪
经办人身份证件号码：220105198602 11××× ×	受理税务机关（章）：宽城税务分局
代理机构签章：	受理日期：2023 年 4 月 7 日
代理机构统一社会信用代码：	

国家税务总局监制

表 4－54

个人所得税扣缴申报表 6

税款所属期：2023 年 3 月 1 日至 2023 年 3 月 31 日

扣缴义务人名称：大桥外语

扣缴义务人纳税人识别号（统一社会信用代码）：9 1 1 2 1 1 2 × × × × × × × ×

金额单位：人民币元

序号	姓名	身份证件类型	身份证件号码	纳税人识别号	是否为非居民个人	所得项目	本月（次）情况															累计情况										税款计算						备注
							收入额计算			减除费用	专项扣除						其他扣除					累计收入额	累计减除费用	累计专项扣除	累计专项附加扣除					累计其他扣除	减按计税比例	准予扣除的捐赠额	应纳税所得额	税率/预扣率	速算扣除数	应纳税额	减免税额	已缴税额	应补/退税额	
							收入	免税收入	费用			基本养老保险费	基本医疗保险费	失业保险费	住房公积金	年金	商业健康保险	税延养老保险	财产原值	允许扣除的税费	其他					子女教育	赡养老人	住房贷款利息	住房租金	继续教育										
							8	9	10	11	12	13	14	15	16	17	18	19	20	21	22	23	24	25	26	27	28	29	30	31	32	33	34	35	36	37	38	39	40
1	2	3	4	5	6	7																																
1	杰克森	护照	340000××	340000××	是	劳务所得	10 000	2 000																								8 000	10%	210	590			590	
合 计							10 000	2 000																							8 000			590			590	

谨声明：本表是根据国家税收法律法规及相关规定填报的，是真实的、可靠的、完整的。

经办人签字：杜飞
经办人身份证件号码：220102196604 23×××

代理机构签章：
代理机构统一社会信用代码：

扣缴义务人（签章）：大桥外语

受理人：赵虹亮
受理税务机关（章）：朝阳税务分局
受理日期：2023 年 4 月 7 日

2023 年 4 月 6 日

国家税务总局监制

(四)居民个人取得应税所得,扣缴义务人未扣缴税款的纳税申报案例

【例 4-18】 李翔(身份证号:22010419620208××××)为我国公民,2023 年 3 月转让购买的住房一套,售价 2 400 000 元,转让过程中支付相关税费 128 000 元。该套房屋的购进价为 1 800 000 元,购房过程中支付相关税费 36 000 元。所有税费支出均取得合法凭证。李翔转让该房屋无扣缴义务人。

【要求】 根据以上资料:

1. 分析计算李翔在 2023 年 3 月取得财产转让所得应缴纳的个人所得税。
2. 根据上述计算结果,填列个人所得税自行纳税申报表(A 表)。

【解析】

2023 年 3 月李翔取得财产转让所得应缴纳的个人所得税:

$(2\,400\,000 - 128\,000 - 1\,800\,000 - 36\,000) \times 20\% = 87\,200$(元)

【填表】

表 4-55

个人所得税自行纳税申报表（A 表）

税款所属期：2023 年 3 月 1 日至 2023 年 3 月 31 日
纳税人姓名：李翔
纳税人识别号：2 2 0 1 0 4 1 9 6 2 0 2 0 8 × × × ×

金额单位：人民币元

自行申报情形	☑居民个人取得应税所得，扣缴义务人未扣缴税款 □非居民个人取得应税所得，扣缴义务人未扣缴税款 □居民个人在中国境内从两处以上取得工资、薪金所得 □其他												是否为非居民个人	□是 ☑否			非居民个人本年度境内居住天数	□不超过 90 天 □超过 90 天不超过 183 天		备注
	收入额计算				专项扣除				其他扣除		财产原值	准予扣除的捐赠额	减按计税比例			税款计算				
序号	所得项目	收入	免税收入	减除费用	基本养老保险费	基本医疗保险费	失业保险费	住房公积金	允许扣除的税费	其他				应纳税所得额	税率	速算扣除数	应纳税额	减免税额	已缴税额	应补/退税额
		3	4	5	6	7	8	9	10	11	12	13	14	15	16	17	18	19	20	21	22	23
1	财产转让	2 400 000								1 800 000	164 000				436 000	20%		87 200			87 200	

谨声明：本表是根据国家税收法律法规及相关规定填报的，是真实的、可靠的、完整的。

经办人签字：李翔　　　　　　　　　　　　　　　　　　　　纳税人签字：李翔
经办人身份证件号码：220104196202 08××××
代理机构签章：
代理机构统一社会信用代码：

受理人：汪涵
受理税务机关（章）：朝阳税务分局
受理日期：2023 年 4 月 6 日　　　　　2023 年 4 月 5 日

国家税务总局监制

填表说明

本表适用于居民个人取得应税所得,扣缴义务人未扣缴税款,非居民个人取得应税所得扣缴义务人未扣缴税款,非居民个人在中国境内从两处以上取得工资、薪金所得等情形在办理自行纳税申报时,向税务机关报送。居民个人取得应税所得,扣缴义务人未扣缴税款,应当在取得所得的次年6月30日前办理纳税申报。税务机关通知限期缴纳的,纳税人应当按照期限缴纳税款;非居民个人取得应税所得,扣缴义务人未扣缴税款的,应当在取得所得的次年6月30日前办理纳税申报。非居民个人在次年6月30日前离境(临时离境除外)的,应当在离境前办理纳税申报;非居民个人在中国境内从两处以上取得工资、薪金所得的,应当在取得所得的次月15日内办理纳税申报;其他需要纳税人办理自行申报的情形,按规定的申报期限办理。

本表各栏填写要求如下:

一、表头项目

1. 税款所属期:填写纳税人取得所得应纳个人所得税款的所属期间,填写具体的起止年月日。

2. 纳税人姓名:填写自然人纳税人姓名。

3. 纳税人识别号:有中国公民身份号码的,填写中华人民共和国居民身份证上载明的"公民身份号码";没有中国公民身份号码的,填写税务机关赋予的纳税人识别号。

二、表内各栏

1. "自行申报情形":纳税人根据自身情况在对应框内打"√"。选择"其他"的,应当填写具体自行申报情形。

2. "是否为非居民个人":非居民个人选"是",居民个人选"否"。不填默认为"否"。

3. "非居民个人本年度境内居住天数":非居民个人根据合同、任职期限、预期工作时间等不同情况,填写"不超过90天"或者"超过90天不超过183天"。

4. 第2列"所得项目":按照个人所得税法第二条规定的项目填写。纳税人取得多项所得或者多次取得所得的,分行填写。

5. 第3~5列"收入额计算":包含"收入""费用""免税收入"。收入额=第3-4-5列。

(1) 第3列"收入":填写纳税人实际取得所得的收入总额。

(2) 第4列"费用":取得劳务报酬所得、稿酬所得、特许权使用费所得时填写,取得其他各项所得时无须填写本列。非居民个人取得劳务报酬所得、稿酬所得、特许权使用费所得,费用按收入的20%填写。

(3) 第5列"免税收入":填写符合税法规定的免税收入金额。其中,税法规定"稿酬所得的收入额减按70%计算",对减计的30%部分,填入本列。

6. 第6列"减除费用":按税法规定的减除费用标准填写。

7. 第7~10列"专项扣除":分别填写按规定允许扣除的基本养老保险费、基本医疗保险费、失业保险费、住房公积金的金额。

8. 第11~13列"其他扣除":包含"财产原值""允许扣除的税费""其他",分别填写按照税法规定当月(次)允许扣除的金额。

(1) 第11列"财产原值":纳税人取得财产转让所得时填写本栏。

(2) 第12列"允许扣除的税费":填写按规定可以在税前扣除的税费。

① 纳税人取得劳务报酬所得时,填写劳务发生过程中实际缴纳的可依法扣除的税费。

② 纳税人取得特许权使用费所得时,填写提供特许权过程中发生的中介费和实际缴纳的可依法扣除的税费。

③ 纳税人取得财产租赁所得时,填写修缮费和出租财产过程中实际缴纳的可依法扣除的税费。

④ 纳税人取得财产转让所得时,填写转让财产过程中实际缴纳的可依法扣除的税费。

(3) 第13列"其他":填写按规定其他可以在税前扣除的项目。

9. 第14列"减按计税比例":填写按规定实行应纳所得额减计税收优惠的减计比例。无减计规定的,则不填,系统默认为100%。如,某项税收政策实行减按60%计入应纳税所得额,则本列填60%。

10. 第15列"准予扣除的捐赠额":是指按照税法及相关法规、政策规定,可以在税前扣除的捐赠额。

11. 第 16 列"应纳税所得额"：根据相关列次计算填报。

12. 第 17～18 列"税率""速算扣除数"：填写所得项目按规定适用的税率和速算扣除数。所得项目没有速算扣除数的,则不填。

13. 第 19 列"应纳税额"：根据相关列次计算填报。第 19 列＝第 16×17 列－第 18 列。

14. 第 20 列"减免税额"：填写符合税法规定的可以减免的税额,并附报"个人所得税减免税事项报告表"。

15. 第 21 列"已缴税额"：填写纳税人当期已实际缴纳或者被扣缴的个人所得税税款。

16. 第 22 列"应补/退税额"：根据相关列次计算填报。第 22 列＝第 19－20－21 列。

下篇 纳税实务实训操作

教学基本要求和作用：通过中篇"纳税实务实训指导"的讲解，本篇主要训练学生根据所给资料熟练计算各个税种的应纳税额及填写各税种的纳税申报表并进行网上申报。通过教师的指导，学生能够熟练使用税收征收管理软件。

本部分内容是本书的重点和难点，旨在对学生所学纳税实务知识的掌握程度及运用能力进行综合性考查。通过操作训练，不但可以增强学生对理论知识的理解，而且可以从税收实务的角度塑造学生从事税收工作应具备的专业作风、心理素质和道德风范，为学生日后从事税收实务工作奠定较为扎实的基础。

学校：_____

专业：_____

班级：_____

姓名：_____

学号：_____

成绩：_____

第五章　纳税申报实训操作

训练目的

1. 计算各税种应纳税额。
2. 编制各税种纳税申报表及其附表。
3. 熟练进行网上申报。
4. 提升学生的团队协作意识，塑造严谨务实的工作作风。

训练要求

1. 根据案例中所给的资料计算各税种的应纳税额。
2. 填制各税种纳税申报表及其附表。
3. 进行网上申报。
4. 培养严肃认真的工作态度、崇尚科学的精神风貌，以及税法思维和技能。

能力训练

实训一　增值税纳税申报

【案例 5-1】 A 公司为东北地区增值税一般纳税人（不是小微企业），其纳税人识别号为 22010229068××××××，法人代表为杨光，会计主管为孙×琳（身份证号：22010419950000××××），企业登记注册类型为有限责任公司。A 公司开户行及账号为长春市商业银行北华支行，银行账号为 706032010904××××；经营地址为长春市宽城区首山路××号。增值税纳税期限为 1 个月，货物适用税率为 13%。2023 年 5 月的生产经营情况如下：

（1）购进货物取得防伪税控系统开具的增值税专用发票情况见表 5-1，发票均在法定期限内予以认证，并在本期全部申报抵扣进项税额，其中，发票代码为 1308302859 的专用发票系购进固定资产（非不动产）所取得，发票金额为 1 474 537.93 元，税额为 191 689.93 元；取得货物运输业增值税专用发票 10 份，发票金额为 58 000 元，税额为 5 220 元；取得农产品收购发票 5 份，发票金额为 76 000 元，税额为 6 840 元。前期取得但尚未申报抵扣的防伪税控系统开具的增值税专用发票情况见表 5-2。

（2）本期有 189 237.28 元的外购货物用于非应税项目，其所负担的税款为 24 600.85 元；

有 29 500.24 元的外购货物发生非正常损失,所负担的税款为 3 835.03 元。

（3）本期销售货物并开具防伪税控增值税专用发票情况见表 5-3,其中,号码为 00088544 的发票因开具发票不符合要求而作废,号码为 00088545 的发票为重开发票,号码为 00088555 的发票为红字发票;销售货物并开具普通发票 2 份,合计金额为 565 000 元;销售货物但未开具发票的金额为 3 955 元;因销售货物提供运输劳务收取运费 87 200 元,开具普通发票 20 份(运输队统一核算);销售使用过 10 年的机床(未抵扣进项税额)2 台,原值总计 200 000 元,已提折旧 150 000 元,开具普通发票取得销售额 55 000 元。

表 5-1　　本期取得防伪税控系统开具的增值税专用发票及认证情况　　金额单位:元(列至角分)

发票代码	发票号码	开票日期	金额	税额	销货方纳税人识别号	认证日期
1100044170	00140803	2023 年 5 月 1 日	92 413.79	12 013.79	13020255002××××	2023 年 5 月 28 日
1107353874	01830985	2023 年 5 月 3 日	86 206.03	11 206.78	11029759273××××	2023 年 5 月 28 日
1308302859	04430852	2023 年 5 月 4 日	1 474 537.93	191 689.93	11086756548××××	2023 年 5 月 28 日
1300237507	00327482	2023 年 5 月 13 日	77 635.33	10 092.59	13002375927××××	2023 年 5 月 28 日
1108675655	02757438	2023 年 5 月 14 日	39 642.24	5 153.49	11039759298××××	2023 年 5 月 28 日
1109237583	07239766	2023 年 5 月 15 日	95 103.41	12 363.44	13079324729××××	2023 年 5 月 28 日
1306543708	02649878	2023 年 5 月 25 日	69 607.75	9 049.01	13087496574××××	2023 年 5 月 28 日
1309769867	07547535	2023 年 5 月 26 日	97 616.72	12 690.17	11096768364××××	2023 年 5 月 28 日

表 5-2　　前期取得防伪税控系统开具的增值税专用发票及认证情况　　金额单位:元(列至角分)

发票代码	发票号码	开票日期	金额	税额	销货方纳税人识别号	认证日期
1106867565	04453429	2023 年 4 月 5 日	172 644.82	22 443.83	11098787678××××	2023 年 4 月 29 日
1108675646	06687545	2023 年 4 月 27 日	70 293.10	9 138.10	11079867856××××	2023 年 4 月 29 日

表 5-3　　防伪税控系统开具的增值税专用发票情况　　金额单位:元(列至角分)

发票代码	发票号码	开票日期	购货方纳税人识别号	金额	税额	备注
22000628304	00088543	2023 年 5 月 2 日	12011560058××××	52 586.20	6 836.21	
22000628304	00088544	2023 年 5 月 3 日	13020774019××××	197 198.27	25 635.78	作废
22000628304	00088545	2023 年 5 月 3 日	13020774019××××	197 198.27	25 635.78	
22000628304	00088546	2023 年 5 月 4 日	13020574015××××	522 413.78	67 913.79	
22000628304	00088547	2023 年 5 月 5 日	13020372335××××	156 465.52	20 340.52	

续表

发票代码	发票号码	开票日期	购货方纳税人识别号	金额	税额	备注
22000628304	00088548	2023年5月6日	13020574015××××	1 810.34	235.34	
22000628304	00088549	2023年5月10日	13020071586××××	496 551.72	64 551.72	
22000628304	00088550	2023年5月12日	11011117543××××	205 172.41	26 672.41	
22000628304	00088551	2023年5月13日	11083473560××××	116 961.20	15 204.96	
22000628304	00088552	2023年5月14日	11090475973××××	4 172.41	542.41	
22000628304	00088553	2023年5月15日	11040957376××××	117 155.16	15 230.17	
22000628304	00088554	2023年5月16日	13057264385766X	518 888.92	67 455.56	
22000628304	00088555	2023年5月18日	130209X7397502X	－20 283.02	－2 636.79	红字
22000628304	00088556	2023年5月20日	11049875032××××	62 841.37	8 169.38	
22000628304	00088557	2023年5月21日	11004937859××××	475.85	61.86	
22000628304	00088558	2023年5月25日	11003875873××××	34 137.93	4 437.93	

（4）2023年5月初未缴税额为97 177.76元；1—4月份应税货物销售额为1 687 354元，应税劳务销售额为46 599.42元，销项税额为225 413.94元，进项税额为128 236.18元（其中，申报抵扣固定资产进项税额为1 236.18元），期初无未缴税额，期末未缴税额为97 177.76元，于2023年5月份缴纳。

【要求】 根据增值税一般纳税人纳税申报的要求，计算填列适用于增值税一般纳税人的"增值税及附加税费申报表"（主表）、3个附表，以及"增值税减免税申报明细表"。

【计算】

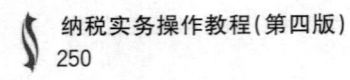

【填表】

表 5-4(a) 　　　　　　　　　　增值税及附加税费申报表
　　　　　　　　　　　　　　　　（一般纳税人适用）

根据国家税收法律法规及增值税相关规定制定本表。纳税人不论有无销售额，均应按税务机关核定的纳税期限填写本表，并向当地税务机关申报。

税款所属时间：自　　年　月　日至　　年　月　日　　　　　　填表日期：　　年　月　日
纳税人识别号（统一社会信用代码）：☐☐☐☐☐☐☐☐☐☐☐☐☐☐☐☐☐☐
所属行业：　　　　　　　　　　　　　　　　　　　　　　　金额单位：元（列至角分）

纳税人名称：		法定代表人姓名		注册地址		生产经营地址	
开户银行及账号			登记注册类型			电话号码	

项目		栏次	一般项目		即征即退项目	
			本月数	本年累计	本月数	本年累计
销售额	（一）按适用税率计税销售额	1				
	其中：应税货物销售额	2				
	应税劳务销售额	3				
	纳税检查调整的销售额	4				
	（二）按简易办法计税销售额	5				
	其中：纳税检查调整的销售额	6				
	（三）免、抵、退办法出口销售额	7			—	—
	（四）免税销售额	8			—	—
	其中：免税货物销售额	9			—	—
	免税劳务销售额	10			—	—
税款计算	销项税额	11				
	进项税额	12				
	上期留抵税额	13			—	—
	进项税额转出	14				
	免、抵、退应退税额	15			—	—

续表

	项 目	栏 次	一般项目 本月数	一般项目 本年累计	即征即退项目 本月数	即征即退项目 本年累计
税款计算	按适用税率计算的纳税检查应补缴税额	16			—	—
税款计算	应抵扣税额合计	17＝12＋13－14－15＋16			—	—
税款计算	实际抵扣税额	18（如17＜11，则为17，否则为11）				
税款计算	应纳税额	19＝11－18				
税款计算	期末留抵税额	20＝17－18			—	—
税款计算	简易计税办法计算的应纳税额	21				
税款计算	按简易计税办法计算的纳税检查应补缴税额	22			—	—
税款计算	应纳税额减征额	23				
税款计算	应纳税额合计	24＝19＋21－23				
税款缴纳	期初未缴税额（多缴为负数）	25				
税款缴纳	实收出口开具专用缴款书退税额	26				
税款缴纳	本期已缴税额	27＝28＋29＋30＋31				
税款缴纳	①分次预缴税额	28			—	—
税款缴纳	②出口开具专用缴款书预缴税额	29			—	—
税款缴纳	③本期缴纳上期应纳税额	30				
税款缴纳	④本期缴纳欠缴税额	31				
税款缴纳	期末未缴税额（多缴为负数）	32＝24＋25＋26－27				

续表

项 目		栏 次	一般项目		即征即退项目	
			本月数	本年累计	本月数	本年累计
税款缴纳	其中：欠缴税额(≥0)	33＝25＋26－27			—	—
	本期应补(退)税额	34＝24－28－29				
	即征即退实际退税额	35	—	—		
	期初未缴查补税额	36			—	—
	本期入库查补税额	37			—	—
	期末未缴查补税额	38＝16＋22＋36－37			—	—
附加税费	城市维护建设税本期应补(退)税额	39			—	—
	教育费附加本期应补(退)费额	40			—	—
	地方教育附加本期应补(退)费额	41			—	—

声明：此表是根据国家税收法律法规及相关规定填写的，本人(单位)对填报内容(及附带资料)的真实性、可靠性、完整性负责。

纳税人(签章)：　　　年　月　日

经办人： 经办人身份证号： 代理机构签章： 代理机构统一社会信用代码：	受理人： 受理税务机关(章)：　　受理日期：　　年　月　日

表 5-4(b)

增值税及附加税费申报表附列资料(一)
（本期销售情况明细）

税款所属时间： 年 月 日至 年 月 日

纳税人名称：（公章）

金额单位：元（列至角分）

项目及栏次		开具增值税专用发票		开具其他发票		未开具发票		纳税检查调整		合　　计			服务、不动产和无形资产扣除项目本期实际扣除金额	扣　除　后	
		销售额	销项（应纳）税额	销售额	销项（应纳）税额	销售额	销项（应纳）税额	销售额	销项（应纳）税额	销售额	销项（应纳）税额	价税合计		含税（免税）销售额	销项（应纳）税额
		1	2	3	4	5	6	7	8	9=1+3+5+7	10=2+4+6+8	11=9+10	12	13=11-12	14=13÷(100%+税率或征收率)×税率或征收率
一、一般计税方法计税	全部征税项目	13%税率的货物及加工修理修配劳务	1													
		13%税率的服务、不动产和无形资产	2											—	—	—
		9%税率的货物及加工修理修配劳务	3													
		9%税率的服务、不动产和无形资产	4											—	—	—
		6%税率	5													

续表

项目及栏次			开具增值税专用发票		开具其他发票		未开具发票		纳税检查调整		合　　计			服务、不动产和无形资产扣除项目本期实际扣除金额	扣　除　后	
			销售额	销项(应纳)税额	销售额	销项(应纳)税额	销售额	销项(应纳)税额	销售额	销项(应纳)税额	销售额	销项(应纳)税额	价税合计		含税(免税)销售额	销项(应纳)税额
			1	2	3	4	5	6	7	8	9=1+3+5+7	10=2+4+6+8	11=9+10	12	13=11−12	14=13÷(100%+税率或征收率)×税率或征收率
一、一般计税方法计税	其中：即征即退项目	即征即退货物及加工修理修配劳务	6		—	—	—	—	—	—						
		即征即退服务、不动产和无形资产	7		—	—	—	—	—	—						
二、简易计税方法计税		6%征收率	8		—	—	—	—	—	—						
	全部征税项目	5%征收率的货物及加工修理修配劳务	9a		—	—	—	—	—	—						
		5%征收率的服务、不动产和无形资产	9b		—	—	—	—	—	—						
		4%征收率	10		—	—	—	—	—	—						
		3%征收率的货物及加工修理修配劳务	11		—	—	—	—	—	—						
		3%征收率的服务、不动产和无形资产	12		—	—	—	—	—	—						

续表

项目及栏次			开具增值税专用发票 销售额	开具增值税专用发票 销项(应纳)税额	开具其他发票 销售额	开具其他发票 销项(应纳)税额	未开具发票 销售额	未开具发票 销项(应纳)税额	纳税检查调整 销售额	纳税检查调整 销项(应纳)税额	合计 销售额	合计 销项(应纳)税额	合计 价税合计	服务、不动产和无形资产扣除项目本期实际扣除金额	扣除后 含税(免税)销售额	扣除后 销项(应纳)税额
			1	2	3	4	5	6	7	8	9=1+3+5+7	10=2+4+6+8	11=9+10	12	13=11−12	14=13÷(100%+税率或征收率)×税率或征收率
二、简易计税方法计税	全部征税项目	预征率% 13a	—	—	—	—	—	—	—	—	—	—	—	—	—	—
		预征率% 13b	—	—	—	—	—	—	—	—	—	—	—	—	—	—
		预征率% 13c	—	—	—	—	—	—	—	—	—	—	—	—	—	—
	其中:即征即退项目	即征即退货物及加工修理修配劳务 14														
		即征即退服务、不动产和无形资产 15														
三、免抵退税	货物及加工修理修配劳务	16	—	—	—	—	—	—	—	—			—			
	服务、不动产和无形资产	17	—	—	—	—	—	—	—	—			—			
四、免税	货物及加工修理修配劳务	18	—	—	—	—	—	—	—	—		—	—	—	—	—
	服务、不动产和无形资产	19	—	—	—	—	—	—	—	—		—	—	—	—	—

表 5-4(c) 　　　　　　　增值税及附加税费申报表附列资料(二)
(本期进项税额明细)

税款所属时间： 　年　月　日至　年　月　日

纳税人名称：(公章)　　　　　　　　　　　　　　　　　　金额单位：元(列至角分)

一、申报抵扣的进项税额			
项　目	栏次	份数	金额	税额
(一)认证相符的增值税专用发票	1=2+3			
其中：本期认证相符且本期申报抵扣	2			
前期认证相符且本期申报抵扣	3			
(二)其他扣税凭证	4=5+6+7+8a+8b			
其中：海关进口增值税专用缴款书	5			
农产品收购发票或者销售发票	6			
代扣代缴税收缴款凭证	7		—	
加计扣除农产品进项税额	8a		—	
其他	8b			
(三)本期用于购建不动产的扣税凭证	9			
(四)本期用于抵扣的旅客运输服务扣税凭证	10			
(五)外贸企业进项税额抵扣证明	11		—	
当期申报抵扣进项税额合计	12=1+4+11			
二、进项税额转出额			
项　目	栏次	税　额	
本期进项税额转出额	13=14 至 23 之和		
其中：免税项目用	14		
集体福利、个人消费	15		
非正常损失	16		
简易计税方法征税项目用	17		

续表

项　目	栏　次	税　　额
免抵退税办法不得抵扣的进项税额	18	
纳税检查调减进项税额	19	
红字专用发票信息表注明的进项税额	20	
上期留抵税额抵减欠税	21	
上期留抵税额退税	22	
异常凭证转出进项税额	23a	
其他应作进项税额转出的情形	23b	

三、待抵扣进项税额

项　目	栏　次	份数	金额	税额
（一）认证相符的增值税专用发票	24	—	—	
期初已认证相符但未申报抵扣	25			
本期认证相符且本期未申报抵扣	26			
期末已认证相符但未申报抵扣	27			
其中：按照税法规定不允许抵扣	28			
（二）其他扣税凭证	29＝30至33之和			
其中：海关进口增值税专用缴款书	30			
农产品收购发票或者销售发票	31			
代扣代缴税收缴款凭证	32		—	
其他	33			
	34			

四、其他

项　目	栏　次	份数	金额	税额
本期认证相符的增值税专用发票	35			
代扣代缴税额	36		—	—

表 5-4(d)

增值税及附加税费申报表附列资料(五)
(附加税费情况表)

税(费)款所属时间: 年 月 日至 年 月 日

纳税人名称:(公章)　　　　　　　　　　　　　　　　　　　　金额单位:元(列至角分)

税(费)种		计税(费)依据			税(费)率(征收率)(%)	本期应纳税(费)额	本期减免税(费)额		试点建设培育产教融合型企业		本期已缴税(费)额	本期应补(退)税(费)额
		增值税税额	增值税免抵税额	留抵退税本期扣除额			减免性质代码	减免税(费)额	减免性质代码	本期抵免金额		
		1	2	3	4	5=(1-3+2)×4	6	7	8	9	10	11=5-7-9-10
城市维护建设税	1											
教育费附加	2											
地方教育附加	3											
合计	4	—	—	—	—		—		—			

本期是否适用试点建设培育产教融合型企业抵免政策	□是 □否		
可用于扣除的增值税留抵退税额使用情况	当期新增投资额		5
	上期留抵可抵免金额		6
	结转下期可抵免金额		7
	当期新增可用于扣除的留抵退税额		8
	上期结存可用于扣除的留抵退税额		9
	结转下期可用于扣除的留抵退税额		10

表 5-4(e)　　　　　　　　　　**增值税减免税申报明细表**

税款所属时间：自　　年　　月　　日至　　年　　月　　日

纳税人名称（公章）：　　　　　　　　　　　　　　　　　　金额单位：元（列至角分）

一、减税项目

减税性质代码及名称	栏次	期初余额	本期发生额	本期应抵减税额	本期实际抵减税额	期末余额
		1	2	3=1+2	4≤3	5=3-4
合　计	1					
	2					
	3					
	4					
	5					
	6					

二、免税项目

免税性质代码及名称	栏次	免征增值税项目销售额	免税销售额扣除项目本期实际扣除金额	扣除后免税销售额	免税销售额对应的进项税额	免税额
		1	2	3=1-2	4	5
合　计	7					
出口免税	8		—	—	—	—
其中：跨境服务	9		—	—	—	—
	10					
	11					
	12					
	13					
	14					
	15					
	16					

实训二 消费税纳税申报

【案例 5-2】 某糖酒公司为私营企业、增值税一般纳税人,纳税人识别号为2201021240796365××××。企业地址及电话为长春市南关区幸福乡,88934455;经办人为李娟(身份证号为22010419990000××××);财务负责人为王宇,联系电话为1384408××××;开户银行及账号为长春市交通银行卫星路支行,22100069001817001××××。该公司主要经营酒类、卷烟和化妆品的生产和销售。2023年1月该公司发生如下经济业务:

(1) 1月4日将自己生产的甲类啤酒20吨销售给知青商店,收取押金300元/吨,价税款及押金均已收到,该啤酒出厂价为2 800元/吨,成本为2 000元/吨。另将10吨乙类啤酒让客户及顾客免费品尝。

(2) 1月10日带包装销售粮食白酒20吨,单价为7 050元,价款为141 000元,含包装物价款25 000元;同时从购货方取得价外补贴28 080元。

(3) 1月20日用自产粮食白酒10吨抵偿永生农场大米款70 000元,不足或多余部分不再结算。

该粮食白酒本月售价在5 500~6 500元/吨的范围内浮动,平均售价为6 000元。粮食白酒的比例税率为20%,定额税率为0.5元/斤。

(4) 2023年初未缴税额为0.00元,包装物押金单独记账核算。

【要求】 计算该公司本期应纳消费税及附加税并正确填写纳税申报表。

【计算】

【填表】

表 5-5　　　　　　　　　　消费税及附加税费申报表

税款所属期：自　　年　　月　　日至　　年　　月　　日
纳税人识别号(统一社会信用代码)：□□□□□□□□□□□□□□□□□□
纳税人名称：　　　　　　　　　　　　　　　　　　　金额单位：人民币元(列至角分)

应税消费品名称＼项目	适用税率 定额税率	适用税率 比例税率	计量单位	本期销售数量	本期销售额	本期应纳税额
	1	2	3	4	5	6=1×4+2×5
合　计	—	—	—	—	—	

	栏次	本期税费额
本期减(免)税额	7	
期初留抵税额	8	
本期准予扣除税额	9	
本期应扣除税额	10=8+9	
本期实际扣除税额	11[10<(6-7),则为10,否则为6-7]	
期末留抵税额	12=10-11	
本期预缴税额	13	
本期应补(退)税额	14=6-7-11-13	
城市维护建设税本期应补(退)税额	15	
教育费附加本期应补(退)费额	16	
地方教育附加本期应补(退)费额	17	

　　声明：此表是根据国家税收法律法规及相关规定填写的，本人(单位)对填报内容(及附带资料)的真实性、可靠性、完整性负责。
　　纳税人(签章)：　　　　　　　　　　　　　　　　　　　　　　年　月　日

经办人： 经办人身份证号： 代理机构签章： 代理机构统一社会信用代码：	受理人： 受理税务机关(章)： 受理日期：　年　月　日

实训三　资源税纳税申报

【案例 5-3】　某煤炭企业,纳税人识别号为 2900500475400554××××,法定代表人为周立,会计主管为张丽萍,经办人为李慧(身份证号为 22010419980000××××)。2023 年 3 月,该企业销售自采原煤 2 000 吨,每吨 850 元(不含增值税,下同)。用自采未税原煤连续加工成洗选煤 800 吨,销售 380 吨,每顿售价 950 元,移送自用洗选煤 120 吨用于集体宿舍自采暖。该煤矿洗选煤折算率为 80%,资源税税率为 8%。

【要求】　计算并填列当月资源税纳税申报表。

【计算】

[填表]

表 5-6

资源税纳税申报表

税款所属时间：自　年　月　日　至　年　月　日

纳税人识别号(统一社会信用代码)：☐☐☐☐☐☐☐☐

纳税人名称：

金额单位：人民币元（列至角分）

税目	子目	折算率或换算比	计量单位	计税销售量	计税销售额	适用税率	本期应纳税额	本期减免税额	减征比例(%)	本期增值税小规模纳税人减征额	本期已缴税额	本期应补(退)税额
										本期是否适用增值税小规模纳税人减征政策（减免性质代码：06049901） 是☐ 否☐		
							8①=6×7					12=8-9-10-11
1	2	3	4	5	6	7	8②=5×7	9		10	11	
合　计	—	—										

谨声明：本纳税申报表是根据国家税收法律法规及相关规定填报的，是真实的、可靠的、完整的。

纳税人（签章）：

经办人：
经办人身份证号：
代理机构签章：
代理机构统一社会信用代码：

受理人：
受理税务机关（章）：
受理日期：　年　月　日

实训四　土地增值税纳税申报

【案例 5-4】 长春市建信房地产开发公司的纳税人识别号为 2201048572236981××××，会计主管为孙伟。2015 年 4 月，该公司建造商品房一幢，建房总支出为 3 000 万元，有关费用如下：支付地价款 200 万元、土地征用及拆迁补偿费 120 万元、前期工程费 180 万元、基础设施费 200 万元、建筑安装工程费 1 500 万元、公共配套设施费 100 万元、开发间接费用 100 万元、期间费用 600 万元，其中，利息支出 500 万元（利息能按房地产项目分摊，并有金融机构贷款证明）。其他房地产开发费用扣除比例为 5%。该房地产开发公司于 2023 年 6 月将位于绿园区的商品房（2015 年 4 月 20 日开工，面积为 8 000 平方米）按商品房出售给本市某企业，取得含税收入 6 300 万元，并按规定缴纳了增值税、城市维护建设税、教育费附加、地方教育附加和印花税。该公司选择简易计税方法计算增值税。

【要求】 计算该公司当期应缴纳的土地增值税并正确填写纳税申报表。

【计算】

【填表】

表 5-7　　　　　　　　　　土地增值税纳税申报表(二)

(从事房地产开发的纳税人清算适用)

税款所属时间：　年　月　日至　年　月　日　填表日期：　年　月　日　金额单位：元(列至角分)

纳税人识别号 □□□□□□□□□□□□□□□　面积单位：平方米

纳税人名称		项目名称		项目编号		项目地址	
所属行业		登记注册类型		纳税人地址		邮政编码	
开户银行		银行账号		主管部门		电　话	
总可售面积				自用和出租面积			
已售面积		其中：普通住宅已售面积		其中：非普通住宅已售面积		其中：其他类型房地产已售面积	

项　　　目		行次	金　额			
			普通住宅	非普通住宅	其他类型房地产	合计
一、转让房地产收入总额(1=2+3+4)		1				
其中	货币收入	2				
	实物收入及其他收入	3				
	视同销售收入	4				
二、扣除项目金额合计(5=6+7+14+17+21+22)		5				
1.取得土地使用权所支付的金额		6				
2.房地产开发成本(7=8+9+10+11+12+13)		7				
其中	土地征用及拆迁补偿费	8				
	前期工程费	9				
	建筑安装工程费	10				
	基础设施费	11				
	公共配套设施费	12				
	开发间接费用	13				
3.房地产开发费用(14=15+16)		14				
其中	利息支出	15				
	其他房地产开发费用	16				

续表

项 目	行次	普通住宅	非普通住宅	其他类型房地产	合计
4. 与转让房地产有关的税金等(17=18+19+20)	17				
其中　增值税	18				
城市维护建设税	19				
教育费附加	20				
5. 财政部规定的其他扣除项目	21				
6. 代收费用	22				
三、增值额(23=1−5)	23				
四、增值额与扣除项目金额之比(%)(24=23÷5)	24				
五、适用税率(%)	25				
六、速算扣除系数(%)	26				
七、应缴土地增值税税额(27=23×25−5×26)	27				
八、减免税额(28=30+32+34)	28				
其中　减免税(1)　减免性质代码(1)	29				
减免税额(1)	30				
减免税(2)　减免性质代码(2)	31				
减免税额(2)	32				
减免税(3)　减免性质代码(3)	33				
减免税额(3)	34				
九、已缴土地增值税税额	35				
十、应补(退)土地增值税税额 36=27−28−35	36				

以下由纳税人填写：			
纳税人声明	此纳税申报表是根据《中华人民共和国土地增值税暂行条例》及其实施细则和国家有关税收规定填报的,是真实的、可靠的、完整的。		
纳税人签章		代理人签章	代理人身份证号
以下由税务机关填写：			
受理人	受理日期	年　月　日	受理税务机关签章

本表一式两份,一份纳税人留存,一份税务机关留存。

实训五　城镇土地使用税纳税申报

【案例 5-5】　盛隆公司位于净月开发区净月大街 108 号，纳税人识别号为 22010465817000036542，企业法人为沈丹阳，会计主管孙莉（身份证号为 22010419991209××××），联系电话号码为 8796××××。2023 年年初该公司实际占地面积为 50 000 平方米，宗地地号为 55-139-23。其中，该公司自办幼儿园占地 2 000 平方米，职工医院占地 2 000 平方米，公司厂区内绿化占地 5 000 平方米。2023 年 4 月，该公司为扩大生产，经有关部门批准，新征用非耕地 8 000 平方米，宗地地号为 55-139-24。该公司所处地段适用年税额都为 15 元/平方米。土地等级都为一级。

【要求】　计算该企业 2023 年应缴纳的城镇土地使用税并正确填写纳税申报表。

【计算】

[填表]

表5-8　　城镇土地使用税纳税申报表

税款所属期：自　年　月　日至　年　月　日

纳税人识别号(统一社会信用代码)：☐☐☐☐☐☐☐☐☐☐

纳税人名称：

金额单位：人民币元(列至角分)；面积单位：平方米

本期是否适用增值税小规模纳税人减征政策(减免性质代码：100499O1)	☐是 ☐否	本期适用增值税小规模纳税人减征政策起始时间	年　月	减征比例(%)	
		本期适用增值税小规模纳税人减征政策终止时间	年　月		

联系人				联系方式	

土地编号	宗地的地号	土地等级	税额标准	土地总面积	所属期起	所属期止	本期应纳税额	本期减免税额	本期增值税小规模纳税人减征额	本期已缴税额	本期应补(退)税额
*											
*											
*											
合　计	*	*									

谨声明：本纳税申报表是根据国家税收法律法规及相关规定填报的，是真实的、可靠的、完整的。

纳税人(签章)：　　　年　月　日

经办人： 经办人身份证号： 代理机构签章： 代理机构统一社会信用代码：	受理人： 受理税务机关(章)： 受理日期：　年　月　日

实训六　环境保护税纳税申报

【案例5-6】　甲化工厂是环境保护税纳税人,纳税人识别号为220334578965879577。该厂仅有1个污水排放口且直接向河流排放污水,已安装使用符合国家规定和监测规范的污染物自动监测设备。检测数据显示,该排放口2023年5月共排放污水6万吨(折合6万立方米),应税污染物为六价铬,浓度为六价铬0.5 mg/L。

【要求】　计算该化工厂5月份应缴纳的环境保护税(该厂所在省的水污染物税率为2.8元/污染当量,六价铬的污染当量值为0.02/千克)。

【计算】

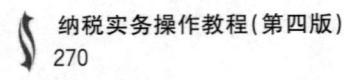

【填表】

表 5-9　　　　　　　　　　　环境保护税税源明细表

纳税人识别号(统一社会信用代码)：□□□□□□□□□□□□□□□□□□

纳税人名称：　　　　　　　　　　　　　　　　　　　金额单位：人民币元(列至角分)

1. 按次申报□	2. 从事海洋工程□
3. 城乡污水集中处理场所□	4. 生活垃圾集中处理场所□
*5. 污染物类别	大气污染物□　水污染物□　固体废物□　噪声□
6. 排污许可证编号	
*7. 生产经营所在区划	
*8. 生态环境主管部门	

税源基础采集信息

新增□　变更□　删除□

*税源编号		(1)			
排放口编号		(2)			
*排放口名称或噪声源名称		(3)			
*生产经营所在街乡		(4)			
排放口地理坐标	*经度	(5)			
	*纬度	(6)			
*有效期起止		(7)			
*污染物类别		(8)			
水污染物种类		(9)			
*污染物名称		(10)			
危险废物污染物子类		(11)			
*污染物排放量计算方法		(12)			
大气、水污染物标准排放限值	*执行标准	(13)			
	*标准浓度值(毫克/升或毫克/标立方米)	(14)			
产(排)污系数	*计税基数单位	(15)			
	*污染物单位	(16)			

续表

税源基础采集信息					
				新增□	变更□	删除□
产(排)污系数	*产污系数	(17)			
	*排污系数	(18)			
固体废物信息	贮存情况	(19)			
	处置情况	(20)			
	综合利用情况	(21)			
噪声信息	*是否昼夜产生	(22)			
	*标准值——昼间(6时至22时)	(23)			
	*标准值——夜间(22时至次日6时)	(24)			
申报计算及减免信息					
*税源编号		(1)			
*税款所属月份		(2)			
*排放口名称或噪声源名称		(3)			
*污染物类别		(4)			
*水污染物种类		(5)			
*污染物名称		(6)			
危险废物污染物子类		(7)			
*污染物排放量计算方法		(8)			
大气、水污染物监测计算	*废气(废水)排放量(万标立方米、吨)	(9)			
	*实测浓度值(毫克/标立方米、毫克/升)	(10)			
	*月均浓度(毫克/标立方米、毫克/升)	(11)			
	*最高浓度(毫克/标立方米、毫克/升)	(12)			
产(排)污系数计算	*计算基数	(13)			
	*产污系数	(14)			
	*排污系数	(15)			

续表

申报计算及减免信息					
固体废物计算	*本月固体废物的产生量（吨）	(16)			
	*本月固体废物的贮存量（吨）	(17)			
	*本月固体废物的处置量（吨）	(18)			
	*本月固体废物的综合利用量（吨）	(19)			
噪声计算	*噪声时段	(20)			
	*监测分贝数	(21)			
	*超标不足15天	(22)			
	*两处以上噪声超标	(23)			
抽样测算计算	特征指标	(24)			
	特征单位	(25)			
	特征指标数量	(26)			
	特征系数	(27)			
污染物排放量（千克或吨）		大气、水污染物监测计算： (28)＝(9)×(10)÷100(1 000) 大气、水污染物产(排)污系数计算： (28)＝(13)×(14)×M (28)＝(13)×(15)×M pH值、大肠菌群数、余氯量等水污染物计算： (28)＝(9) 色度污染物计算： (28)＝(9)×色度超标倍数 固体废物排放量(含综合利用量)： (28)＝(16)－(17)－(18)			
	*污染当量值(特征值)（千克或吨）	(29)			
	*污染当量数	大气、水污染物污染当量数计算： (30)＝(28)÷(29)			

续表

申报计算及减免信息					
减免性质代码和项目名称	(31)				
*单位税额	(32)				
*本期应纳税额	大气、水污染物应纳税额计算： (33)=(30)×(32) 固体废物应纳税额计算： (33)=(28)×(32) 噪声应纳税额计算： (33)=0.5或1[(22)为"是"的用0.5；为"否"的用1]×2或1[(23)为"是"的用2，为"否"的用1]×(32) 按照税法所附表二中畜禽养殖业等水污染物当量值表计算： (33)=(26)÷(29)×(32) 采用特征系数计算： (33)=(26)×(27)÷(29)×(32) 采用特征值计算： (33)=(26)×(29)×(32)				
本期减免税额	大气、水污染物减免税额计算： (34)=(30)×(32)×N 固体废物减免税额计算： (34)=(19)×(32)				
本期已缴税额	(35)				
*本期应补(退)税额	(36)=(33)-(34)-(35)				

实训七　房产税纳税申报

【案例 5-7】　长春××化工有限公司地处长春市绿园区锦城大街××××号，纳税人识别号为22010477555××××，经济类型为私营有限责任公司，行业类别属于涂料制造，法定代表人为李雪(身份证号为22010419900128××××)在交通银行长春东风大街支行开户，账号是22010006900187212××××，电话为8798××××。2023年上半年该公司共有房产原值 40 000 000.00 元。自 2023 年 10 月 1 日起公司将原值 2 000 000.00 元的一栋仓库出租给某商场(纳税人识别号为220103554800000×××)存放货物，租期为1年，每月取得租金收入

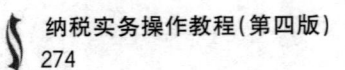

15 000.00元。同年8月1日对委托施工单位建设的生产车间办理验收手续,由在建工程转入固定资产原值5 000 000.00元,产权证书号为8-23。已知该地区规定计算房产余值时的扣除比例为30%。房产建筑面积为10 000平方米,房产为砖混结构。

【要求】 计算该公司2023年10月1日至12月31日应缴纳的房产税并填列房产税纳税申报表。

【计算】

【填表】

表 5-10

房产税纳税申报表

税款所属期：自　年　月　日至　年　月　日

纳税人识别号（统一社会信用代码）：☐☐☐☐☐☐☐☐

纳税人名称：

金额单位：人民币元（列至角分）；面积单位：平方米

本期是否适用增值税小规模纳税人减征政策（减免性质代码08049901）	☐是 ☐否	本期适用增值税小规模纳税人减征政策起始时间	年　月
		本期适用增值税小规模纳税人减征政策终止时间	年　月
		减征比例（%）	

（一）从价计征房产税

序号	房产编号	房产原值	其中：出租房产原值	计税比例	税率	所属期起	所属期止	本期应纳税额	本期减免税额	本期增值税小规模纳税人减征额	本期已缴税额	本期应补（退）税额
1	*											
2	*											
3	*											
合计	*	*	*		*	*	*					

（二）从租计征房产税

序号	本期申报租金收入	税率	本期应纳税额	本期减免税额	本期增值税小规模纳税人减征额	本期已缴税额	本期应补（退）税额
1							
2							
3							
合计	*		*				

声明：此表是根据国家税收法律法规及相关规定填写的，本人（单位）对填报内容（及附带资料）的真实性、可靠性、完整性负责。

纳税人（签章）：

经办人：
经办人身份证号：
代理机构签章：
代理机构统一社会信用代码：

受理人：
受理税务机关（章）：　年　月　日
受理日期：　年　月　日

本表一式两份，一份纳税人留存，另一份税务机关留存。

表 5-10(a)

房产税税源明细表

纳税人识别号(统一社会信用代码): ☐☐☐☐☐☐☐☐☐☐☐☐☐☐☐☐☐☐

纳税人名称:

金额单位: 人民币元(列至角分); 面积单位: 平方米

房产税税源明细

(一) 从价计征房产税明细

纳税人类型	产权所有人☐ 经营管理人☐ 承典人☐ ☐房屋代管人☐ 房屋使用人☐ 融资 租赁承租人☐ (必选)	所有权人纳税人识别号 (统一社会信用代码)	*	所有权人名称	
房产编号		*	房产名称		
不动产权证号			不动产单元号		
房屋坐落地址 (详细地址)		(自治区、直辖市)	县(区)	乡镇(街道)	
房产所属主管税务所 (科、分局)					
房屋所在土地编号		*	房产用途	工业☐ 商业及办公☐ 住房☐ 其他☐	
房产取得时间	变更类型	纳税义务终止(权属转移☐ 其他☐) 信息项变更(房产原值变更☐ 出租房产原值变更☐ 减免税变更☐ 其他☐)	变更时间	年 月	
建筑面积		其中: 出租房屋面积		计税比例	系统设定
房产原值		其中: 出租房产原值		减免税房产原值	月减免税金额

减免税部分

序号	减免项目名称	减免性质代码	减免起止时间	
			起始月份	终止月份
1				
2				
3				

续表

(二) 从租计征房产税明细

房产编号	*	房产名称	长春市宏远汽车备品销售有限公司
房产用途		工业□ 商业及办公□ 住房□ 其他□	
房产坐落地址 (详细地址)		（自治区、直辖市） 市（区） 县（区） 乡镇（街道）	
房产所属主管税务所 (科、分局)			
承租方纳税人识别号 (统一社会信用代码)		承租方名称	
出租面积		合同租金总收入	
合同约定租赁期起		合同约定租赁期止	
申报租金收入		申报租金所属租赁期起	申报租金所属租赁期止
减免性质代码		减免项目名称	享受减免税租金收入
减免税额			

声明：此表是根据国家税收法律法规及相关规定填写的，本人（单位）对填报内容（及附带资料）的真实性、可靠性、完整性负责。

纳税人（签章）： 年 月 日

经办人身份证号：	受理人：
代理机构签章：	受理税务机关（章）：
代理机构统一社会信用代码：	受理日期： 年 月 日

本表一式两份，一份纳税人留存，另一份税务机关留存。

实训八　车船税纳税申报

【案例 5-8】　某运输公司，地处长春市绿园区东风大街××××号，纳税人识别为 2201047671200000，经济类型为国有有限责任公司，行业类别属于交通运输企业，法定代表人为高扬，会计主管为刘丽丽（身份证号为 22010419900830××××）；在交通银行长春东风大街支行开户，账号是 22010006900187198××××；电话为 8763××××。2023 年，该公司拥有商用货车 15 辆（货车整备质量吨位全部为 10 吨），乘用车 20 辆（其中发动机汽缸容量 1.6 升的有 10 辆，1.8 升的有 10 辆），商用客车 10 辆。当地政府规定，商用货车整备质量每吨年税额 80 元，乘用车 1.6 升每辆年税额 500 元，1.8 升每辆年税额 600 元，商用客车每辆年税额 480 元。主管税务机关：长春市税务局。

【要求】　计算该运输公司 2023 年应缴纳的车船税并填列车船税纳税申报表。

【计算】

【填表】

表 5—11

车船税纳税申报表

税款所属期限：自　年　月　日至　年　月　日　　填表日期：　年　月　日　　金额单位：元（列至角分）

纳税人识别号：

纳税人名称												
纳税人身份证照号码							纳税人身份证照类型					
联系人							居住（单位）地址					
							联系方式					
序号	（车辆）号牌号码/（船舶）登记号码	车船识别代码（车架号/船舶识别号）	征收品目	计税单位	计税单位的数量	单位税额	年应缴税额	本年减免税额	减免性质代码	减免税证明号	当年应缴税额	本年已缴税额	本期年应补（退）税额
	1	2	3	4	5	6	7=5*6	8	9	10	11=7-8	12	13=11-12
合计	—	—	—	—	—	—			—	—			
申报车辆总数（辆）							申报船舶总数（艘）					

以下由申报人填写：

纳税人声明：此纳税申报表是根据《中华人民共和国车船税法》和国家有关税收规定填报的，是真实的、可靠的、完整的。

纳税人签章		代理人签章		代理人身份证号	

以下由税务机关填写：

受理人		受理日期		受理税务机关（签章）	

本表一式两份，一份纳税人留存，一份税务机关留存。

表 5-11(a)

车船税税源明细表

纳税人识别号(统一社会信用代码): ☐☐☐☐☐☐☐☐☐☐☐☐☐☐☐☐☐☐

纳税人名称:

体积单位:升;质量单位:吨;功率单位:千瓦;长度单位:米

车辆税税源明细

序号	车牌号码	*车辆识别代码(车架号)	*车辆类型	车辆品牌	车辆型号	*车辆发票日期或注册登记日期	排(气)量	核定载客	整备质量	*单位税额	减免性质代码和项目名称	纳税义务终止时间
1												
2												
3												

实训九　印花税纳税申报

【案例 5-9】 长春市威志汽车备品销售有限公司地处长春市高新区硅谷大街 1168 号，2023 年 3 月份开业，注册资金为 200 000.00 元，纳税人识别号为 22010463811××××，经济类型为私营有限责任公司，行业类别属于汽车、摩托车及零配件批发，法定代表人为李小鹏，会计主管是刘艳（身份证号为 22010400000000××××）；在交通银行长春卫星广场支行开户，账号是 22010006900187326××××，电话为 8518××××，主管税务机关为长春市高新区税务局。当年该公司发生如下经营活动：

(1) 5 日领受工商营业执照正副本各一件，房屋产权证一件，商标注册证一件，土地使用证一件。资金账簿中记载实收资本 200 000.00 元，还有其他新增账簿 6 本。

(2) 8 日与租赁公司签订融资租赁合同，合同金额为 3 000 000.00 元，年利率为 5%。

(3) 10 日与甲公司签订以货换货合同，本企业货物价值为 3 500 000.00 元，甲公司货物价值为 4 500 000.00 元。

(4) 13 日与乙公司签订买卖合同，所载金额为 4 000 000 元。

(5) 21 日签订借款合同 1 份，记载金额 5 000 000.00 元，当年取得借款利息 80 000.00 元。

【要求】 逐项计算该公司 2023 年 3 月份应缴纳的印花税并填列其 2023 年印花税申报表和印花税税源明细表。

【计算】

【填表】

表5-12　财产和行为税纳税申报表（印花税纳税申报表）

纳税人识别号（统一社会信用代码）：

纳税人名称：　　　　　　　　　　　　　　　　　　　金额单位：人民币元（列至角分）

序号	税种	税目	税款所属期起	税款所属期止	计税依据	税率	应纳税额	减免税额	已缴税额	应补（退）税额
1										
2										
3										
4										
5										
6										
7										
8										
9										
10										
11 合计	—	—	—	—	—	—				

声明：此表是根据国家税收法律法规及相关规定填写的，本人（单位）对填报内容（及附带资料）的真实性、可靠性、完整性负责。

　　　　　　　　　　　　　　　　　　　　　　　　　　　　　纳税人（签章）：
　　　　　　　　　　　　　　　　　　　　　　　　　　　　　　　　　　年　月　日

经办人：
经办人身份证号：
代理机构签章：
代理机构统一社会信用代码：

受理人：
受理税务机关（章）：
受理日期：　年　月　日

表 5-12(a)

纳税人识别号(统一社会信用代码)：☐☐☐☐☐☐☐☐☐☐☐☐☐☐☐☐☐☐

纳税人名称：

印花税税源明细表

金额单位：人民币元(列至角分)

序号	*税目	*税款所属期起	*税款所属期止	应纳税凭证编号	应纳税凭证书立(领受)日期	*计税金额或件数	核定比例	*税率	减免性质代码和项目名称
				按期申报					
1									
2									
3									
				按次申报					
1									
2									
3									

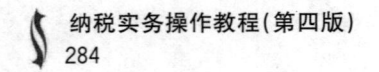

实训十　契税纳税申报

【案例 5-10】 居民李红(身份证号为22010419581213××××)有一套100平方米砖混结构的存量商品房,地处一级地段的长春市高新区硅谷大街××××号,于2023年3月18日出售给王江(身份证号为220105196703140000),成交价格为800 000.00元,合同编号为JC230318。该房作为王江的家庭唯一住房,当地核定契税税率为3%。

【要求】计算并填列契税纳税申报表和税源明细表。

【计算】

【填表】

表5-13　　　　　财产和行为税纳税申报表（契税纳税申报表）

纳税人识别号（统一社会信用代码）：□□□□
纳税人名称：　　　　　　　　　　　　　　　　　　　　　　　　金额单位：人民币元（列至角分）

序号	税种	税目	税款所属期起	税款所属期止	计税依据	税率	应纳税额	减免税额	已缴税额	应补（退）税额
1										
2										
3										
4										
5										
6										
7										
8										
9										
10										
11 合计	—	—	—	—		—				

声明：此表是根据国家税收法律法规及相关规定填写的，本人（单位）对填报内容（及附带资料）的真实性、可靠性、完整性负责。

纳税人（签章）：　　　　　　　年　月　日

经办人：
经办人身份证号：
代理机构签章：
代理机构统一社会信用代码：

受理人：
受理税务机关（章）：
受理日期：　　年　月　日

表 5-13(a)

契税税源明细表

纳税人识别号(统一社会信用代码): ☐☐☐☐☐☐☐☐☐☐☐☐☐☐☐☐☐☐

纳税人名称:

金额单位:人民币元(列至角分);面积单位:平方米

* 税源编号	* 土地房屋坐落地址	不动产单元代码
合同编号	* 合同签订日期	* 共有方式　☐ 单独所有/按份共有 ☐ 共同共有 (共有人:_____)
* 权属转移对象	* 权属转移方式	* 用途
* 成交价格	* 权属转移面积	* 成交单价
* 评估价格	* 计税价格	
* 适用税率	减免性质代码 和项目名称	

表 5-13(b) 权属转移对象、方式、用途逻辑关系对照表

权属转移对象			权属转移方式		用　　途
一级(大类)	二级(小类)	三级(细目)			
土地	无	无	国有土地使用权出让		1. 居住用地;2. 商业用地;3. 工业用地;4. 综合用地;5. 其他用地
			土地使用权转让	土地使用权出售	1. 居住用地;2. 商业用地;3. 工业用地;4. 综合用地;5. 其他用地
				土地使用权赠与	1. 居住用地;2. 商业用地;3. 工业用地;4. 综合用地;5. 其他用地
				土地使用权交换	1. 居住用地;2. 商业用地;3. 工业用地;4. 综合用地;5. 其他用地
				其他	1. 居住用地;2. 商业用地;3. 工业用地;4. 综合用地;5. 其他用地
房屋	增量房	商品住房	1. 房屋买卖;2. 房屋赠与;3. 房屋交换;4. 其他		1. 居住
		保障性住房	1. 房屋买卖;2. 房屋赠与;3. 房屋交换;4. 其他		1. 居住
		其他住房	1. 房屋买卖;2. 房屋赠与;3. 房屋交换;4. 其他		1. 居住
		非住房	1. 房屋买卖;2. 房屋赠与;3. 房屋交换;4. 其他		2. 商业;3. 办公;4. 商住;5. 附属建筑;6. 工业;7. 其他
	存量房	商品住房	1. 房屋买卖;2. 房屋赠与;3. 房屋交换;4. 其他		1. 居住
		保障性住房	1. 房屋买卖;2. 房屋赠与;3. 房屋交换;4. 其他		1. 居住
		其他住房	1. 房屋买卖;2. 房屋赠与;3. 房屋交换;4. 其他		1. 居住
		非住房	1. 房屋买卖;2. 房屋赠与;3. 房屋交换;4. 其他		2. 商业;3. 办公;4. 商住;5. 附属建筑;6. 工业;7. 其他

实训十一　企业所得税纳税申报

【案例 5-11】 甲企业为长春市某商厦,地处长春市绿园区东风大街 1125 号,纳税人识别号为 22010476712××××,经济类型为国有有限责任公司,行业类别属于商业企业,法定代表人为高扬,会计主管为魏红(身份证号 22010419950000××××);在交通银行长春东风大街支行开户,账号是 22010006900187198××××,电话为 8763××××,2011 年拥有在册职工 350 人,资产总额为 51 000 000 元,国税主管税务机关为长春市国家税务局。2023 年 1 月 1 日至 2023 年 12 月 31 日,该企业会计资料反映的生产经营情况如下:

(1) 销售商品收入总额为 15 004 897 元。

(2) 国债投资 520 000 元,取得国债利息收入 52 000 元;金融债券投资 320 000 元,取得金融债券利息收入 32 000 元。

(3) 对韩国某商场投资 5 000 000 元,占被投资企业所有者权益的比例为 15%,从该企业分回税后利润 200 000 元,该国所得税税率为 20%。

(4) 产品销售成本为 7 739 579 元,其中,期初存货数 485 680 元,本期进货净额 7 768 000 元,期末存货数 514 101 元。

(5) 税金及附加为 756 690 元。

(6) 销售费用为 3 990 960 元,其中,产品广告费 270 000 元,包括在吉林电视台做产品广告支付的 250 000 元和在《精品购物指南》报刊做产品广告支付的 20 000 元。

(7) 固定资产情况如下:办公设备上年原值 308 900 元,当年折旧 30 890 元。会计折旧方法与税法折旧方法相同,都采用直线法折旧,会计折旧年限的估计也符合税法的规定,房屋为 20 年,机器设备为 10 年。

(8) 管理费用为 1 981 137 元,其中,业务招待费 152 524 元、差旅费 32 367 元、交通费 53 300 元、社会保险缴款 285 640 元、管理用固定资产折旧 30 890 元。

(9) 期初坏账准备余额 26 540 元,本期实际发生坏账损失 26 540 元(应收 A 公司货款因 A 公司破产而无法收回,到期日是 2023 年 10 月 31 日,A 公司地址是上海市国权路×××弄××号);通过注册税务师财产损失鉴证,本期应收账款余额为零。

(10) 财务费用为 95 000 元,其中,年初向工商银行贷款 1 000 000 元,用于商品经营,年利率为 5%;年初向千禧鸟服装公司借款 300 000 元,用于经营,年利率为 10%;另支付逾期归还银行贷款的罚息 15 000 元。

(11) 实发工资总额为 578 800 元,其中,销售人员工资 126 400 元,行政管理人员工资 108 000 元;本年实际发生职工福利费 81 032 元,职工工会经费 11 576.00 元,职工教育经费 46 304 元。上述工资和三项经费已全部记入"管理费用"账户。

(12) 营业外收入:处置固定资产净收益 75 000 元;出售无形资产收益 200 000 元;接受外单位捐赠的原材料一批,增值税专用发票上注明的价格是 500 000 元,进项税额 85 000 元。

(13) 营业外支出 220 000 元,其中,通过相关机构向青少年宫捐赠 80 000 元,通过教育局向某小学捐赠 10 000 元,通过省文化厅向省图书馆捐赠 50000 元,通过地方政府向绿化建设捐赠 50 000 元,向有协作关系的某高校直接捐赠 15 000 元,缴纳税收滞纳金 5 000 元,车辆违章行驶被交通部门罚款 10 000 元。

(14) 2022 年发生亏损 18 880 元。

(15) 2023年度已预缴企业所得税累计为 10 000 元。

【要求】 根据国家税务局对企业所得税征收管理的要求,年终汇算清缴企业所得税,并计算填列该公司企业所得税年度纳税申报表(A类)及其附表。

【计算】

【填表】

表 5－14　　中华人民共和国企业所得税年度纳税申报表(A类)封面

中华人民共和国企业所得税年度纳税申报表

(A类,2017 年版)

税款所属期间：　　年　月　日至　　年　月　日

纳税人识别号：

(统一社会信用代码)

纳税人名称：

金额单位：人民币元(列至角分)

谨声明： 本纳税申报表是根据国家税收法律法规及相关规定填报的,是真实的、可靠的、完整的。

纳税人(签章)：

年　月　日

经办人：	受理人：
经办人身份证号：	受理税务机关(章)：
代理机构签章：	受理日期：　　年　月　日

国家税务总局监制

表 5-15　　　　　　　　　　　　　　企业基础信息表

A000000　　　　　　　　　　　　　　　　　　　　　　　　　　　　金额单位：元（列至角分）

基本经营情况（必填项目）				
101 纳税申报企业类型（填写代码）		102 分支机构就地纳税比例（%）		
103 资产总额（填写平均值，单位：万元）		104 从业人数（填写平均值，单位：人）		
105 所属国民经济行业（填写代码）		106 从事国家限制或禁止行业		□是　□否
107 适用会计准则或会计制度（填写代码）		108 采用一般企业财务报表格式（2019年版）		□是　□否
109 小型微利企业	□是　□否	110 上市公司	是（□境内　□境外）	□否
有关涉税事项情况（存在或者发生下列事项时必填）				
201 从事股权投资业务	□是	202 存在境外关联交易		□是
203 境外所得信息	203-1 选择采用的境外所得抵免方式	□分国（地区）不分项　□不分国（地区）不分项		
^	203-2 新增境外直接投资信息	□是（产业类别：□旅游业　□现代服务业　□高新技术产业）		
204 有限合伙制创业投资企业的法人合伙人	□是	205 创业投资企业		□是
206 技术先进型服务企业类型（填写代码）		207 非营利组织		□是
208 软件、集成电路企业类型（填写代码）		209 集成电路生产项目类型	□130纳米　□65纳米　□28纳米	
210 科技型中小企业	210-1 ＿年（申报所属年度）入库编号1		210-2 入库时间1	
^	210-3 ＿年（所属期下一年度）入库编号2		210-4 入库时间2	
211 高新技术企业申报所属期年度有效的高新技术企业证书	211-1 证书编号1		211-2 发证时间1	
^	211-3 证书编号2		211-4 发证时间2	
212 重组事项税务处理方式	□一般性　□特殊性	213 重组交易类型（填写代码）		
214 重组当事方类型（填写代码）		215 政策性搬迁开始时间		＿年＿月
216 发生政策性搬迁且停止生产经营无所得年度	□是	217 政策性搬迁损失分期扣除年度		□是
218 发生非货币性资产对外投资递延纳税事项	□是	219 非货币性资产对外投资转让所得递延纳税年度		□是
220 发生技术成果投资入股递延纳税事项	□是	221 技术成果投资入股递延纳税年度		□是
222 发生资产（股权）划转特殊性税务处理事项	□是	223 债务重组所得递延纳税年度		□是
224 研发支出辅助账样式		□2015版　□2021版　□自行设计		
主要股东及分红情况（必填项目）				
股东名称	证件种类	证件号码	投资比例（%）	当年（决议日）分配的股息、红利等权益性投资收益金额	国籍（注册地址）
其余股东合计	—		—		

表 5-16　　　　　　　中华人民共和国企业所得税年度纳税申报表(A类)

A100000　　　　　　　　　　　　　　　　　　　　　　　　金额单位：元(列至角分)

行次	类别	项　目	金　额
1	利润总额计算	一、营业收入(填写 A101010\101020\103000)	
2		减：营业成本(填写 A102010\102020\103000)	
3		减：税金及附加	
4		减：销售费用(填写 A104000)	
5		减：管理费用(填写 A104000)	
6		减：财务费用(填写 A104000)	
7		减：资产减值损失	
8		加：公允价值变动收益	
9		加：投资收益	
10		二、营业利润(1-2-3-4-5-6-7+8+9)	
11		加：营业外收入(填写 A101010\101020\103000)	
12		减：营业外支出(填写 A102010\102020\103000)	
13		三、利润总额(10+11-12)	
14	应纳税所得额计算	减：境外所得(填写 A108010)	
15		加：纳税调整增加额(填写 A105000)	
16		减：纳税调整减少额(填写 A105000)	
17		减：免税、减计收入及加计扣除(填写 A107010)	
18		加：境外应税所得抵减境内亏损(填写 A108000)	
19		四、纳税调整后所得(13-14+15-16-17+18)	
20		减：所得减免(填写 A107020)	
21		减：弥补以前年度亏损(填写 A106000)	
22		减：抵扣应纳税所得额(填写 A107030)	
23		五、应纳税所得额(19-20-21-22)	
24	应纳税额计算	税率(25%)	
25		六、应纳所得税额(23×24)	
26		减：减免所得税额(填写 A107040)	
27		减：抵免所得税额(填写 A107050)	
28		七、应纳税额(25-26-27)	
29		加：境外所得应纳所得税额(填写 A108000)	
30		减：境外所得抵免所得税额(填写 A108000)	
31		八、实际应纳所得税额(28+29-30)	
32		减：本年累计实际已缴纳的所得税额	
33		九、本年应补(退)所得税额(31-32)	
34		其中：总机构分摊本年应补(退)所得税额(填写 A109000)	
35		财政集中分配本年应补(退)所得税额(填写 A109000)	
36		总机构主体生产经营部门分摊本年应补(退)所得税额(填写 A109000)	
37	实际应纳税额计算	减：民族自治地区企业所得税地方分享部分：(□免征　□减征：减征幅度__%)	
38		十、本年实际应补(退)所得税额(33-37)	

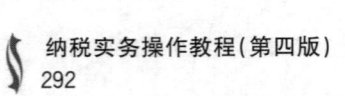

表 5-16(1)　企业所得税年度纳税申报表附表：A101010 一般企业收入明细表　　金额单位：元（列至角分）

行次	项　　目	金　　额
1	一、营业收入(2+9)	
2	(一)主营业务收入(3+5+6+7+8)	
3	1. 销售商品收入	
4	其中：非货币性资产交换收入	
5	2. 提供劳务收入	
6	3. 建造合同收入	
7	4. 让渡资产使用权收入	
8	5. 其他	
9	(二)其他业务收入(10+12+13+14+15)	
10	1. 销售材料收入	
11	其中：非货币性资产交换收入	
12	2. 出租固定资产收入	
13	3. 出租无形资产收入	
14	4. 出租包装物和商品收入	
15	5. 其他	
16	二、营业外收入(17+18+19+20+21+22+23+24+25+26)	
17	(一)非流动资产处置利得	
18	(二)非货币性资产交换利得	
19	(三)债务重组利得	
20	(四)政府补助利得	
21	(五)盘盈利得	
22	(六)捐赠利得	
23	(七)罚没利得	
24	(八)确实无法偿付的应付款项	
25	(九)汇兑收益	
26	(十)其他	

表 5-16(2)　企业所得税年度纳税申报表附表：A101020 一般企业成本支出明细表　　金额单位：元(列至角分)

行次	项　　目	金　额
1	一、营业成本(2+9)	
2	（一）主营业务成本(3+5+6+7+8)	
3	1. 销售商品成本	
4	其中：非货币性资产交换成本	
5	2. 提供劳务成本	
6	3. 建造合同成本	
7	4. 让渡资产使用权成本	
8	5. 其他	
9	（二）其他业务成本(10+12+13+14+15)	
10	1. 材料销售成本	
11	其中：非货币性资产交换成本	
12	2. 出租固定资产成本	
13	3. 出租无形资产成本	
14	4. 包装物出租成本	
15	5. 其他	
16	二、营业外支出(17+18+19+20+21+22+23+24+25+26)	
17	（一）非流动资产处置损失	
18	（二）非货币性资产交换损失	
19	（三）债务重组损失	
20	（四）非常损失	
21	（五）捐赠支出	
22	（六）赞助支出	
23	（七）罚没支出	
24	（八）坏账损失	
25	（九）无法收回的债券股权投资损失	
26	（十）其他	

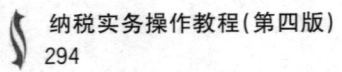

表5-16(3)　　企业所得税年度纳税申报表附表：**A104000 期间费用明细表**　　金额单位：元(列至角分)

行次	项目	销售费用	其中：境外支付	管理费用	其中：境外支付	财务费用	其中：境外支付
		1	2	3	4	5	6
1	一、职工薪酬		*		*	*	*
2	二、劳务费					*	
3	三、咨询顾问费					*	
4	四、业务招待费		*		*	*	*
5	五、广告费和业务宣传费		*		*		
6	六、佣金和手续费						
7	七、资产折旧摊销费		*		*	*	*
8	八、财产损耗、盘亏及毁损损失		*		*	*	*
9	九、办公费		*		*	*	*
10	十、董事会费		*		*	*	*
11	十一、租赁费					*	
12	十二、诉讼费		*		*	*	*
13	十三、差旅费		*		*	*	*
14	十四、保险费		*		*	*	*
15	十五、运输、仓储费						
16	十六、修理费						
17	十七、包装费		*		*		
18	十八、技术转让费						
19	十九、研究费用						
20	二十、各项税费		*		*		*
21	二十一、利息收支	*	*	*	*		
22	二十二、汇兑差额	*	*	*	*		
23	二十三、现金折扣	*	*	*	*		
24	二十四、党组织工作经费		*	*	*	*	*
25	二十五、其他						
26	合计(1+2+3+…+25)						

表 5－16(4)　企业所得税年度纳税申报表附表：A105000 纳税调整项目明细表　　金额单位：元(列至角分)

行次	项　目	账载金额 1	税收金额 2	调增金额 3	调减金额 4
1	一、收入类调整项目(2＋3＋…＋8＋10＋11)	※	※		
2	（一）视同销售收入(填写 A105010)	※			※
3	（二）未按权责发生制原则确认的收入(填写 A105020)				
4	（三）投资收益(填写 A105030)				
5	（四）按权益法核算长期股权投资对初始投资成本调整确认收益	※	※	※	
6	（五）交易性金融资产初始投资调整	※	※		※
7	（六）公允价值变动净损益		※		
8	（七）不征税收入	※	※		
9	其中：专项用途财政性资金(填写 A105040)	※	※		
10	（八）销售折扣、折让和退回				
11	（九）其他				
12	二、扣除类调整项目(13＋14＋…＋24＋26＋27＋28＋29＋30)	※	※		
13	（一）视同销售成本(填写 A105010)	※		※	
14	（二）职工薪酬(填写 A105050)				
15	（三）业务招待费支出				※
16	（四）广告费和业务宣传费支出(填写 A105060)	※	※		
17	（五）捐赠支出(填写 A105070)				
18	（六）利息支出				
19	（七）罚金、罚款和被没收财物的损失		※		※
20	（八）税收滞纳金、加收利息		※		
21	（九）赞助支出		※		※
22	（十）与未实现融资收益相关在当期确认的财务费用				
23	（十一）佣金和手续费支出(保险企业填写 A105060)				
24	（十二）不征税收入用于支出所形成的费用	※	※		※
25	其中：专项用途财政性资金用于支出所形成的费用(填写 A105040)	※	※		※
26	（十三）跨期扣除项目				

续表

行次	项　　目	账载金额 1	税收金额 2	调增金额 3	调减金额 4
27	（十四）与取得收入无关的支出		*		*
28	（十五）境外所得分摊的共同支出	*	*		*
29	（十六）党组织工作经费				
30	（十七）其他				
31	三、资产类调整项目(32＋33＋34＋35)	*	*		
32	（一）资产折旧、摊销（填写 A105080）				
33	（二）资产减值准备金				
34	（三）资产损失（填写 A105090）	*			
35	（四）其他				
36	四、特殊事项调整项目(37＋38＋…＋43)	*	*		
37	（一）企业重组及递延纳税事项（填写 A105100）				
38	（二）政策性搬迁（填写 A105110）	*	*		
39	（三）特殊行业准备金(39.1＋39.2＋39.4＋39.5＋39.6＋39.7)	*	*		
39.1	1. 保险公司保险保障基金				
39.2	2. 保险公司准备金				
39.3	其中：已发生未报案未决赔款准备金				
39.4	3. 证券行业准备金				
39.5	4. 期货行业准备金				
39.6	5. 中小企业融资（信用）担保机构准备金				
39.7	6. 金融企业、小额贷款公司准备金（填写 A105120）	*	*		
40	（四）房地产开发企业特定业务计算的纳税调整额（填写 A105010）	*			
41	（五）合伙企业法人合伙人应分得的应纳税所得额				
42	（六）发行永续债利息支出				
43	（七）其他		*	*	
44	五、特别纳税调整应税所得		*		
45	六、其他		*	*	
46	合计(1＋12＋31＋36＋44＋45)		*	*	

表5-16(5) 企业所得税年度纳税申报表附表：A105030 投资收益纳税调整明细表

金额单位：元（列至角分）

行次	项目	持有收益				处置收益						纳税调整金额
		账载金额	税收金额	纳税调整金额		会计确认的处置收入	税收计算的处置收入	处置投资的账面价值	处置投资的计税基础	会计确认的处置所得或损失	税收计算的处置所得	纳税调整金额
		1	2	3(2−1)		4	5	6	7	8(4−6)	9(5−7)	10(9−8)	11(3+10)
1	一、交易性金融资产											
2	二、可供出售金融资产											
3	三、持有至到期投资											
4	四、衍生工具											
5	五、交易性金融负债											
6	六、长期股权投资											
7	七、短期投资											
8	八、长期债券投资											
9	九、其他											
10	合计(1+2+3+4+5+6+7+8+9)											

表 5-16(6) 企业所得税年度纳税申报表附表：A105050 职工薪酬支出及纳税调整明细表

金额单位：元(列至角分)

行次	项目	账载金额 1	实际发生额 2	税收规定扣除率 3	以前年度累计结转扣除额 4	税收金额 5	纳税调整金额 6(1−5)	累计结转以后年度扣除额 7(2+4−5)
1	一、工资薪金支出			*	*			*
2	其中：股权激励			*	*			*
3	二、职工福利费支出			*				*
4	三、职工教育经费支出							
5	其中：按税收规定比例扣除的职工教育经费				*			*
6	按税收规定全额扣除的职工培训费用			*	*			*
7	四、工会经费支出			*	*			*
8	五、各类基本社会保障性缴款			*	*			*
9	六、住房公积金			*	*			*
10	七、补充养老保险			*	*			*
11	八、补充医疗保险			*	*			*
12	九、其他			*	*			*
13	合计(1+3+4+7+8+9+10+11+12)			*				

表 5－16(7)　企业所得税年度纳税申报表附表：A105060 广告费和业务宣传费等跨年度纳税调整明细表

金额单位：元(列至角分)

行次	项　目	广告费和业务宣传费 1	保险企业手续费及佣金支出 2
1	一、本年支出		
2	减：不允许扣除的支出		
3	二、本年符合条件的支出(1－2)		
4	三、本年计算扣除限额的基数		
5	乘：税收规定扣除率		
6	四、本企业计算的扣除限额(4×5)		
7	五、本年结转以后年度扣除额 　(3＞6,本行＝3－6;3≤6,本行＝0)		
8	加：以前年度累计结转扣除额		
9	减：本年扣除的以前年度结转额 　[3＞6,本行＝0;3≤6,本行＝8 与(6－3)孰小值]		
10	六、按照分摊协议归集至其他关联方的金额(10≤3 与 6 孰小值)		＊
11	按照分摊协议从其他关联方归集至本企业的金额		＊
12	七、本年支出纳税调整金额 　(3＞6,本行＝2＋3－6＋10－11;3≤6,本行＝2＋10－11－9)		
13	八、累计结转以后年度扣除额(7＋8－9)		

表 5-16(8)

企业所得税年度纳税申报表附表：A105070 捐赠支出及纳税调整明细表

金额单位：元（列至角分）

行次	项目	账载金额 1	以前年度结转可扣除的捐赠额 2	按税收规定计算的扣除限额 3	税收金额 4	纳税调增金额 5	纳税调减金额 6	可结转以后年度扣除的捐赠额 7
1	一、非公益性捐赠		*	*	*		*	*
2	二、限额扣除的公益性捐赠（3+4+5+6）	*		*	*	*	*	
3	前三年度（　　年）	*			*	*	*	*
4	前二年度（　　年）	*			*	*	*	*
5	前一年度（　　年）	*	*		*	*	*	*
6	本年（　　年）		*	*	*	*	*	*
7	三、全额扣除的公益性捐赠		*	*	*	*	*	*
8	1.		*	*	*	*	*	*
9	2.		*	*	*	*	*	*
10	3.		*	*	*	*	*	*
11	合计(1+2+7)		*	*	*	*	*	*
附列资料	2015 年度至本年发生的公益性扶贫捐赠合计金额							

表5-16(9)　企业所得税年度纳税申报表附表：A105080 资产折旧、摊销及纳税调整明细表

金额单位：元（列至角分）

行次	项目	账载金额				税收金额				纳税调整金额
		资产原值	本年折旧、摊销额	累计折旧、摊销额	资产计税基础	税收折旧、摊销额	享受加速折旧政策的资产按税收规定计算的折旧、摊销额	加速折旧、摊销统计额	累计折旧、摊销额	
		1	2	3	4	5	6	7(5-6)	8	9(2-5)
1	一、固定资产(2+3+4+5+6+7)						*	*		
2	（一）房屋、建筑物						*	*		
3	（二）飞机、火车、轮船、机器、机械和其他生产设备						*	*		
4	（三）与生产经营活动有关的器具、工具、家具等						*	*		
5	（四）飞机、火车、轮船以外的运输工具						*	*		
6	（五）电子设备						*	*		
7	（六）其他						*	*		
8	其中：享受固定资产加速折旧政策的资产折旧（一次性扣除）的部分									*
9	（二）其他行业研发设备加速折旧									*
10	（三）特定地区企业固定资产加速折旧(10.1+10.2)									*
10.1	1.海南自由贸易港企业固定资产加速折旧									*
10.2	2.其他特定地区企业固定资产加速折旧									*

续表

行次	项目	账载金额			税收金额				纳税调整金额
		资产原值	本年折旧、摊销额	累计折旧、摊销额	资产计税基础	税收折旧、摊销额	享受加速折旧政策的资产按税收一般规定计算的折旧、摊销额	加速折旧、摊销统计额	累计折旧、摊销额
		1	2	3	4	5	6	7(5-6)	8	9(2-5)
11	(四) 500万元以下设备器具一次性扣除									*
12	(五) 疫情防控重点保障物资生产企业单价500万元以上设备一次性扣除									*
13	(六) 特定地区企业固定资产一次性扣除(13.1+13.2)									*
13.1	其中：享受固定资产加速折旧及一次性扣除政策资产的加速折旧额大于一般折旧额的部分									*
13.2	2. 其他特定地区企业固定资产一次性扣除									*
14	(七) 技术进步、更新换代固定资产加速折旧									*
15	(八) 常年强震动、高腐蚀固定资产加速折旧									*
16	(九) 外购软件加速折旧									*
17	(十) 集成电路企业生产设备加速折旧									*

续表

行次	项目	账载金额			税收金额				纳税调整金额
		资产原值	本年折旧、摊销额	累计折旧、摊销额	资产计税基础	税收折旧、摊销额	享受加速折旧政策的资产按税收一般规定计算的折旧、摊销额	加速折旧、摊销统计额	累计折旧、摊销额
		1	2	3	4	5	6	7(5-6)	8	9(2-5)
18	二、生产性生物资产(19+20)						*	*		
19	(一)林木类						*	*		
20	(二)畜类						*	*		
21	三、无形资产(22+23+24+25+26+27+28+29)						*	*		
22	所有无形资产 (一)专利权						*	*		
23	(二)商标权						*	*		
24	(三)著作权						*	*		
25	(四)土地使用权						*	*		
26	(五)非专利技术						*	*		
27	(六)特许权使用费						*	*		
28	(七)软件						*	*		
29	(八)其他						*	*		

续表

行次	项目	账载金额			税收金额					纳税调整金额
		资产原值	本年折旧、摊销额	累计折旧、摊销额	资产计税基础	税收折旧、摊销额	享受加速折旧政策的资产按税收一般规定计算的折旧、摊销额	加速折旧、摊销统计额	累计折旧、摊销额	纳税调整金额
		1	2	3	4	5	6	7(5−6)	8	9(2−5)
30	(一)企业外购软件加速摊销									*
31	(二)特定地区企业无形资产加速摊销(31.1+31.2)									*
31.1	其中:享受无形资产加速摊销政策的资产加速摊销额大于一般摊销额的部分									*
31.2	1.海南自由贸易港企业无形资产加速摊销									*
	2.其他特定地区企业无形资产加速摊销									*
32	(三)特定地区企业无形资产一次性摊销(32.1+32.2)									*
32.1	1.海南自由贸易港企业无形资产一次性摊销									*
32.2	2.其他特定地区企业无形资产一次性摊销									*
33	四、长期待摊费用(34+35+36+37+38)					*		*		

续表

		账载金额		税收金额				纳税调整金额
行次	项目	资产原值	本年折旧、摊销额	累计折旧、摊销额	资产计税基础	税收折旧、摊销额	享受加速折旧政策的资产按税收一般规定计算的折旧、摊销额	加速折旧、摊销统计额	累计折旧、摊销额
		1	2	3	4	5	6	7(5−6)	8	9(2−5)
34	（一）已足额提取折旧的固定资产的改建支出						*	*		
35	（二）租入固定资产的改建支出						*	*		
36	（三）固定资产的大修理支出						*	*		
37	（四）开办费						*	*		
38	（五）其他						*	*		
39	五、油气勘探投资						*	*		
40	六、油气开发投资						*	*		
41	合计(1＋18＋21＋33＋39＋40)						*	*		
附列资料	全民所有制企业公司制改制资产评估增值政策资产									

表5-16(10) 企业所得税年度纳税申报表附表：A105090 资产损失税前扣除及纳税调整明细表

金额单位：元（列至角分）

行次	项目	资产损失直接计入本年损益金额 1	资产损失准备金核销金额 2	资产处置收入 3	赔偿收入 4	资产计税基础 5	资产损失的税收金额 6(5−3−4)	纳税调整金额 7
1	一、现金及银行存款损失		*					
2	二、应收及预付款坏账损失							
3	其中：逾期三年以上的应收款项损失							
4	逾期一年以上的小额应收款项损失							
5	三、存货损失							
6	其中：存货盘亏、报废、损毁、变质或被盗损失							
7	四、固定资产损失							
8	其中：固定资产盘亏、丢失、报废、损毁或被盗损失							
9	五、无形资产损失							
10	其中：无形资产转让损失							
11	无形资产被替代超过法律保护期限形成的损失							
12	六、在建工程损失		*					
13	其中：在建工程停建、报废损失		*					
14	七、生产性生物资产损失							
15	其中：生产性生物资产盘亏、非正常死亡、被盗、丢失等产生的损失							

续表

行次	项目	资产损失直接计入本年损益金额 1	资产损失准备金核销金额 2	资产处置收入 3	赔偿收入 4	资产计税基础 5	资产损失的税收金额 6(5－3－4)	纳税调整金额 7
16	八、债权性投资损失(17＋23)							
17	(一) 金融企业债权性投资损失(18＋22)							
18	1. 贷款损失							
19	其中：符合条件的涉农和中小企业贷款损失							
20	其中：单户贷款余额 300 万(含)以下的贷款损失							
21	单户贷款余额 300 万元至 1 000 万元(含)的贷款损失							
22	2. 其他债权性投资损失							
23	(二) 非金融企业债权性投资损失							
24	九、股权(权益)性投资损失							
25	其中：股权转让损失							
26	十、通过各种交易场所、市场买卖债券、股票、期货、基金以及金融衍生产品等发生的损失							
27	十一、打包出售资产损失							
28	十二、其他资产损失							
29	合计(1＋2＋5＋7＋9＋12＋14＋16＋24＋26＋27＋28)							
30	其中：分支机构留存备查的资产损失							

表 5-16(11)　企业所得税年度纳税申报表附表：A106000 企业所得税弥补亏损明细表

金额单位：元(列至角分)

行次	项目	年度	当年境内所得额	分立转出的亏损额	合并、分立转入的亏损额			弥补亏损企业类型	当年亏损额	当年待弥补的亏损额	用本年度所得额弥补的以前年度亏损额		当年可结转以后年度弥补的亏损额
					可弥补年限5年	可弥补年限8年	可弥补年限10年				使用境内所得弥补	使用境外所得弥补	
		1	2	3	4	5	6	7	8	9	10	11	12
1	前十年度												
2	前九年度												
3	前八年度												
4	前七年度												
5	前六年度												
6	前五年度												
7	前四年度												
8	前三年度												
9	前二年度												
10	前一年度												
11	本年度												
12	可结转以后年度弥补的亏损额合计												

表 5－16(12)　企业所得税年度纳税申报表附表：A107010 免税、减计收入及加计扣除优惠明细表

金额单位：元(列至角分)

行次	项　目	金　额
1	一、免税收入(2＋3＋9＋…＋16)	
2	（一）国债利息收入免征企业所得税	
3	（二）符合条件的居民企业之间的股息、红利等权益性投资收益免征企业所得税(4＋5＋6＋7＋8)	
4	1．一般股息红利等权益性投资收益免征企业所得税(填写 A107011)	
5	2．内地居民企业通过沪港通投资且连续持有 H 股满 12 个月取得的股息红利所得免征企业所得税(填写 A107011)	
6	3．内地居民企业通过深港通投资且连续持有 H 股满 12 个月取得的股息红利所得免征企业所得税(填写 A107011)	
7	4．居民企业持有创新企业 CDR 取得的股息红利所得免征企业所得税(填写 A107011)	
8	5．符合条件的永续债利息收入免征企业所得税(填写 A107011)	
9	（三）符合条件的非营利组织的收入免征企业所得税	
10	（四）中国清洁发展机制基金取得的收入免征企业所得税	
11	（五）投资者从证券投资基金分配中取得的收入免征企业所得税	
12	（六）取得的地方政府债券利息收入免征企业所得税	
13	（七）中国保险保障基金有限责任公司取得的保险保障基金等收入免征企业所得税	
14	（八）中国奥委会取得北京冬奥组委支付的收入免征企业所得税	
15	（九）中国残奥委会取得北京冬奥组委分期支付的收入免征企业所得税	
16	（十）其他	
17	二、减计收入(18＋19＋23＋24)	

续表

行次	项　　目	金　　额
18	（一）综合利用资源生产产品取得的收入在计算应纳税所得额时减计收入	
19	（二）金融、保险等机构取得的涉农利息、保费减计收入（20+21+22）	
20	1. 金融机构取得的涉农贷款利息收入在计算应纳税所得额时减计收入	
21	2. 保险机构取得的涉农保费收入在计算应纳税所得额时减计收入	
22	3. 小额贷款公司取得的农户小额贷款利息收入在计算应纳税所得额时减计收入	
23	（三）取得铁路债券利息收入减半征收企业所得税	
24	（四）其他（24.1+24.2）	
24.1	1. 取得的社区家庭服务收入在计算应纳税所得额时减计收入	
24.2	2. 其他	
25	三、加计扣除（26+27+28+29+30）	
26	（一）开发新技术、新产品、新工艺发生的研究开发费用加计扣除（填写A107012）	
27	（二）科技型中小企业开发新技术、新产品、新工艺发生的研究开发费用加计扣除（填写 A107012）	
28	（三）企业为获得创新性、创意性、突破性的产品进行创意设计活动而发生的相关费用加计扣除（加计扣除比例____%）	
29	（四）安置残疾人员所支付的工资加计扣除	
30	（五）其他	
31	合计（1+17+25）	

表5-16(13) 企业所得税年度纳税申报表附表：A108000 境外所得税收抵免明细表

金额单位：元（列至角分）

行次	国家（地区）	境外税前所得	境外所得纳税调整后所得	弥补境外以前年度亏损	境外应纳税所得额	抵减境内亏损	抵减境内亏损后的境外应纳税所得额	税率	境外所得应纳税额	境外所得可抵免税额	境外所得抵免限额	本年可抵免境外所得税额	未超过境外所得税抵免限额的余额	本年可抵免以前年度未抵免境外所得税额	按简易办法计算			小计	境外所得抵免所得税额合计
															按低于12.5%的实际税率计算的抵免额	按12.5%计算的抵免额	按25%计算的抵免额		
		1	2	3	4	5(3−4)	6	7(5−6)	8	9(7×8)	10	11	12	13 (11−12)	14	15	16	17	18(15+16+17)	19(12+14+18)
1																				
2																				
3																				
4																				
5																				
6																				
7																				
8																				
9																				
10	合计																			

表 5-16(14) 企业所得税年度纳税申报表附表：A108010 境外所得纳税调整后所得明细表

金额单位：元（列至角分）

行次	国家（地区）	境外税后所得							小计	境外所得可抵免的所得税额			小计	境外税前所得	境外分支机构调整后所得纳税调整额	境外所得对应的调整的相关成本费用支出	境外所得纳税调整后所得	其中：新增境外直接投资所得						
		分支机构营业利润所得	股息、红利等权益性投资所得	利息所得	租金所得	特许权使用费所得	财产转让所得	其他所得		直接缴纳的所得税额	间接负担的所得税额	享受税收饶让抵免税额						新设境外分支机构所得				新增境外直接投资相对应的股息所得	对应的股息境外所得税额	境外享受免税政策的所得小计
																		营业利润	调整扣除的有关成本费用	纳税调整额	纳税调整后所得	境外所得税额			
		1	2	3	4	5	6	7	8	9(2+…+8)	10	11	12	13(10+11+12)	14(9+10+11)	15	16	17	18(14+15−16−17)	19	20	21	22(19−20+21)	23	24	25	26(22+24)
1																										
2																										
3																										
4																										
5																										
6																										
7																										
8																										
9																										
10	合计																								

【案例 5-12】 长春市××汽车备品销售有限公司地处长春市高新区硅谷大街 1199 号，2023 年 1 月份开业，注册资金为 2 200 000 元，纳税人识别号为 22010477171××××，法人代表为李小鹏，会计主管为陈已(身份证号码为 220104198009××××××)。该公司在交通银行长春卫星广场支行开户，账号是 2201000690018712××××，电话为 8518××××，经济类型为私营有限责任公司，行业类别属于汽车、摩托车及零配件批发，增值税税率为 13%，拥有在册职工 320 人，资产总额 5 010 万元。该公司采取查账征收方式预缴企业所得税。2023 年 4 月 1 日至 2023 年 6 月 30 日，该公司会计资料反映的生产经营情况如下：

(1) 取得销售收入 290 000 元。

(2) 取得国债利息收入 27 500 元，金融债券利息收入 2 500 元。

(3) 产品销售成本 110 000 元，销售税金及附加 2 000 元。

(4) 发生销售费用 28 800 元(其中，产品广告费 5 000 元)、管理费用 89 000 元(其中，业务招待费 30 000 元)、财务费用 5 000 元。

(5) 营业外收入 20 000 元，营业外支出 70 000 元(含通过公益性社会团体向贫困山区捐款 5 000 元，支付税收滞纳金 1 000 元)。

(6) 已计入成本、费用中的实发工资总额 15 000 元，拨缴职工工会经费 300 元，支出职工福利费和职工教育经费 2 900 元。

【要求】 计算并填列该公司 2023 年第二季度企业所得税纳税申报表。

【计算】

【填表】

表 5-17　　　　中华人民共和国企业所得税月(季)度预缴纳税申报表(A 类)

A200000

税款所属期间：　　年　月　日至　　年　月　日

纳税人识别号(统一社会信用代码)：☐☐☐☐☐☐☐☐☐☐☐☐☐☐☐☐☐☐

纳税人名称：　　　　　　　　　　　　　　　　　　　　　金额单位：人民币元(列至角分)

预缴方式	☐按照实际利润额预缴　　☐按照上一纳税年度应纳税　　☐按照税务机关确定的 　　　　　　　　　　　　　所得额平均额预缴　　　　　其他方法预缴 本栏按实际情况勾选，后两项属于行政许可，勾选前需先履行行政许可相关程序 ① 选择按实际利润额缴纳的，填报 1~15 行 ② 选择按上一年度平均额预缴的，填报 9~13 行、15 行 ③ 选择按其他方法的，填报第 15 行
企业类型	☐一般企业　　　　　☐跨地区经营汇总纳税企业　　☐跨地区经营汇总纳税 　　　　　　　　　　　总机构　　　　　　　　　　　企业分支机构 本栏按实际情况填写，同一省(市、自治区)设立的不具法人资格但未按《跨区域经营汇总纳税企业所得税征收管理办法》征收管理的，按一般企业勾选。

预缴税款计算		
行次	项　目	本年累计金额
1	营业收入	
2	营业成本	
3	利润总额	
4	加：特定业务计算的应纳税所得额(本行为从事房地产开发等特定业务的纳税人填报)	
5	减：不征税收入	
6	减：免税收入、减计收入、所得减免等优惠金额(填写 A201010)	
7	减：固定资产加速折旧(扣除)调减额(填写 A201020)	
8	减：弥补以前年度亏损	

续表

行次	项目	本年累计金额
9	实际利润额(3+4—5—6—7—8)\按照上一纳税年度应纳税所得额平均额确定的应纳税所得额	
10	税率(25%)	
11	应纳所得税额(9×10)	
12	减：减免所得税额(填写 A201030)	
13	减：实际已缴纳所得税额	
14	减：特定业务预缴(征)所得税额(建安企业跨区域设立的项目部在项目所在地预缴的金额在本行填报)	
15	本期应补(退)所得税额(11—12—13—14)\税务机关确定的本期应纳所得税额	
\multicolumn{3}{c}{汇总纳税企业总分机构税款计算}
16	总机构填报 / 总机构本期分摊应补(退)所得税额(17+18+19)(跨省设立分支机构的,总机构按第15行的50%填报,省内的按60%填报)	
17	总机构填报 / 其中：总机构分摊应补(退)所得税额(15×总机构分摊比例__%)	
18	总机构填报 / 财政集中分配应补(退)所得税额(15×财政集中分配比例__%)	
19	总机构填报 / 总机构具有主体生产经营职能的部门分摊所得税额(15×全部分支机构分摊比例__%×总机构具有主体生产经营职能部门分摊比例__%)	
20	分支机构填报 / 分支机构本期分摊比例(分支机构根据总机构出具的本期《企业所得税分支机构所得税分配表》填报)	
21	分支机构填报 / 分支机构本期分摊应补(退)所得税额	
\multicolumn{3}{c}{附报信息(本栏为必填项)}
高新技术企业	□是 □否	科技型中小企业 □是 □否
技术入股递延纳税事项	□是 □否	
\multicolumn{3}{c}{按季度填报信息(本栏为必填项)}
季初从业人数		季末从业人数
季初资产总额(万元)		季末资产总额(万元)
国家限制或禁止行业	□是 □否	小型微利企业 □是 □否

谨声明：本纳税申报表是根据国家税收法律法规及相关规定填报的,是真实的、可靠的、完整的。

纳税人(签章)：　　　　　　　　年　月　日

经办人：
经办人身份证号：
代理机构签章：
代理机构统一社会信用代码：

受理人：
受理税务机关(章)：
受理日期：　　年　月　日

国家税务总局监制

表 5-17(a) 　中华人民共和国企业所得税月(季)度预缴纳税申报表(A类)附表1
A201010　　　　免税收入、减计收入、所得减免等优惠明细表　　金额单位：元(列至角分)

行次	项目	本年累计金额
1	一、免税收入(2+3+6+7+…+15)	
2	（一）国债利息收入免征企业所得税	
3	（二）符合条件的居民企业之间的股息、红利等权益性投资收益免征企业所得税	
4	其中：内地居民企业通过沪港通投资且连续持有H股满12个月取得的股息红利所得免征企业所得税	
5	内地居民企业通过深港通投资且连续持有H股满12个月取得的股息红利所得免征企业所得税	
6	（三）符合条件的非营利组织的收入免征企业所得税	
7	（四）符合条件的非营利组织(科技企业孵化器)的收入免征企业所得税	
8	（五）符合条件的非营利组织(国家大学科技园)的收入免征企业所得税	
9	（六）中国清洁发展机制基金取得的收入免征企业所得税	
10	（七）投资者从证券投资基金分配中取得的收入免征企业所得税	
11	（八）取得的地方政府债券利息收入免征企业所得税	
12	（九）中国保险保障基金有限责任公司取得的保险保障基金等收入免征企业所得税	
13	（十）中国奥委会取得北京冬奥组委支付的收入免征企业所得税	
14	（十一）中国残奥委会取得北京冬奥组委分期支付的收入免征企业所得税	
15	（十二）其他	
16	二、减计收入(17+18+22+23)	
17	（一）综合利用资源生产产品取得的收入在计算应纳税所得额时减计收入	
18	（二）金融、保险等机构取得的涉农利息、保费减计收入(19+20+21)	
19	1.金融机构取得的涉农贷款利息收入在计算应纳税所得额时减计收入	
20	2.保险机构取得的涉农保费收入在计算应纳税所得额时减计收入	
21	3.小额贷款公司取得的农户小额贷款利息收入在计算应纳税所得额时减计收入	
22	（三）取得铁路债券利息收入减半征收企业所得税	

续表

行次	项 目	本年累计金额
23	（四）其他	
23.1	1. 取得的社区家庭服务收入在计算应纳税所得额时减计收入	
23.2	2. 其他	
24	三、加计扣除（25＋26＋27＋28）	＊
25	（一）开发新技术、新产品、新工艺发生的研究开发费用加计扣除	＊
26	（二）科技型中小企业开发新技术、新产品、新工艺发生的研究开发费用加计扣除	＊
27	（三）企业为获得创新性、创意性、突破性的产品进行创意设计活动而发生的相关费用加计扣除	＊
28	（四）安置残疾人员所支付的工资加计扣除	＊
29	四、所得减免（30＋33＋34＋35＋36＋37＋38＋39＋40）	
30	（一）从事农、林、牧、渔业项目的所得减免征收企业所得税（31＋32）	
31	1. 免税项目	
32	2. 减半征收项目	
33	（二）从事国家重点扶持的公共基础设施项目投资经营的所得定期减免企业所得税	
33.1	其中：从事农村饮水安全工程新建项目投资经营的所得定期减免企业所得税	
34	（三）从事符合条件的环境保护、节能节水项目的所得定期减免企业所得税	
35	（四）符合条件的技术转让所得减免征收企业所得税	
36	（五）实施清洁发展机制项目的所得定期减免企业所得税	
37	（六）符合条件的节能服务公司实施合同能源管理项目的所得定期减免企业所得税	
38	（七）线宽小于130纳米的集成电路生产项目的所得减免企业所得税	
39	（八）线宽小于65纳米或投资额超过150亿元的集成电路生产项目的所得减免企业所得税	
40	（九）其他	
41	合计（1＋16＋24＋29）	

【案例 5-13】 长春市××汽车备品销售有限公司属于小型企业,地处长春市绿园区东风大街 115 号,纳税人识别号为 22010478375××××,经济类型为私营有限责任公司,行业类别属于汽车及零配件批发,采取核定征收方式预缴纳税,法定代表人为张永昌,会计主管为刘彤(身份证号 220104198812××××××)。职工人数 35 人,资产总额 600 万元。2023 年 4 月 10 日,该公司向其主管税务机关申报 2023 年第一季度取得收入总额 200 000 元,经税务机关检查确认其收入无误。假定当地税务机关核定的应税所得率为 20%。

【要求】 计算并填列该公司 2023 年第一季度企业所得税纳税申报表。

【计算】

【填表】

表 5-18　中华人民共和国企业所得税月(季)度预缴和年度纳税申报表(B类,2018年版)

B100000

税款所属期间：　　年　月　日至　　年　月　日

纳税人识别号(统一社会信用代码)：☐☐☐☐☐☐☐☐☐☐☐☐☐☐☐☐☐☐

纳税人名称：　　　　　　　　　　　　　　　　　　　　　金额单位：人民币元(列至角分)

核定征收方式	☐核定应税所得率(能核算收入总额的)　　☐核定应税所得率(能核算成本费用总额的) ☐核定应纳所得税额								
按 季 度 填 报 信 息										
项　目	一季度		二季度		三季度		四季度		季度平均值
^	季初	季末	季初	季末	季初	季末	季初	季末	^
从业人数									
资产总额(万元)									
国家限制或禁止行业	☐是　☐否				小型微利企业				☐是　☐否
按 年 度 填 报 信 息										
从业人数 (填写平均值)					资产总额(填写平均值, 单位：万元)				
国家限制或禁止行业	☐是　☐否				小型微利企业				☐是　☐否

行次	项　目	本年累计金额
1	收入总额	
2	减：不征税收入	
3	减：免税收入(4+5+10+11)	
4	国债利息收入免征企业所得税	
5	符合条件的居民企业之间的股息、红利等权益性投资收益免征企业所得税 (6+7.1+7.2+8+9)	
6	其中：一般股息红利等权益性投资收益免征企业所得税	
7.1	通过沪港通投资且连续持有H股满12个月取得的股息红利所得免征企业所得税	
7.2	通过深港通投资且连续持有H股满12个月取得的股息红利所得免征企业所得税	
8	居民企业持有创新企业CDR取得的股息红利所得免征企业所得税	

续表

行次	项目	本年累计金额
9	符合条件的居民企业之间属于股息、红利性质的永续债利息收入免征企业所得税	
10	投资者从证券投资基金分配中取得的收入免征企业所得税	
11	取得的地方政府债券利息收入免征企业所得税	
12	应税收入额(1－2－3)\成本费用总额	
13	税务机关核定的应税所得率(%)	
14	应纳税所得额(第12×13行)\[第12行÷(1－第13行)×第13行]	
15	税率(25%)	
16	应纳所得税额(14×15)	
17	减：符合条件的小型微利企业减免企业所得税	
18	减：实际已缴纳所得税额	
L19	减：符合条件的小型微利企业延缓缴纳所得税额(是否延缓缴纳所得税 □是 □否)	
19	本期应补(退)所得税额(16－17－18－L19)\税务机关核定本期应纳所得税额	
20	民族自治地方的自治机关对本民族自治地方的企业应缴纳的企业所得税中属于地方分享的部分减征或免征(□免征 □减征：减征幅度__%)	
21	本期实际应补(退)所得税额	

谨声明：本纳税申报表是根据国家税收法律法规及相关规定填报的，是真实的、可靠的、完整的。

纳税人(签章)： 年 月 日

经办人： 经办人身份证号： 代理机构签章： 代理机构统一社会信用代码：	受理人： 受理税务机关(章)： 受理日期： 年 月 日

国家税务总局监制

实训十二　个人所得税纳税申报

【案例 5-14】　××大学教师孙晓梅为中国居民，2023 年 1—12 月每月从学校取得工资薪金收入 35 000 元。个人每月负担的基本养老保险 2 400 元、基本医疗保险 600 元、失业保险 120 元、住房公积金 1 380 元，"三险一金"合计 4 500 元；从 1 月份开始享受两个子女教育 4 000 元、赡养老人 3 000 元、首套住房贷款利息 800 元的专项附加扣除，合计 7 800 元；每月缴纳年金 200 元；无免税收入；此外，2023 年 1 月取得劳务报酬收入 15 000 元，支付单位国奥在线教育扣缴了个人所得税；5 月取得稿酬收入 6 000 元，天京出版社扣缴了个人所得税。

（孙晓梅个人基本信息：身份证号码 44011019820912××××；博士研究生；2016 年 1 月被聘为该校教师；经常居住地：中国广州市中山路××号；

　　　　　　　　开户行：中国工商银行 622250001800×××××××；手机号码：1333169××××。

扣缴单位基本信息：××大学社会统一信用代码 121000000××××××；经办人签字：庄梅；经办人身份证件号码：44010519810213××××

　　　　　　　　国奥在线教育社会统一信用代码 914401013275××××××；经办人签字：李亮；经办人身份证件号码：44000519780221××××

　　　　　　　　天京出版社社会统一信用代码 440106890××××××；经办人签字：王梅；经办人身份证件号码：44010219871221××××）

【要求】　根据以上资料：

1. 分析计算孙晓梅 2023 年取得各项综合所得应预扣预缴的个人所得税。
2. 分析计算孙晓梅 2023 年度末汇算清缴应补退的个人所得税。
3. 根据上述计算结果填列个人所得税基础信息表（A 表），分别各扣缴单位填列个人所得税扣缴申报表和个人所得税年度自行纳税申报表。

【计算】

[填表]

表 5-19

个人所得税基础信息表（A表）

（适用于扣缴义务人填报）

扣缴义务人名称：

扣缴义务人纳税人识别号（统一社会信用代码）：□□□□□□□□□□□□□□□□□□

序号	纳税人基本信息（带*必填）					任职受雇从业信息					联系方式				银行账户		投资信息		其他信息		华侨、港澳台、外籍个人信息（带*必填）					备注
	*纳税人姓名	*身份证件类型	*身份证件号码	*出生日期	*国籍/地区	类型	职务	学历	任职受雇从业日期	离职日期	手机号码	户籍所在地	经营居住地	联系地址	电子邮箱	开户银行	银行账号	投资额（元）	投资比例	是否残疾/孤老/烈属	残疾/烈属证号	*出生地	*性别	*首次入境时间	*预计离境时间	*涉税事由	
	2	3	4	5	6	7	8	9	10	11	12	13	14	15	16	17	18	19	20	21	22	23	24	25	26	27	28	29
1																												

谨声明：本表是根据国家税收法律法规及相关规定填报的，是真实的、可靠的、完整的。

经办人签字：
经办人身份证件号码：
代理机构签章：
代理机构统一社会信用代码：

扣缴义务人（签章）：
 年 月 日

受理人：
受理税务机关（章）：
受理日期： 年 月 日

国家税务总局监制

表 5-20

个人所得税扣缴申报表 1

税款所属期： 年 月 日至 年 月 日

扣缴义务人名称：

扣缴义务人纳税人识别号(统一社会信用代码)：

金额单位：人民币元

序号月份	姓名	身份证件类型	身份证件号码	纳税人识别号	是否为非居民个人	所得项目	本月(次)情况													累计情况											税款计算						备注
							收入额计算			减除费用	专项扣除				其他扣除					累计收入额	累计减除费用	累计专项扣除	累计专项附加扣除						累计其他扣除	减按计税比例	准予扣除的捐赠额	应纳税所得额	税率/预扣率	速算扣除数	应纳税额	减免税额	已缴税额	应补/退税额	
							收入	费用	免税收入		基本养老保险费	基本医疗保险费	失业保险费	住房公积金	年金	商业健康保险	税延养老保险	财产原值	允许扣除的税费	其他				子女教育	赡养老人	住房贷款利息	住房租金	继续教育											
1	2	3	4	5	6	7	8	9	10		11	12	13	14	15	16	17	18	19	20	21	22	23	24	25	26	27	28	29	30	31	32	33	34	35	36	37	38	39	40
1月																																								
2月																																								
3月																																								
4月																																								
5月																																								
6月																																								
7月																																								
8月																																								
9月																																								
10月																																								
11月																																								
12月																																								
合计																																								

谨声明：本表是根据国家税收法律法规及相关规定填报的，是真实的、可靠的、完整的。

经办人签字：
经办人身份证件号码：
代理机构签章：
代理机构统一社会信用代码：

扣缴义务人(签章)：

受理人：
受理税务机关(章)：
受理日期： 年 月 日

2月开始每月15号之前

国家税务总局监制

表 5-21

个人所得税扣缴申报表 2

税款所属期： 年 月 日至 年 月 日

扣缴义务人名称：

扣缴义务人纳税人识别号／统一社会信用代码：☐☐☐☐☐☐☐☐☐☐☐☐☐☐☐☐☐☐

金额单位：人民币元

序号	姓名	身份证件类型	身份证件号码	纳税人识别号	是否为非居民个人	所得项目	收入额计算				本月（次）情况										累计情况									准予扣除的捐赠额	税款计算					备注
							收入	免税收入	费用	减除费用	专项扣除				其他扣除				累计收入额	累计减除费用	累计专项扣除	累计专项附加扣除					累计其他扣除	减按计税比例		应纳税所得额	税率／预扣率	速算扣除数	应纳税额	减免税额	已缴税额	应补／退税额	
											基本养老保险费	基本医疗保险费	失业保险费	住房公积金	年金	商业健康保险	税延养老保险	财产原值	允许扣除的税费	其他				子女教育	赡养老人	住房贷款利息	住房租金	继续教育	其他扣除									
	2	3	4	5	6	7	8	9	10	11	12	13	14	15	16	17	18	19	20	21	22	23	24	25	26	27	28	29	30	31	32	33	34	35	36	37	38	39	40
1																																							
合计																																							

谨声明：本表是根据国家税收法律法规及相关规定填报的，是真实的、可靠的、完整的。

经办人签字：
经办人身份证件号码：
代理机构签章：
代理机构统一社会信用代码：

扣缴义务人（签章）： 年 月 日

受理人：
受理税务机关（章）：
受理日期： 年 月 日

国家税务总局监制

表5-22

个人所得税扣缴申报表3

税款所属期： 年 月 日至 年 月 日

扣缴义务人名称：

扣缴义务人纳税人识别号（统一社会信用代码）：☐☐☐☐☐☐☐☐☐☐☐☐☐☐☐☐☐

金额单位：人民币元

序号	姓名	身份证件类型	身份证件号码	纳税人识别号	是否为非居民个人	所得项目	本月（次）情况													累计情况										税款计算							备注
							收入额计算			专项扣除					其他扣除					累计收入额	累计减除费用	累计专项扣除	累计专项附加扣除					减按计税比例	准予扣除的捐赠额	应纳税所得额	税率/预扣率	速算扣除数	应纳税额	减免税额	已缴税额	应补/退税额	
							收入	免税收入	减除费用	基本养老保险费	基本医疗保险费	失业保险费	住房公积金	年金	商业健康保险	税延养老保险	财产原值	允许扣除的税费	其他				子女教育	赡养老人	住房贷款利息	住房租金	继续教育	累计其他扣除									
1	2	3	4	5	6	7	8	9	10	11	12	13	14	15	16	17	18	19	20	21	22	23	24	25	26	27	28	29	30	31	32	33	34	35	36	37	38	39	40
合计																																							

谨声明：本表是根据国家税收法律法规及相关规定填报的，是真实的、可靠的、完整的。

经办人签字：
经办人身份证件号码：
代理机构签章：
代理机构统一社会信用代码：

扣缴义务人（签章）：

受理人：
受理税务机关（章）： 年 月 日
受理日期： 年 月 日

国家税务总局监制

表 5-23　　　　　　　　　　　个人所得税年度自行纳税申报表

税款所属期：　　年　月　日至　　　年　月　日

纳税人姓名：

纳税人识别号：☐☐☐☐☐☐☐☐☐☐☐☐☐☐☐☐☐☐　　　金额单位：人民币元

项　目	行次	金　额
一、收入合计（1＝2＋3＋4＋5）	1	
（一）工资、薪金所得	2	
（二）劳务报酬所得	3	
（三）稿酬所得	4	
（四）特许权使用费所得	5	
二、费用合计	6	
三、免税收入合计	7	
四、减除费用	8	
五、专项扣除合计（9＝10＋11＋12＋13）	9	
（一）基本养老保险费	10	
（二）基本医疗保险费	11	
（三）失业保险费	12	
（四）住房公积金	13	
六、专项附加扣除合计（14＝15＋16＋17＋18＋19＋20）	14	
（一）子女教育	15	
（二）继续教育	16	
（三）大病医疗	17	
（四）住房贷款利息	18	
（五）住房租金	19	
（六）赡养老人	20	
七、其他扣除合计（21＝22＋23＋24＋25＋26）	21	
（一）年金	22	
（二）商业健康保险	23	
（三）税延养老保险	24	
（四）允许扣除的税费	25	
（五）其他	26	

续表

项　目	行次	金　额
八、准予扣除的捐赠额	27	
九、应纳税所得额(28＝1－6－7－8－9－14－21－27)	28	
十、税率(%)	29	
十一、速算扣除数	30	
十二、应纳税额(31＝28×29－30)	31	
十三、减免税额	32	
十四、已缴税额	33	
十五、应补/退税额(34＝31－32－33)	34	
无住所个人附报信息		
在华停留天数	已在华停留年数	

谨声明：本表是根据国家税收法律法规及相关规定填报的，是真实的、可靠的、完整的。

　　　　　　　　　　　　　　　　　　　　　　　纳税人签字：　　　　　　年　月　日

经办人签字： 经办人身份证件号码： 代理机构签章： 代理机构统一社会信用代码：	受理人： 受理税务机关(章)： 受理日期：　　年　月　日

国家税务总局监制

【例5-15】 李飞(身份证号码：22010219661208××××)为我国公民，2023年1月将其位于市区的一套公寓房出租，收取租金8 000元。李飞出租该房屋无扣缴义务人。财产租赁过程中发生的税费暂不考虑。

【要求】 根据以上资料：

1. 分析计算李飞在2023年1月取得财产租赁所得应缴纳的个人所得税。

2. 根据上述计算结果，填列个人所得税自行纳税申报表(A表)。

【计算】

【填表】

表5-24 个人所得税自行纳税申报表（A表）

税款所属期： 年 月 日至 年 月 日

纳税人姓名：

纳税人识别号： ☐☐☐☐☐☐☐☐☐☐☐☐☐☐☐☐☐☐

金额单位：人民币元（列至角分）

自行申报情形	☐居民个人取得应税所得，扣缴义务人未扣缴税款 ☐非居民个人取得应税所得，扣缴义务人未扣缴税款 ☐非居民个人在中国境内从两处以上取得工资、薪金所得　☐其他_____													是否为非居民个人	☐是 ☐否			非居民个人本年度境内居住天数		☐不超过90天 ☐超过90天不超过183天	
序号	所得项目	收入额计算			减除费用	专项扣除				其他扣除			减按计税比例	准予扣除的捐赠额	应纳税所得额	税率	速算扣除数	税款计算			备注
		收入	费用	免税收入		基本养老保险费	基本医疗保险费	失业保险费	住房公积金	财产原值	允许扣除的税费	其他						应纳税额	减免税额	已缴税额	应补/退税额
	2	3	4	5	6	7	8	9	10	11	12	13	14	15	16	17	18	19	20	21	22	23
1																						
1																						

谨声明：本表是根据国家税收法律法规及相关规定填报的，是真实的、可靠的、完整的。

纳税人签字： 年 月 日

经办人签字：
经办人身份证件号码：
代理机构签章：
代理机构统一社会信用代码：

受理人：
受理税务机关（章）：
受理日期： 年 月 日

国家税务总局监制

参 考 文 献

[1] 中国注册会计师协会.会计[M].北京：中国财政经济出版社,2022.
[2] 中国注册会计师协会.税法[M].北京：中国财政经济出版社,2022.
[3] 全国税务师职业资格考试教材编写组.税法（Ⅰ）[M].北京：中国税务出版社,2023.
[4] 全国税务师职业资格考试教材编写组.税法（Ⅱ）[M].北京：中国税务出版社,2023.
[5] 全国税务师职业资格考试教材编写组.涉税服务相关法律[M].北京：中国税务出版社,2022.
[6] 陈小球.2021年税务师职业资格考试应试指导及全真模拟测试.涉税服务相关法律：上下册(轻松过关1).[M].北京：北京科学技术出版社,2022.
[7] 冯小查.纳税基础与实务[M].上海：立信会计出版社,2022.
[8] 魏春田.企业纳税实务指引与案例解析[M].北京：人民邮电出版社有限公司,2023.
[9] 朱淑梅,邓亚丽,孔令一.纳税申报实务[M].上海：立信会计出版社,2021.
[10] 梁文涛.税务会计(简明版).北京[M].中国人民大学出版社,2021.
[11] 梁文涛,苏杉.纳税申报实务[M].北京：清华大学出版社,2021
[12] 企业所得税法律法规汇编编写组.企业所得税法律法规汇编[M].2021年版.北京：中国经济出版社,2021.